XIFAN YANG

Als die Karpfen
fliegen lernten

China am Beispiel
meiner Familie

Hanser Berlin

Für meine Familie

Sämtliche Abbildungen stammen aus dem
Archiv der Autorin.

1 2 3 4 5   19 18 17 16 15

ISBN 978-3-446-24654-6
Alle Rechte der deutschen Ausgabe
© Hanser Berlin im Carl Hanser Verlag München 2015
Satz: Greiner & Reichel, Köln
Druck und Bindung: CPI – Ebner & Spiegel, Ulm
Printed in Germany

MIX
Papier aus verantwortungs-
vollen Quellen
FSC® C006701

INHALT

PROLOG

Wenn es nach meinem Großvater gegangen wäre, hätte er dieses Buch geschrieben, nicht ich. Als ich ihm von meiner Idee erzählte, die Geschichte unserer Familie aufzuschreiben, winkte er erst ab. »Von diesen Dingen hast du doch keine Ahnung«, meinte er. Mit »diesen Dingen« meinte er: die Fülle an Leben, die in achtzig Jahre China passt. Großvater kam 1934 als Kind von Reisbauern auf die Welt. Im Jahr seiner Geburt versteckte sich seine Familie vor japanischen Soldaten und aß Baumrinde. Heute lebt meine Familie über die halbe Welt verstreut: meine Mutter in Deutschland, mein Vater in Singapur, meine jüngere Cousine ist nach ihrem Studium in England nach Australien ausgewandert, meine ältere Cousine lebt auf einer Tropeninsel in Südchina. Jeder aus meiner Familie ist gefühlt mindestens fünfmal umgezogen. Es ist viel passiert in den acht Jahrzehnten: ein Bürger- und ein Weltkrieg, eine kommunistische Revolution, Hungersnöte und politische Kampagnen, die große proletarische Kulturrevolution, Aufbruch und Tiananmen-Massaker, schließlich die Erfindung des Roten Kapitalismus, den heute die eine Hälfte der Welt fürchtet und der die andere in den Bann zieht.

Mein Großvater trat als junger Mann voller Eifer der Kommunistischen Partei bei, fiel in Ungnade, wurde zum Gestraften und nach Jahrzehnten rehabilitiert. Meine Großmutter zog alleine vier Kinder groß und auch die Kinder ihrer Kinder. Meine Mutter wanderte nach Deutschland aus und kehrte ihrem Heimatland den Rücken, mein Onkel träumte davon, das große Los zu ziehen, und scheiterte, meine Tante träumte von Freiheit und verteidigt heute das System.

Und ich? Verließ China schon als Vierjährige und wollte, während ich im beschaulichen Südbaden aufwuchs, nichts mehr mit diesem Land zu tun haben, das mir als Kind armselig und hinterwäldlerisch vorkam, für das ich mich in gewisser Weise auch schämte, wenn mich jemand fragte, wo ich *eigentlich* herkam. Lange Zeit verfluchte ich meinen Namen, ich wollte lieber Deutsche sein als Chinesin. Inzwischen weiß ich, dass ich nicht das eine und nicht das andere bin. Vielmehr bin ich beides.

Im Jahr 2011 zog ich zurück in mein *eigentliches* Heimatland und lebe seither in Shanghai.

China ist heute grell, schnell, modern, chaotisch, rücksichtslos, dreckig, schrecklich und schön. China ist faszinierend. Nach wie vor fällt es mir schwer, die Widersprüchlichkeit zu begreifen.

»Warum willst du über diese alten Geschichten reden?«, fragte Großvater, als ich ihm von meinen Buchplänen erzählte. »Lass uns doch lieber nach vorne schauen.« Tatsächlich ließ ihn die Vergangenheit nie los. Die Grauen der Kulturrevolution verfolgen ihn in seinen Träumen, jede Nacht. Mir davon zu erzählen, kostete ihn Kraft. Doch am Ende gefiel ihm der Gedanke, dass sein Leben auf Papier verewigt und er eine Hauptrolle in unserer Familiengeschichte spielen würde.

Über eineinhalb Jahre habe ich mit ihm, mit meiner Mutter, ihren Geschwistern, meinem Vater und anderen Verwandten gesprochen.

Um zu erfahren, wie meine Familie die jüngere chinesische Geschichte erlebt hat, habe ich außerdem die Parteiakten meiner Großeltern aufgespürt. Der Ordner meines Großvaters war dick wie ein Lexikon: Hunderte Seiten Behördenschreiben,

Verhörprotokolle und Selbstbezichtigungen, das meiste handgeschrieben, auf hauchdünnem Reispapier, das beim Anfassen auseinanderzufallen droht. Ich fand die Unterlagen im Archiv unseres Heimatortes Pingxiang. Großvater selbst hatte sie nie einsehen dürfen. Eine Mitarbeiterin dort war so nett, lange genug Mittagsschlaf zu halten, dass ich die geheimen Papiere abfotografieren konnte.

Das älteste Dokument datiert auf 1949, das Jahr der Gründung der Volksrepublik. Damals war Großvater fünfzehn Jahre alt, er hatte sich gerade der Roten Armee angeschlossen. Die letzten Vermerke über ihn wurden 2010 verfasst, fünfzehn Jahre nach seiner Pensionierung. Dass die Partei derart umfangreich Material über ihn gesammelt hatte, wusste er nicht. Als ich ihm die Parteiakte zu lesen gab, fluchte er immer wieder laut auf. Schließlich genehmigte er mir, sie für das Buch zu verwenden. Um es selbst zu schreiben, hatte er aber doch keine Zeit. Zu sehr war er damit beschäftigt, seine Gesangskarriere voranzutreiben. Unter einer Bedingung dürfe ich seine Lebensgeschichte veröffentlichen: Er wolle vorab das Manuskript lesen, und ich solle ihm das Recht garantieren, es nach seinem Wunsch redigieren zu dürfen. Sogar Titel- und Covervorschläge machte er.

Das ging mir dann zu weit. Tut mir leid, Großvater. Ich hoffe, Du wirst mir verzeihen.

1

HERR SOMMERBAMBUS

Mein Großvater heißt Peng Fangcong. Peng ist der Familienname, wie das Schussgeräusch. Fast alle Bewohner unseres südchinesischen Heimatdorfs tragen ihn. Das Zeichen für *fang* bedeutet »wohlriechend« und *cong* so viel wie »hellhörig« oder »gescheit«. Ich bin mir nicht sicher, was meine Urgroßeltern sich 1934 bei der Geburt ihres zweitältesten Sohnes dachten, aber der Name passt, finde ich, ganz gut: Auf sein Äußeres achtet mein Großvater von jeher. Und dass er überdurchschnittlich klug und begabt ist, kann man ihm nie oft genug sagen.

In diesen Tagen legt mein Großvater seinen Geburtsnamen gerne ab. Immer öfter nennt er sich »Herr Xia«. Herr Xia ist sein Künstlername, voll ausgeschrieben Xia Sunzhu, das Wort für »Sommerbambus«.

Während Herr Peng ein wortkarger Kauz mit Tendenz zum Sozialeremiten ist, sprudelt Herr Xia über vor Mitteilungsbedürfnis. Herr Peng fläzt sich schon vormittags im Fernsehsessel und zappt sich durch Historiendramen. Herr Xia widmet seine Zeit ausschließlich den schönen Künsten und bleibt überall, wo seine Schritte ihn hintragen, staunend vor Jadeschnitzereien, Wandtapeten und Steinskulpturen stehen. Herr Peng schrickt gelegentlich erst um 20 Uhr aus seinem Mittagsnickerchen auf und ruft im Schlafanzug in die Küche hinein: »Ist denn schon Morgen?« Herr Xia dagegen wird bis tief in die Nacht von Musen verfolgt.

Von der Existenz Herrn Xias erfuhren wir anderen Familienmitglieder das erste Mal wenige Monate nach dem Tod meiner

Großmutter. Großvater war damals bereits 77 Jahre alt. Meine Cousine und ich begleiteten ihn auf das Festbankett einer entfernten Urgroßtante, die ihren 100. Geburtstag in einem angemieteten Hotelsaal mit roten Samtvorhängen und Tischen für fünfhundert Gäste feierte. Nachdem Glitzerkostüm tragende Tänzerinnen mit ondulierten Locken ihre Beine geschwungen hatten, wurde das betagte Geburtstagskind im Rollstuhl auf die Bühne gefahren, wo man die Jubilarin hochleben ließ. Außerdem sollte ein Foto von der Großtante im Kreis ihrer Kinder, Enkel, Urenkel und Ururenkel gemacht werden. Der Nachwuchs summierte sich auf 47 Personen (zwei ihrer fünf Söhne waren bereits vor Jahren verstorben, aber das hatte man der alten Dame verschwiegen, um sie nicht zu bedrücken). In diesem Moment erstürmte Großvater die Bühne. Er drängte sich ins Bild und griff sich das Mikrofon. Dann stimmte er ungefragt ein Geburtstagsständchen an, gefolgt von einer neukomponierten Eigenkreation. Alle Blicke im Raum waren auf ihn gerichtet. Großvater trug eine Mandarin-Jacke aus purpurroter Seide mit goldenen Stickereien. Niemand strahlte an diesem Tag mehr Festtagsstimmung aus als er.

Manche Zungen behaupten, Herrn Xia habe es schon immer gegeben – was vermutlich der Wahrheit entspricht. Doch die meiste Zeit seines Lebens hielt Großvater ihn gut unter Verschluss. »Peng Fangcong, hör auf mit dem Blödsinn!«, schimpfte Großmutter ihn, sobald sich der Sommerbambus in ihm regte. In solchen Momenten verzog er sich murmelnd vor die Haustür und zündete eine seiner geliebten Zigaretten mit dem goldenen Kranich-Logo an, danach brachte er brav den Müll zur Tonne. Großmutter war, wenn man so will, die mächtige Gegenspielerin von Herrn Xia. Sie sorgte dafür, dass er Großvater keine Flausen in den Kopf setzte. Sie duldete Herrn Xia zwar, aber er war ihr suspekt.

Seit Großmutter nicht mehr da ist, lebt Großvater bei meiner Tante. Seitdem hat Herr Xia freie Bahn. Dass Großvaters Zweitcharakter zugange ist, weiß man in der Regel, wenn ein leises Summen aus seinem Schlafzimmer dringt. Dort findet man ihn dann hinter geschlossener Tür am runden Schreibtisch, wo er über einem Stapel zerfledderter Notenhefte brütet. Jeden Zentimeter dieser Hefte füllt er mit mikroskopisch kleinen Liedzeilen. In diversen Farben und unterschiedlichem Verschnörkelungsgrad wandern die Schriftzeichen vom linken Blattrand an den rechten, sie mäandern von oben nach unten, tanzen quer über ganze Doppelseiten und enden abrupt im Nichts. Hat Herr Xia einen guten Lauf, schreibt Großvater bis zu fünf Strophen am Tag. Die Inspiration nimmt ihn überall und zu jeder Uhrzeit in Beschlag: beim Spazierengehen, beim Rauchen, um vier Uhr früh auf der Toilette.

»In solchen Augenblicken kann ich nichts dagegen tun«, vertraute er mir einmal an, »ich bin wie von einem Fieber erfasst.« Herr Xia müsse sich hinsetzen, müsse singen und schreiben, an Melodien und Versen feilen. Wenn Großvater über Herrn Xia spricht, wirkt er energiegeladen wie ein kleiner Junge.

»Die Musik lässt mir keine Ruhe, Fanfan«, sagte er mir, nachdem er tief Luft geholt hatte. Fanfan – so nennt er mich von klein auf.

»Warum überhaupt ›Sommerbambus‹?«, fragte ich ihn.

»Die meisten Bambussetzlinge gehen bei Trockenheit und Hitze ein«, antwortete er. »Aber es gibt eine besondere Sorte Sommerbambus. Diese sprießt selbst dann, wenn andere Pflanzen vertrocknen.«

In seiner Erinnerung hat er Anfang der sechziger Jahre zum ersten Mal einen solchen Bambusspross entdeckt. Großvater sah damals kaum noch Hoffnung für sein Leben: Wegen kritischer Äußerungen gegen Mao hatte man ihn als »Rechtsabweichler« zu Zwangsarbeit in einem armen, entlegenen Bergdorf verurteilt. Eines Tages im Hochsommer marschierte er durch den Wald. China steckte mitten in der schlimmsten Hungersnot seiner Geschichte. Die Sonne brannte Großvater ins Gesicht, vor Hunger und Erschöpfung konnte er sich kaum noch auf den Beinen halten. Auf einer Lichtung neben dem Feldweg hielt er an. Alle Sträucher und Blumen waren ausgedorrt. Nur aus einer Felsspalte ragte ein winziges Knöpfchen Grün. Der Sommerbambus. Großvater sagt: Ein Wunder.

Zur selben Zeit fing er an, sich in Gedanken in die Welt der Melodien und der Lyrik zu flüchten. Heute bereiten ihm nicht nur die Musen unruhige Nächte, sondern auch die Geister von früher, Erinnerungen an Gewalt und Schrecken. Seit mehr als vierzig Jahren jagen ihn dieselben Albträume aus dem Schlaf: eine Bühne, davor eine wütende, johlende Menge. Großvater kniet auf Glasscherben, auf dem Kopf trägt er einen spitzen Papierhut mit der Aufschrift »Nieder mit dem Konterrevolutionär Peng Fangcong!«. Vor ihm brüllen Männer mit Schlagstöcken: »Gestehe! Gestehe!«

Als Großmutter noch lebte, musste sie ihn im Bett festhalten, damit er nachts nicht um sich schlug. Aus Angst, sie versehentlich zu verletzen, schlief er mehrere Jahre auf dem Boden neben dem Ehebett. Auch heute noch schlafwandelt er regelmäßig; jede zweite Nacht hört meine Tante wilde Schreie und Gemurmel aus seinem Zimmer. Neulich brach er sich die Rippen, als er im Schlaf die Treppen hinunterlaufen wollte. Nach dem Aufwachen sagte er, er sei auf der Flucht vor Rotgardisten gewesen.

Um sich vor seinen Träumen zu schützen, schläft Großvater seit dem Unfall daher mit einer selbstgebastelten Sicherheitsvorrichtung: Von der linken zur rechten Bettseite hat er hinter dem Kopfkissen ein Seil gespannt, an dem ein zur Schlaufe gebundener Ledergürtel hängt. Beim Zubettgehen steckt Groß-

Großvaters Notenheft mit selbstkomponierten Melodien (Stand Juni 2014)

vater seinen linken Arm in die Schlaufe. So kann er nachts nicht herausfallen. Ein zweites Kopfkissen lehnt aufrecht an der Wand und verhindert, dass er seinen Kopf anstößt.

Trotz der Albträume zündet Großvater sich jeden Morgen mit einem Lächeln seine erste Zigarette an. Denn tagsüber verfolgt er einen anderen Traum: Herrn Xia stehe der große Durchbruch als Musiker bevor, erzählt er mir seit Jahren. Hundert selbstkomponierte Lieder werde Herr Xia in einem Sammelband veröffentlichen. Bald, kündigt er an, werde man seine Lieder auf Bühnen in ganz China singen.

*

An einem kalten Novembertag ruft Großvater mich aus dem Zug nach Peking an. Seine Stimme klingt beschwingt: Er spiele im Schlafabteil mit einem Getränkehändler Karten. Heute Morgen sei er losgefahren – und Herr Xia sei jetzt bereit, sich samt seinen Werken der Welt zu stellen.

Ich mache mir Sorgen, denn die Reise nach Peking ist nicht gerade eine Spazierfahrt: 28 Stunden und drei Minuten dauert sie, Großvater durchquert drei Klimazonen, legt 2500 Kilometer zurück, reist alleine. Meine Tante erfuhr von seinen Plänen erst kurz vor seiner Abfahrt: Er wolle seinen dementen Bruder besuchen, meldete Großvater ihr. Schon Wochen zuvor war meiner Tante aufgefallen, dass er noch selbstversunkener wirkte als sonst. Wenn sie ihn auf einen Familienausflug mitnehmen wollte, habe er abgewinkt: keine Zeit. Am Telefon verrät er mir nun, was ihn wirklich nach Peking treibt: Er wolle sich bei einer Castingshow bewerben. *Ich will in die Frühlingsgala* heißt sie und zählt zu den beliebtesten Sendungen im chinesischen Staatsfernsehen. Wer gewinnt, darf am Vorabend des chinesischen Neujahrsfestes zusammen mit den größten Popstars des Landes auftreten. Die Frühlingsgala auf CCTV1 gilt mit bis zu 800 Millionen Zuschauern als die meistgesehene Unterhaltungsshow der Welt.

»Ich bin achtzig Jahre alt und habe keine Zeit mehr zu verlieren«, ruft Großvater, im Hintergrund höre ich das Quietschen der Zugräder auf den Schienen. »Wünsch mir Glück!«

Fünf Tage später lande ich in Peking. Wie so oft verschwindet die Hauptstadt unter einer gigantischen Smogglocke. Die Luft schmeckt nach Metall, die Umrisse der Hochhäuser sind nur zu erahnen.

Ich treffe Großvater in Apartment 502 in Haus 14 der Wohnanlage »Blumendorf«, einer Ansammlung von kastenförmigen Backsteinhäusern im Westen Pekings. Die Wohnung ist seine provisorische Unterkunft, bei seinem schwerkranken Bruder war kein Bett mehr frei. Hinter der rostigen Eisentür im fünften Stock stapelt sich Gerümpel, im Bad fehlt die Klobrille, die Küche sieht aus, als habe sie seit Monaten keiner betreten. Im zweiten Zimmer wohnt ein junger Wanderarbeiter zur Miete. Es ist, als würde ich Großvater in seiner neuen Studenten-WG besuchen. Seit Tagen lebt Großvater hier wie ein Einsiedler: Sein Zimmer besteht aus einem Bett, einem Sofa und einem Schreibtisch. Morgens, mittags und abends steigt er die Treppen hinab und geht ein paar Hundert Schritte zum Imbiss auf der gegenüberliegenden Straßenseite. Die restlichen Stunden verbringt er in der Wohnung.

»Ich habe viel zu tun«, sagt er und deutet auf fein säuberlich beschriebene weiße DIN-A4-Blätter. Er hat seine Liedtexte in leserliche Form gebracht. »Nur die Faulen hassen lange Tage. Für fleißige Menschen kann ein Tag nicht lang genug sein.« Es spricht wieder Herr Xia. Hundert Lieder sind es dann zwar doch nicht geworden, aber immerhin fünfzig. Die Blätter hat er gestern im Druckshop nebenan kopieren und heften lassen.

Auf dem Sofa liegt ein kleiner blauer Rucksack, darin sind Unterwäsche, Pulli und Hose, ein Handy und seine Notenhefte verstaut. Das ist sein ganzes Gepäck.

Großvater ist nicht nur bei guter Gesundheit; er ist in Hochstimmung. Er trägt seine Lieblingsjacke aus braunem Leder und eine karierte Schiebermütze, dazu eine neue Brille mit schwarzem Horngestell, die aussieht wie aus dem Designerladen. Er lacht, wie er lacht, seitdem er alle Zähne verloren hat: Sein Mund kräuselt sich zu einem weichen Halbmond, bei jedem Atemzug flattern die Lippen. Wenn er spricht, sind alle harten Laute abgeschliffen, seine Worte hören sich an, als kämen sie durch einen Wattefilter.

»Hast du dein Gebiss etwa nicht mitgenommen?« Die Frage kann ich mir nicht verkneifen.

Herr Xia entgegnet: »Warte nur ab, du wirst den ersten zahnlosen Auftritt in der Geschichte der Frühlingsgala sehen!« Er lacht jetzt noch lauter.

Heute will er die erste Hürde zur Castingshow nehmen: Großvater hat einen Termin bei seinem Idol Xu Peidong. Und ich werde ihn dorthin begleiten. Auf Baidu Baike, dem chinesischen Wikipedia, habe ich mich vorab schlaugemacht: Xu, sechzig Jahre alt, ist einer der prominentesten Musikproduzenten des Landes und Verfasser von bekannten Volksliedern wie »Ich liebe mein China«, »Der Duft der roten Erde« und »Das Fischermädchen auf dem Gelben Fluss«, außerdem Vorsitzender Parteisekretär des Nationalen Musikerverbandes sowie Mitglied der 12. Politischen Konsultativkonferenz des chinesischen Volkes. Eine »große Nummer« also, wie Großvater es ausdrückt. Das Wichtigste aber: Xu Peidong sitzt in der Jury von *Ich will in die Frühlingsgala*.

Es ist nicht das erste Mal, dass Großvater bei seinem Idol vorspricht. Als Herr Xia nach den vielen Jahrzehnten, die er sich im Hintergrund gehalten hatte, 2010 erstmals Aufwind spürte, schaffte es Großvater mit Hilfe eines Bekannten bis ins Vorzimmer von Parteisekretär Xu. Im Beisein der Sekretärin harrte er dort einen ganzen Nachmittag aus, bis sich endlich die Tür öffnete. Großvater erzählte von seinem Plan mit dem Sammelband, Xu hörte geduldig zu. Anschließend lobte er den Tatendrang des Tausende Kilometer weit gereisten Revolutionsveteranen. Am Ende des Treffens bot der Parteisekretär an, die 200 Lieder zu sichten, sobald sie fertig seien. Und er versprach, ein Vorwort zu schreiben.

Der Bekannte von damals hat uns ausrichten lassen, dass Parteisekretär Xu uns heute vor seiner Mittagspause erwartet. Der Sitz des Nationalen Musikerverbandes befindet sich am nördlichen Ende der Stadt. Wir stecken die gesammelten Lieder in eine Plastiktüte und machen uns auf den Weg.

Die Straße vor der Wohnanlage ist breit wie eine Flugzeuglandebahn. Großvater geht in kleinen, vorsichtigen Schritten, ohne nach links und rechts zu schauen. Um uns tobt der Pekinger Morgenverkehr: Berufspendler, Lkws, Rikschafahrer und motorisierte Altmetallsammler ignorieren gleichzeitig die rote Ampel. Weil er sich nicht weiter als bis zum Nudelimbiss traute, habe er in den vergangenen Tagen dreimal am Tag dasselbe gegessen, erzählt Großvater und verzieht das Gesicht.

In das Taxi steigt er auf der Beifahrerseite ein, ich sitze hinten. Inzwischen ist die ganze Familie per Handy zugeschaltet. Meine Mutter hat vor einiger Zeit auf WeChat, dem chinesischen WhatsApp, eine Chatgruppe für die Verwandtschaft eingerichtet. »Habt ihr eine von Großvaters Kalligraphierollen als Geschenk mitgenommen?«, fragt sie nun aus Freiburg. Sie hat noch nicht geschlafen, in Deutschland ist es zwei Uhr nachts. »Hahaha! Ich drücke die Daumen!!«, textet meine Cousine Lulu, sie studiert gerade in Edinburgh. Und meine Tante schreibt aus dem 28 Zugstunden entfernten Süden: »Möge der schöne Traum wahr werden :-):-):-)«

Wir sind spät dran. Als ich den Fahrer frage, ob wir in 23 Minuten am Ziel sein werden, wie Baidu Maps es bei normalem Verkehr anzeigt, lacht er mich schallend aus. Als wir in die Hauptstraße einbiegen, wird mir klar, warum: Die Fußgänger kommen schneller voran als wir auf der sechsspurigen Allee, dabei drängen sich die Autos sogar schon auf die Fahrradspur.

»*Das* ist normaler Verkehr!«, der Fahrer gluckst und grinst mich aus dem Rückspiegel an. »Wo kommen Sie denn her?«, fragt der Mann.

»Aus der Provinz Jiangxi«, sagt Großvater.

»Wo ist das noch mal?«

»Südwestlich von Anhui und nordöstlich von Hunan.«

»Schon mal gehört. Ich bin in Peking geboren. Fünfzig Jahre Dreck und Smog. Und jeden Tag wird's schlimmer. Bei euch da unten ist's doch sicher schön.«

»Und wie! Grüne Berge, Hunderte Kilometer weit. Und die klaren Seen. Haben Sie noch nie von den Seen in Jiangxi gehört?«

Meine Großeltern stammen aus demselben Dorf in Jiangxi, dem Dorf, wo auch ich meine ersten Lebensjahre verbracht habe. An Bergwälder und klares Seewasser kann ich mich allerdings nicht erinnern. Das Wasser des Baches, über den Großmutter mich jeden Tag huckepack in den Kindergarten trug, war grün und stank nach Abfall. Sobald die Brücke in Sicht war, hielt ich mir die Nase zu. Der Himmel war meist grau.

Ein genauso weichgezeichnetes Bild hat Großvater von Peking. Die Stadt war immer schon ein Sehnsuchtsort für ihn. Seit Jahrhunderten reisen einfache Bürger in China bei erlittenem Unrecht in die Hauptstadt, um vom allmächtigen Kaiser Gerechtigkeit zu fordern. Auch Großvater glaubt, in Peking werde man ihn erhören. Das erste Mal brach er Ende der sechziger Jahre in die Hauptstadt auf, mitten während der Kulturrevolution. Schon damals hoffte er, die Musik werde ihn von seinem Schicksal befreien. Diesmal führt ihn wieder die Musik hierher.

Im Schritttempo zwängen wir uns durch den Stau. Auf der Gegenspur versucht gerade ein Omnibus links in die Kreuzung abzubiegen, wo er von einem von rechts heranrasenden Porsche Cayenne zum Stehen gebracht wird. Unbeeindruckt davon steuert unterdessen ein hupender Autoschwarm weiter auf die Mitte der Kreuzung zu, nach dem Motto: Wer nicht bremst, wird schon irgendwann ankommen.

Großvater seufzt. »Überall sind Autos. Und wo keine sind, sind noch mehr Autos«, kommentiert er etwas kryptisch.

Der Taxifahrer denkt laut über Krieg nach. »Es muss doch einen Weg geben, um unsere Bevölkerung zu reduzieren.«

»Darf ich rauchen?« Großvater holt seine Zigaretten aus der Tüte.

»Wie kann ich Ihnen etwas abschlagen, großer Bruder.«

Das goldene Kranich-Logo blitzt auf.

»Die habe ich mal als Dank für eine Kalligraphie bekommen.«

»Dann sind Sie Kalligraphiemeister?«

»So würde ich das nicht ausdrücken. Aber manchmal verkaufe ich die eine oder andere Schriftrolle.«

»Es scheint ja für die besten Zigaretten zu reichen. Darf ich auch eine?«

»Nur zu.«

»Wenn wir erwischt werden, werde ich die Schuld auf Sie schieben, großer Bruder. Ihnen kann kein Polizist böse sein.«

Graue Schwaden steigen im Auto auf.

»Ich schreibe auch Lieder und singe, darum bin ich nach Peking gekommen.«

»Wirklich?«

»1959 haben sie mich auf einen Berg verbannt.«

»Einer von denen waren Sie?«

»Einer von denen war ich.«

»Wow.«

»Zwanzig Jahre lang war ich Zwangsarbeiter.«

»Das tut mir leid, großer Bruder.«

»Ich hatte ein Gedicht geschrieben. Sechsunddreißig Zeichen. Mochten sie nicht.«

Höfliches Schweigen.

»Sechsunddreißig Zeichen. Kannst du dir das vorstellen? Andere Zeiten waren das. Nichts durfte man sagen. Nicht so wie heute.«

»Ach, so viel besser ist es heute auch nicht, großer Bruder.«

Beim Aussteigen winkt der Taxifahrer uns freundlich hinterher.

Der Plan ist einfach: Vorsingen bei Parteisekretär Xu. Gibt dieser seinen Segen, will Großvater auf Xus Einladung hin das Vorcasting besuchen. Der offizielle TV-Wettbewerb läuft schließlich über mehrere Wochen bis in den Januar. Das große Finale steigt 31. Januar, wenn der Sieger in der Frühlingsgala auftreten darf. Einmal in der K.-o.-Runde, stünden die Chancen gar nicht schlecht für ihn, sage ich zu Großvater. Im Internet habe ich mir die Sieger der vergangenen Jahre angeschaut. Gewonnen haben unter anderem ein sechsjähriger Opernsänger mit Ming-Dynastie-Frisur (kahler Kopf mit einzelnem Haarstreifen an der Stirn), eine neunköpfige Truppe breakdancender Fabrikarbeiter aus Shenzhen und eine schüchtern wirkende Singer-Songwriterin aus der Pekinger U-Bahn. Ich bin überzeugt: Ein 80-jähriges Multitalent könnte *die* Entdeckung des Jahres sein.

Großvater bereitet sich in Gedanken schon auf einen längeren Aufenthalt in der Hauptstadt vor. »Natürlich«, räumt er ein, »muss ich mir noch Winterkleidung kaufen.« Seine Stimme ist voller Vorfreude.

Das Gebäude des Nationalen Musikerverbandes ist ein fünfzehnstöckiges Hochhaus mit großen roten Lettern auf der Fassade. Weiße Atemwolken schnaubend suchen wir den Weg zum Eingang. Am Wachhäuschen müssen wir uns mit Ausweis registrieren. Die Empfangsfrau trägt ein pinkfarbenes Sweatshirt mit »Hirmès«-Logo und kaut Kaugummi.

»Wir haben einen Termin beim Vorsitzenden Xu Peidong, die Sekretärin weiß Bescheid«, beeilt sich Großvater.

»Gleich ist aber Mittagessen«, sagt die Frau mit Blick auf die Wanduhr. Dann sieht sie sich den alten Mann mit der Plastiktüte und dem erwartungsfrohen Gesicht genau an. Schließlich wählt sie eine Nummer. Es klingelt. Sie legt auf. Wählt eine andere Nummer. Und noch eine. Und noch eine.

Großvater beginnt, vor dem Schalter auf und ab zu wandern. Eine Gruppe platzt ins Wachhäuschen und drängt sich vor uns. Großvater geht vor die Tür und marschiert auf die Parkschranke zu. Ohne Besucherausweis dürfe er uns leider nicht reinlassen, sagt ein junger Wächter in grüner Uniform. Nur eines könne er verraten: Der Wagen des Vorsitzenden Xu habe zuletzt gestern die Schranke passiert. Auch vorgestern und vorvorgestern sei der Chef da gewesen.

Zurück im Wachhäuschen, fragen wir die Frau im »Hirmès«-Sweatshirt, ob sie es noch mal probieren könne. Die Uhr zeigt inzwischen 11.27 Uhr. Die Mittagspause beginnt um 11.30 Uhr. Die Frau zeigt auf den tutenden Hörer: »Geht keiner ran.« Wir sollen am Nachmittag wiederkommen.

Wer der Bekannte sei, der den Termin vereinbart habe, frage ich Großvater, als wir wieder auf der Straße stehen. Könne man den anrufen? Großvater greift in seine Jackentasche. Er hat das Handy in der Wohnung gelassen. Ich gehe zum freundlichen Parkwärter und stecke ihm meine Nummer zu. Sollte er etwas hören oder sehen, möge er sich bitte melden. Wir beschließen, die Mittagspause gut zu nutzen, und fahren in die Innenstadt, um Pekingente essen zu gehen.

Am Nachmittag klingelt mein Handy. Es ist tatsächlich der Wärter von vorhin.

»Parteisekretär Xu hat gestern Abend die Stadt verlassen«, höre ich ihn am anderen Ende der Leitung sagen. Seine Stimme klingt, als habe er Mitleid mit uns. »Schicken Sie ihm doch ein Video oder eine CD mit Aufnahmen von Ihren Liedern. Er wird sich bei Ihnen melden.«

Großvater hat nie ein Video geschickt. Nicht einmal die sorgfältig beschriebenen und abgehefteten Blätter mit seinen Liedtexten. Als wir nach unserer gescheiterten Casting-Mission zurück in die Wohnung fuhren, versuchte ich den Bekannten zu erreichen, der den Termin mit dem Parteisekretär vereinbart hatte. Weder fand ich seine Nummer in Großvaters Handy noch ein Zeichen dafür, dass es jemals eine Verabredung gegeben hatte. Großvater hatte seinen Bekannten nie angerufen. Er war felsenfest davon überzeugt, dass sich die Türen des Musikerverbandes schon irgendwie öffnen würden.

An jenem Nachmittag wirkte Großvater ehrlich niedergeschlagen, seine Augenlider hingen noch tiefer als sonst. Doch die Enttäuschung währte nicht lange.

»Sommerbambussprösslinge kämpfen sich unter widrigen Umständen ans Licht«, sagte Herr Xia trotzig. »Ein kleiner Rückschlag, Fanfan, ist das Normalste der Welt.«

Nicht zuletzt wirkte Großvater auch erleichtert. Wenn Träume nicht wahr wurden, bedeutete das immerhin auch, dass sie nicht platzen konnten. Schließlich lautet einer seiner Lieblingssprüche: »Nur weil ich noch träume, bin ich so alt geworden.«

Als ich ihn Monate später in Nanning besuche, ist Großvater wieder in Hochform. Nanning ist eine Provinzhauptstadt im Süden Chinas, unweit von Vietnam. Hier lebt Großvater seit sechs Jahren bei meiner Tante. Es ist inzwischen Frühjahr, und die Kirschbäume blühen. Die Castingshow erwähnt er mit keinem Wort mehr. Aber Großvater ist hoffnungsvoller denn je.

Er hat einen neuen Plan: Der *Volkszeitung* will er einen Brief schicken. Die *Volkszeitung* ist Chinas größte Zeitung und zentrales Propagandaorgan der Partei. Vierzehn verschiedene Entwürfe hat er skizziert. »Sehr geehrte Redaktion«, schreibt er in der aktuellsten Version, »mein Name ist Sommerbambus aus der Provinz Jiangxi, Stadt Pingxiang … Vor fünfzig Jahren wurde ich als Konterrevolutionär gebrandmarkt … Damals habe ich angefangen, Lieder zu komponieren … Heute wünsche ich mir mehr als alles andere …«

»Die ›Volkszeitung‹ ist die renommierteste Zeitung des Landes«, ruft mir Großvater freudestrahlend zu. »Drucken sie meine Liedtexte, ha, nicht auszumalen, was dann los wäre! Alle Türen in diesem Land würden aufgehen.« Wenn es endlich so weit sei, werde er einen Empfang für uns alle ausrichten, kündigt er an. Er werde den besten Hummer auftischen lassen, den besten Maotai-Schnaps und die besten Zigaretten.

Meine Tante versucht, ihn mit konstruktiven Vorschlägen zu unterstützen. »Fang doch erst mal klein an«, ermuntert sie ihn. »Wer einen Nobelpreis erhalten will, muss erst einmal ein paar Arbeiten einreichen.« Sie kenne einen Musikprofessor an der Universität in Nanning, der sich seine Werke ansehen könnte. Sie könnte einen Studenten engagieren, der seinen Wust an handgeschriebenen Liedzeilen abtippt und digitalisiert. Vielleicht könnte Großvater einen kleinen Band im Selbstverlag veröffentlichen. Dazu einen Festraum mieten und ein Konzert vor Verwandten und Freunden geben …

»Nein, nein«, lautet die immer gleiche Antwort von Großvater. »Ich weiß genau, was ich will«, behauptet er, so auch an diesem Frühlingstag in Nanning. Großvater zieht eine weitere Runde im Wohnzimmer, dann schleicht er zurück an seinen Schreibtisch. Bevor er die Tür hinter sich zuzieht, dreht er sich um und sagt: »Glaubt mir, niemand hat es eiliger als ich.«

2

CHINAS KLEINES MOSKAU

Pingxiang, unsere Heimatstadt, ist ein Allerweltsort: anonym, grau, voll von rauchenden Schornsteinen und dreckigen Kohleminen. Pingxiang liegt auf halber Strecke zwischen Shanghai und Hongkong versteckt im Landesinneren. Mit einer Million Einwohnern gilt Pingxiang in China als Kleinstadt. 160 Kilometer westlich wurde Mao geboren. Mehr gibt es über unseren Heimatort nicht zu erzählen. Dachte ich.

Bevor meine Mutter mich 1992 im Alter von vier Jahren nach Deutschland nachholte, lebte ich hier zweieinhalb Jahre bei meinen Großeltern. Meine Erinnerungen sind verschwommen: Großmutter unterrichtete am Stadtrand Chinesisch. Wir wohnten im fünften Stock auf dem Campus ihrer Mittelschule. Großvater saß seine Tage in einer Behörde namens »Abteilung Einheitsfront beim Zentralkomitee« ab und freute sich auf die Rente. Zwischen Juli und September war es derart heiß, dass wir auf Strohmatten schliefen, die Großmutter auf dem Boden auslegte, und sich jeden Morgen bereits kurz nach dem Aufstehen ein klebriger Schweißfilm auf meiner Haut bildete. Zwischen Dezember und Februar dagegen lief ich zu Hause eingepackt wie ein Michelinmännchen herum. Mehrmals in der Woche fiel der Strom aus.

Mitte der neunziger Jahre zogen meine Großeltern in einen Neubau im Stadtzentrum, in die damals modernste Wohnung Pingxiangs: Onkel Xungui, der älteste Bruder meiner Mutter, hatte die Außenwände des Wohnzimmers durch eine Glasfront ersetzt. So etwas hatte sonst niemand in der ganzen Stadt.

Neubau ist in China ein relativer Begriff: Nur wenige Monate nach dem Einzug färbte der Smog die Fassade schwarz. Bei Regen tropfte gelbes Wasser in den Treppenflur. In der Straße unter dem Balkon breiteten Gemüsefrauen und Metzger ihre Ware auf dem Boden aus; abends, nach Marktschluss, war der Asphalt übersät mit Gemüseresten, Fischschuppen und abgehackten Froschköpfen, dazwischen wuselten fröhlich die Ratten umher. Wenn ich meine Großeltern besuchte, ekelte ich mich: Inzwischen war ich eine »Banane«, wie man in China verwestlichte Auslandschinesen nennt: außen gelb, innen weiß. In Deutschland war ich saubere Bürgersteige und frisch gemähte Wiesen gewohnt. Gern kehrte ich in den Sommerferien jedenfalls nicht nach China zurück.

Das Einzige, wonach ich mich sehnte, war das Essen meiner Großmutter: ihr eingelegter Kohl, ihr geräucherter Schinken, ihre frittierten Süßkartoffelklöße, vor allem aber die Unmengen Chili, ohne die so gut wie kein Gericht in unserer Heimat auskommt. Als Kind habe ich Großvater gelegentlich dabei bewundert, wie er sich einen ganzen Teelöffel mit rotem Chilipulver in den Mund schob, »zur Darmreinigung«, wie er erklärte. »Ohne Chili macht das Leben keinen Spaß«, lautete einer seiner Lieblingssprüche. Wie in so vielen Dingen hatte Großvater auch in diesem Punkt recht.

*

Als ich 2013 nach Pingxiang fahre, um seine Parteiakten aufzuspüren, wirken die Straßenzüge meiner Kindheit, als wäre ich nie weg gewesen: In den Gassen liegen scharfe Schoten zum Trocknen aus, Teppiche aus rotem und grünem Chili. Vor den Fenstern hängen Eisengitter gegen Einbrecher. Im Hof unserer alten Wohnung spielen dieselben Männer Mahjong wie vor fünfzehn Jahren, vermutlich tragen sie immer noch die-

selben gerippten Unterhemden. Ich spaziere durch die Markt-
straße vor unserem Haus und muss daran denken, wie ich als
Kind hier mit meiner Cousine Lulu durchgelaufen bin, um
die beste getrocknete Tofuhaut der Nachbarschaft zu suchen.
Auch heute noch spielen die Kioske und Kleidergeschäfte die
Frühwerke von Celine Dion und Mariah Carey. Ein Open-Air-
Metzger wirbt mit dem Angebot »Sofort schlachten, sofort mit-
nehmen«: Enten, Gänse, Kaninchen und nicht definierbare
Amphibien warten in Käfigen auf ihren Tod. Auf dem Bürger-
steig fuhrwerkt ein Zahnarzt in den Rachen ihm ausgelieferter
Menschen herum, seine Werkzeuge sehen aus wie Folterinstru-
mente.

Den brüchigen Asphalt bedeckt eine festgetretene Schicht
aus Dreck, Regen und Plastikmüll. Ständig knallen irgendwo
Böller – zum Zeichen dafür, dass jemand geboren wurde, geheiratet hat oder gestorben ist; manchmal auch, weil jemand gerade ein Motorrad gekauft hat. Pingxiang hat eine traditionsrei-
che Feuerwerksindustrie, und das hört, spürt, sieht und riecht
man an jeder Ecke. Hinzu kommen die Abgase jahrzehntealter
Kohlelaster. Meine Cousine Haohao behauptet, selbst Straßen-
hunde seien in Pingxiang dreckiger als anderswo.

Erst auf den zweiten Blick erkennt man, dass die Moderne
langsam Einzug hält. Am Bahnhof hat vor kurzem ein McDonald's eröffnet, und in einem Stadtteil hat die Regierung ein
Rathaus gebaut, das aussieht wie eine Mischung aus Weißem
Haus und Taj Mahal. Hier und da werden die Uralttransporter
und rostigen Santana-Taxis nun von grell lackierten Porsche Ca-
yennes überholt.

Die Reichen Pingxiangs haben ihr Geld mit Kohleminen
gemacht, die man an jeder Ausfallstraße am Stadtrand findet:
In die Landschaft gefräste Verwerfungen aus schwarzer, kahler
Erde, dazwischen Schornsteine, Bagger und umherstapfende

Arbeiter mit Schubkarren. Manche Bergwerksgelände sind mehrere Hektar groß, andere klein wie Vorgärten. Früher wurden sie von Staatsfirmen erschlossen, heute vergibt die Regierung die Aufträge an Privatfirmen. Ein Großcousin erklärte mir einmal das Procedere, wie in Pingxiang lukrative Minenprojekte an Land gezogen werden. Man braucht erstens gute Verbindungen ins Rathaus und zweitens einen ausreichend großen Schlägertrupp – Letztere, um Mitbewerber einzuschüchtern und dort, wo die Grube erschlossen werden soll, Anwohner von ihren Grundstücken zu vertreiben. Und drittens, das versteht sich von selbst, benötigt man eine ordentliche Stange Bestechungsgelder als Startkapital. Ein Cousin des besagten Großcousins brachte es als Schläger eines Stadtteilparteisekretärs auf diese Weise selbst zu Wohlstand: Nachdem er jahrelang als Handlanger gedient hatte, wurde er mit dem Zuschlag für eine neue Mine belohnt. Der Großteil des Wirtschaftslebens in Pingxiang wird von mafiösen Geschäftemachern und käuflichen Parteikadern gesteuert.

Dabei hat die Kohleindustrie schon bessere Tage gesehen. Noch 1985 belegte Pingxiang auf der Liste der größten Kohlestandorte Chinas den 33. Platz, heute ist die Stadt auf Platz 90 zurückgefallen. Seit die Minen nicht mehr vom Staat, sondern von illegal operierenden Privatfirmen betrieben werden, sind die Gruben in jämmerlichem Zustand. Fast monatlich ereignen sich Minenunfälle: 157 Arbeiter sind in den vergangenen zehn Jahren ums Leben gekommen, die Dunkelziffer liegt vermutlich weit höher. Bevor ein Grubenarbeiter in Pingxiang in eine Mine steigt, heißt es, zündet er Räucherstäbchen an und spricht zu Buddha.

Die Stadt wirkt heute apathisch und niedergeschlagen, wie vergessen vom Boom der Globalisierung, während andere Teile Chinas in die Zukunft rasen. Die Privatisierung der ehemals staatlichen Kohleunternehmen hat Zehntausende Jobs gekostet, die Wirtschaft darbt vor sich hin. Im Schnitt haben die Bewohner von Pingxiang im Monat umgerechnet 180 Euro zur Verfügung. Im nationalen Wohlstandsranking liegt Jiangxi auf Platz 18 von 23 Provinzen. Wer kann, sucht das Weite, macht sich auf in die Großstädte oder in die Küstenregionen. Zurück bleiben die Alten und Ungebildeten. Nur wenige Rentner haben wie meine Großeltern die Möglichkeit, ihren Lebensabend in lebenswerteren Regionen zu verbringen. Sie sind zu meiner Tante in eine Fünf-Millionen-Metropole mit palmengesäumten Straßen und Luxus-Shoppingmalls gezogen.

Als ich Großvaters Vergangenheit nachspüre, hat unsere Heimatstadt ein besonders mieses Jahr hinter sich: Erst fegte die Antikorruptionskampagne des neuen Präsidenten Xi Jinping das halbe Rathaus leer. In den ersten neun Monaten des Jahres wurden insgesamt 143 Parteikader wegen Korruption verurteilt, vom Vizebürgermeister über den Leiter der Baubehörde bis zum Direktor eines staatlichen Rentenfonds, der Millionen in seine eigenen Taschen abgezweigt hatte. Es war die größte Säuberungsaktion in Pingxiang seit Gründung der Volksrepublik.

Dann verlor die Stadt auch noch ihre zwei reichsten Männer.

Fangen wir mit dem zweitreichsten an. Fan Jixin war ein Kohleboss mit einem geschätzten Vermögen von umgerechnet 60 Millionen Euro und einer typisch chinesischen Neureichen-Vita: Mit neun Jahren heuerte er bei einem Bergwerk als Arbeiter an. Schritt für Schritt arbeitete er sich zum Minenmogul hoch. Ihm gehörten drei Bentleys, drei BMWs, zwei Ferraris, ein Porsche und eine der zwei einzigen Rolls-Royce-Limousinen in der Stadt; ansonsten steckte er seine Millionen in ein Bauprojekt namens »Anyuan Movie City«, eine Art Freilichtmuseum für Touristen und gleichzeitig »das größte Filmstudio Jiangxis«. Dafür ließ der Kohleboss auf 10 000 Quadratmetern das historische Stadtzentrum der zwanziger Jahre nachbauen: Residenzen und Tempel mit geschwungenen roten Dächern, Holzschnitzereien aus tanzenden Drachen und vergoldeten Türrahmen. In einer Ausstellungshalle neben einem Buddha-Schrein konnten Besucher seinen privaten Fuhrpark bewundern. Fan ließ sich als Selfmademan und Wohltäter feiern. Dann kam ans Licht, dass er den Direktor der Aufsichtsbehörde für Kohlesicherheit mit Millionensummen bestochen hatte, um noch größere Summen bei der Unterhaltung seiner Minen einzusparen. Die Polizei steckte ihn hinter Gittern, derzeit wird ihm der Prozess gemacht.

Auch für den reichsten Mann und zweiten Rolls-Royce-Besitzer der Stadt war 2013 ein Unglücksjahr. Sein Fall schaffte es sogar bis in die 19-Uhr-Nachrichten auf CCTV1: Wang Lin, ein Mittfünfziger, der mit Vorliebe schneeweiße Zweiteiler trug, erarbeitete sich als selbsternannter »Qigong-Großmeister« sein Renommee unter den Schönen, Reichen und Mächtigen in ganz China. Er behauptete, tote Schlangen zum Leben erwecken und mit selbstgebrautem »Wunder-Maotai« Kranke von ihrem Leiden erlösen zu können. Für seine Kurse verlangte er Hunderttausende Euros. Die vermeintlichen Heilkräfte des Quacksalbers sprachen sich bis in die höchsten Kreise des Landes herum: Zu seinen Patienten zählten Actionfilm-Held Jackie Chan, Jack Ma, der milliardenschwere Gründer von Alibaba, dem größten E-Commerce-Konzern Chinas, Zhao Wei, die erfolgreichste chinesische Seriendarstellerin, und sogar der ehemalige Eisenbahnminister. Sie alle glaubten an den Hokuspokus von Meister Wang und waren bereit, Unsummen hinzublättern. Als im Juni 2013 eine Pekinger Zeitung schließlich die Ausmaße seiner Geschäftemacherei aufdeckte, setzte er sich nach Hongkong ab. Auf seinem Anwesen in Pingxiang, einer Disney-Schloss-artigen Festung mit goldener Fassade und künstlichem See, fand die Polizei illegale Waffen und Beweise für Schutzgelderpressung. Der Skandal löste im Internet eine wochenlange Diskussion über Aberglauben in der chinesischen Elite aus.

Man kann also nicht behaupten, unser Heimatort habe keine bekannten Persönlichkeiten hervorgebracht.

Kaum einer, nicht mal unter den Einheimischen, kennt hingegen die ruhmreiche Vergangenheit der Stadt. In den zwanziger Jahren war Pingxiang die Wiege der kommunistischen Arbeiterbewegung und als »Chinas kleines Moskau« bekannt. Niemand aus meiner Familie hat mir je davon erzählt, ich stolpere eher durch Zufall über die Geschichte.

Es ist Sommer 2013, als mir ein ehemaliger Grundschulkamerad meiner Mutter den berühmtesten Flecken Pingxiangs zeigen will – besagte »Anyuan Movie City« des verstorbenen Kohlemoguls mit ihren nachgebauten historischen Tempelchen und Teehäusern.

Wir haben eben den Fuhrpark des einst zweitreichsten Mannes der Stadt besichtigt und wollen zurück zum Abendessen ins Zentrum fahren, als ein Monstrum von einer Gedenkhalle auftaucht. Ich dachte, dass ich in Pingxiang bereits alles gesehen hätte – tatsächlich aber erblicke ich das Gebäude zum ersten Mal. Es sieht aus wie ein stalinistischer Heiligenschrein. Über einen Vorplatz von der Fläche mehrerer Fußballfelder führen Hunderte Treppen auf einen steilen Hang, gesäumt von Marmorsäulen, akribisch gestutzten Hecken und eisernen Adlerskulpturen. Auf halber Höhe des Berges lächelt ein meterhohes Mao-Emblem von der Fassade der Gedenkhalle herab. Es ist nicht das Porträt, das man vom Platz des Himmlischen Friedens in Peking kennt: Auf diesem weltbekannten Bild ist Mao bereits über sechzig und ein senioriger Patriarch mit Geheimratsecken, der gütig auf sein Volk herabblickt. Das Hoheitsbild in

Pingxiang zeigt den Großen Vorsitzenden dagegen als jungen Mann mit vollem Haar, sein Gesichtsausdruck changiert zwischen wilder Entschlossenheit und staatsmännischem Ernst. Die Anlage ist gebaut wie eine Pilgerstätte. Aber auch hier: keine Besucher weit und breit.

»Was ist das?«, frage ich Herrn Wen, den alten Schulfreund meiner Mutter.

»Ach das! Nichts Besonderes. Mao war hier mal auf Durchreise.«

Zu Hause blättere ich durch Geschichtsbücher: China schrieb das Jahr 1922, die Kommunistische Partei war gerade ein Jahr alt. Mao, 27, damals noch ein unbekannter Name in der Partei, unterrichtete chinesische Literatur in Changsha, 130 Kilometer westlich von Pingxiang. Die Abdankung des letzten Kaisers Puyi lag bereits zehn Jahre zurück, doch noch immer besaß China keine funktionierende Zentralregierung. Die Region um Pingxiang galt als Land der Gesetzlosen: Seit Jahrhunderten hatte der Staat hier nichts zu melden. Regiert wurde das Gebiet von Warlords und Geheimgesellschaften, deren Söldner mit Waffengewalt um die Kohleressourcen stritten. Stärkste Kraft vor Ort war die »Rote Bande«, eine Triadengesellschaft, die neuen Mitgliedern als Initiationsritus auferlegte, warmes Blut aus dem Hals eines frischgeköpften Hahns zu trinken. Die Gassen waren gepflastert mit Opiumhöhlen, Bordellen und Spielsalons.

Die Kohlemine im Stadtteil Anyuan, einem der wichtigsten Bergbauzentren Chinas, war aufgrund der gesunkenen Nachfrage nach dem Ende des Ersten Weltkriegs in desolatem Zustand. Monatelang warteten die Arbeiter auf ihre Gehälter, außerdem mussten sie als Sklavensöldner in den Armeen der Warlords dienen. Die Zeit war reif für einen Aufstand.

Mao engagierte sich damals in einer von der Kommunistischen Partei unterstützten Arbeitervereinigung in Hunan. Als die Arbeiter der Anyuan-Mine die KP schriftlich um Hilfe baten, machte sich der in der Partei noch unbekannte Mao auf den Weg in die benachbarte Kohlestadt hinter der Provinzgrenze. Er schien begeistert zu sein: Dieses Pingxiang hatte revolutionäres Potential, befand er. Der Stadt eilte ein Ruf als Rebellennest voraus, über Jahrhunderte hatte es hier immer wieder antiautoritäre Aufstände gegeben. Erst kurz vor Maos Besuch hatten unterdrückte Bauern Häuser von Großgrundbesitzern gestürmt und angezündet. In einem offenen Brief »an die Bauern Chinas« appellierte nun der aufstrebende KP-Aktivist: »Folgt den Bauern von Pingxiang (…), und der Kommunismus wird euch von allen Leiden befreien.«

Der Kommunistischen Partei gehörten zu Beginn hauptsächlich Intellektuelle an. In Pingxiang erkannte Mao die Chance, eine proletarische Gefolgschaft zu mobilisieren. Die Stadt lag in geographischer Nähe zu Maos Heimat, die Menschen sprachen denselben Dialekt. Nirgendwo sonst in der Region fand sich eine größere Konzentration von Arbeitern.

Mao schickte seine Vertrauten und ließ einen Streik organisieren. Im Mai 1922 strömten 30 000 Arbeiter der Anyuan-Kohlemine auf die Straße. Während sie rote Flaggen schwenkten, riefen sie »Arbeiter aller Welt, vereinigt euch!«, »Nieder mit den Feudalherren!« und »Lang lebe die Kommunistische Partei!«. Es wurde der erste erfolgreiche Arbeitskampf in der Geschichte Chinas.

In den folgenden Jahrzehnten machte die Kommunistische Partei den Anyuan-Streik zu einem regelrechten Mythos. Das Porträt *Der Vorsitzende Mao geht nach Anyuan* wurde zum wichtigsten Propagandabild der Kulturrevolution und ist noch heute eine der am weitesten verbreiteten Mao-Ikonen. Das Bild zeigt den jungen Mao, der dem Betrachter wie eine aufgehende Sonne entgegenschreitet, furchtlos und voll revolutionären Siegeseifers. In seinem rechten Arm hält er einen Regenschirm als Zeichen dafür, dass er gegen jedes Unwetter gewappnet ist. Seine Haare und die lange blaue Mandarin-Robe flattern im Wind. Die Partei erklärte es zum »Nationalen Heiligtum« und wies die Bevölkerung an, es in jedem Büro und Klassenzimmer, jedem öffentlichen Raum und jeder Privatwohnung des Landes aufzuhängen. Es wurde 900 Millionen Mal nachgedruckt, ein Produkt beispiellos dreister Geschichtsklitterung: Denn Mao war 1922 während des eigentlichen Streiks gar nicht vor Ort.

Als ich meine Mutter nach dem Bild frage, lacht sie laut auf. Kaum einen Ort hat es in ihrer Kindheit gegeben, an dem der jugendliche Große Vorsitzende ihr nicht entgegenstarrte. Im Klassenzimmer hing das Bild neben der Tafel direkt vor ihrem Pult. Wenn sie nach Hause ging, begegnete es ihr an Mauern und an Bäumen. Jeder Straßenverkäufer führte es im Angebot. Nur zu Hause existierte das Porträt nicht. Großvater weigerte sich, es aufzuhängen. Er hat Mao gehasst. Doch darauf komme ich später zurück.

Als Kinder waren meine Mutter und ihre Geschwister stolz darauf, einem so glanzumwobenen Schauplatz der Revolution zu entstammen. Der Streik von Anyuan, so hatte man ihnen eingetrichtert, zeuge als leuchtendes Beispiel davon, mit welcher Tapferkeit Mao für die Rechte und die Würde der Arbeiter gekämpft habe. Der Anyuan-Streik von 1922 war ein Meilenstein in der Geschichte der KP. In den folgenden Jahren wurde Pingxiang zu einer proletarischen Festung. Tausende Bergarbeiter traten der Roten Armee bei. Hier wurde die erste Arbeitergewerkschaft des Landes gegründet und der erste Ortsverband der Kommunistischen Partei außerhalb Shanghais. In den zwanziger Jahren kam ein Fünftel aller landesweiten KP-Mitglieder aus Pingxiang. Linksintellektuelle strömten aus allen Ecken des Landes herbei, um zu studieren, wie man die Massen mobilisierte. Mehrere Jahre lang war Pingxiang landesweit das Zentrum der kommunistischen Bewegung.

*

Am Ende der zwanziger Jahre soll mein Ururgroßvater zehn Soldaten der Roten Armee erschossen haben. So steht es in mehreren Parteidokumenten meines Großvaters: handgeschriebene Zettel aus dünnem Reispapier, datiert auf die Jahre zwischen 1953 und 1968, als die Partei immer wieder jedes Detail unserer Familiengeschichte unter die Lupe nahm.

Peng Shuzhao, mein Ururgroßvater, geboren 1895, besaß in der kleinen Bauerngemeinde Lashi, zwanzig Kilometer von Pingxiang entfernt, eineinhalb Hektar Land und einen angrenzenden Hügel, auf dem die Familie Kameliensträucher, Tee und Tungölbäume anbaute. Die Leute nannten ihn *Lao Peng*, den »alten Peng«. Einen Teil des Bodens verpachtete er an Nachbarfarmer. In den Augen der Kommunisten zählte er damit schon zur feudalen Klasse der Grundbesitzer. Jahrzehnte später korrigierte die Partei ihre Einordnung: Lao Peng sei lediglich ein »kleiner Grundbesitzer« gewesen, eigentlich ein aufrechter Bauer. Ohnehin hatte es in China, anders als im zaristischen Russland, seit Jahrhunderten keine feudale Ausbeuterschicht mehr gegeben. Land konnte frei gekauft und verkauft werden. Lao Peng sagte man nach, dass er sein Leben lang ein gutes Händchen für Geschäfte gehabt habe.

Das blutige Aufeinandertreffen trug sich 1927 zu. Im September jenes Jahres probte Mao seinen ersten bewaffneten Aufstand, angekündigt mit dem später berühmt gewordenen Spruch: »Die politische Macht kommt aus den Gewehrläufen.« Gemeinsam mit einheimischen Bauernaktivisten und arbeitslosen Bergarbeitern aus den Kohlegruben von Pingxiang attackierten seine Roten Soldaten im Großraum Changsha Großgrundbesitzer und Stützpunkte der Guomindang, der Partei der chinesischen Nationalisten. Nach dem Ende der Qing-Dynastie im Jahr 1912 begründete sie die erste chinesische Republik, kontrollierte das Land aber nur zu Teilen. Als Partei der Reichen und Mächtigen war die Guomindang beim einfachen Volk verhasst. Mit Hilfe der Minenarbeiter von Pingxiang machten sich die Kommunisten nun daran, sie aus der Region zu vertreiben. Beteiligt an diesem Angriff waren 5000 Mann. Die Losung der Operation, die später als »Herbsternte-Aufstand« in die Geschichtsbücher einging und den Auftakt des 22 Jahre währenden Bürgerkriegs zwischen den Kommunisten und der Guomindang markierte, war simpel: »Exekutiert lokale Reaktionäre, konfisziert ihren Besitz und brennt ihre Häuser nieder.«

Die Revolte währte nur wenige Tage; die Streitkräfte der Guomindang schlugen Maos Armee gnadenlos nieder. Mit seinen verbliebenen 1500 Männern floh Mao daraufhin ins 220 Kilometer südlicher gelegene Jinggang-Gebirge. Unterwegs ging Maos ausgehungerte und demoralisierte Truppe auf Beutezug. Die Raubüberfälle wurden als Kampf gegen die Ausbeuterklasse getarnt und *da tuhao* genannt – »zerschmettert tyrannische Grundbesitzer«. Sogar parteiintern wurden diese Übergriffe später kritisiert. Auf dem Sechsten Parteikongress, der im Dezember 1927 in Shanghai stattfand, straften KP-Obere Maos Vorgehen mit den Worten, seine Männer seien nichts anderes als »vagabundierende Banditen«.

Irgendwann in diesen Wochen, laut Akten wohl zu Beginn des Rückzugsmarsches, stürmten Rote Soldaten auf den Hof von Lao Peng. Es muss eine Gruppe von zehn gewesen sein, die sein Haus umzingelten, ihn festnehmen und seinen Besitz beschlagnahmen wollten. Hinrichtungen von »Grundbesitzern« wie ihm waren an der Tagesordnung, man stellte sie dabei zur Schau: Ihre Körper wurden auf hölzerne Rahmen gespannt und von allen Seiten mit einer speerähnlichen Waffe beworfen, *suobiao* genannt: scharfe, zweischneidige Messer mit einem meterlangen Schaft. Lao Peng fürchtete wahrscheinlich um sein Leben. Mit einer Jagdflinte schoss er auf die Eindringlinge. Ob es genau zehn waren, die er tötete, ließ sich später nicht mehr feststellen, ebenso wenig, ob er jemals zur Rechenschaft gezogen wurde. Die Tatsache aber, dass Großvater von einem – wenn auch nur »kleinen« – Grundbesitzer abstammte, der darüber hinaus in den Anfangstagen der kommunistischen Bewegung fast ein Dutzend »Klassenkämpfer« umgebracht hatte, belegte ihn mit einer Erbschuld. Als er Ende der fünfziger Jahre selbst wegen »konterrevolutionärer Gesinnung« am Pranger stand, musste er sich dafür unzählige Male rechtfertigen. In Verhören versuchte er seinen eigenen Großvater damals mit den Worten zu verteidigen, es seien keine Roten Soldaten gewesen, die dieser in Notwehr erschossen habe, sondern Gangster. Damit lag er falsch und richtig zugleich. Es waren Rote Soldaten. Und zugleich waren sie Gangster. Für eine endgültige Klärung der Tat war es da aber ohnehin zu spät. Es gab keine Beweise mehr und keine Augenzeugen. Aber der Makel blieb haften: Er galt als Enkel eines Kommunistenmörders.

Lao Peng, dessen Ahnen vor 600 Jahren aus Hunan in das Dorf Lashi bei Pingxiang übersiedelten, war ein tüchtiger und gebildeter Mann. Bereits im Alter von achtzehn Jahren gebar ihm seine Frau einen Sohn – Großvaters Vater. Es folgten drei weitere Söhne und eine Tochter. Erzählungen zufolge beherrschte Lao Peng jede Form der Feldarbeit, wusste Strohsandalen zu flechten, Stoffe zu weben, Ziegelsteine zu brennen und war geübt in Kalligraphie. Nebenbei verdiente er sich ein

Zubrot als Barfußdoktor, wie man jene Sorte von chinesischen Ärzten bezeichnet, die zwar keine medizinische Ausbildung hatten, aber ein rudimentäres Verständnis von Heilkunde besaßen und in ländlichen Gegenden üblicherweise Hausbesuche erledigten. Oft sah die Familie ihn am zischenden Feuerherd in der Küche stehen und in einem großen gusseisernen Topf voll brodelnder Heilkräuter rühren, die er auf seinen Streifzügen durch die Berge sammelte. Lao Peng war schnell zu Fuß und trug meist lange, dunkle Roben. Riefen ihn Menschen wegen Erkältungen oder Schlangenbissen um Hilfe, erkannten sie ihn schon von weitem an seiner hageren Statur und dem langen Kinnbart. Achtung erwarb Lao Peng sich in der Gemeinde außerdem als daoistischer Meister, dem eine Verbindung zur spirituellen Welt nachgesagt wurde; bei Beerdigungen beauftragten ihn Familien damit, ihre toten Angehörigen zu segnen.

Großvater bewunderte seinen Großvater. Als Kind tat er nichts lieber, als auf dem Erdboden zu kauern und Lao Peng zuzuhören, wie er in sanftem Bariton Erntelieder sang. Dazu spielte er mit einem Bogen aus Rosshaar die *erhu*, ein traditionelles Streichinstrument aus Rosenholz, das er auf seine Knie stützte. Von Lao Peng erlernte Großvater die Liebe zur Musik und zur Kalligraphie; die gemeinsamen Singstunden in der Wohnstube zählen zu den wenigen schönen Momenten seiner Kindheit, an die er sich ansonsten nicht gerne erinnert.

Auch Großvaters Vater, Urgroßvater Peng Likun, gründete früh eine Familie, wie es damals üblich war. Mit zwanzig bekam er seinen ersten Sohn. Ein Jahr später, am 6. April 1934, brachte seine Frau das zweite Kind auf die Welt. Wieder ein Sohn – meinen Großvater. Urgroßvater gab ihm den Namen Peng Fangcong.

Im selben Jahr brach Mao Zedong zum berühmten Langen Marsch auf. Nach der Niederschlagung des Herbsternte-Aufstands hatte er sich mit seiner Roten Armee für eineinhalb Jahre in den Wäldern des Jinggang-Gebirges verschanzt. Es folgte eine Zeit der parteiinternen Querelen und der Guerillagefechte mit der Guomindang. Die Übermacht der feindlichen Streitkräfte zwang Mao dazu, sein Bergrefugium zu räumen und die Truppenbasis in den Süden Jiangxis zu verlegen. In Ruijin, einer Stadt 400 Kilometer südlich von Pingxiang, rief Mao 1931 die Chinesische Sowjetrepublik aus. In den nächsten drei Jahren konnten die Kommunisten noch vier Großangriffe der Guomindang-Truppen abwehren. 1934 wurde der feindliche Druck jedoch zu groß: Die Rote Armee war von allen Seiten umzingelt, die Lebensmittelvorräte waren aufgebraucht. Als Ausweg blieb allein die Flucht in den Nordwesten. 85000 Soldaten und 15000 Parteikader machten sich auf den beschwerlichen Weg.

Großvater wurde in eine Welt des Chaos und der Gesetzlosigkeit hineingeboren. Die Guomindang hatte einen vorläufigen Etappensieg über die Kommunisten errungen und errichtete nun ihre Schreckensherrschaft. Als Großvater drei wurde, rückte aus dem Norden auch noch die japanische Armee vor. 1937 fiel sie in Pingxiang ein, tötete Tausende Menschen und zerstörte die gesamte Straßeninfrastruktur. Die Bevölkerung von Pingxiang lebte in dieser Zeit im ständigen Kreuzfeuer, eingekesselt zwischen Guomindang, den Japanern und lokalen Warlords.

Die Guomindang sei fast genauso sehr verhasst gewesen wie die Japaner, sagt Großvater. Als Kind hatte er mitbekommen, wie Bauern in der glühenden Sonne an Bäumen aufgehängt wurden oder wie man ihnen Metallstifte unter die Fingernägel trieb, weil sie sich den Befehlen von Guomindang-Soldaten widersetzt hatten. Ständig habe er in der Nachbarschaft Schüsse und Schreie gehört, und ständig seien er und seine Geschwis-

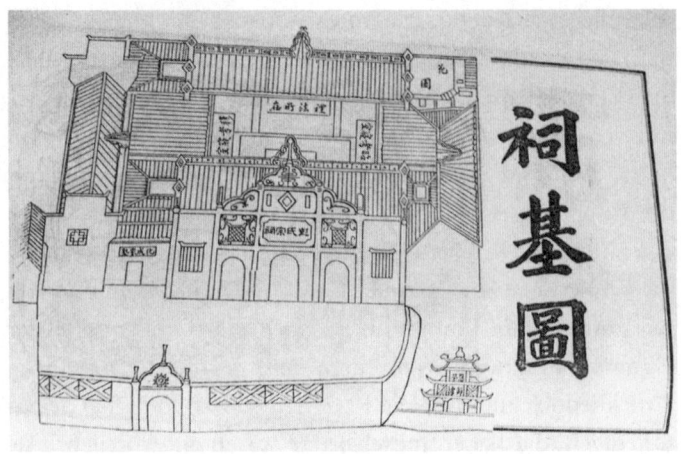

Eine Zeichnung aus unserem Familienstammbaum.
Sie zeigt die Ahnenhalle der Pengs in Lashi, 1995.

ter mit leerem Magen ins Bett gegangen. Extreme Kälte- und
Hitzewellen wechselten sich damals ab, immer wieder fiel die
Ernte aus. Nachts zogen Plünderer durch die Straßen. Das mas-
sive Tor des Hauses war stets verriegelt. Aufgrund der Mangel-
ernährung bekam Großvater im Alter von fünf Jahren grauen
Star. Auf dem rechten Auge ist er seither blind.

Lashi war ein malerisches kleines Dorf, in dem sich schlichte,
weißgestrichene Häuser mit geschwungenen Ziegeldächern an
einem Bach reihten. Abends leuchteten rote Laternen an den
Eingängen. In der Mitte des Dorfes lag ein Platz aus grauem,
großflächigem Kopfstein. Großvaters Eltern lebten am Orts-
rand neben den Feldern, in einem zweistöckigen Haus mit
sechs Zimmern, in den Häusern nebenan wohnten seine Onkel, seine Tanten und Lao Peng, das Familienoberhaupt.

Im Vergleich zu anderen Bauern ging es der Familie nicht
schlecht. Lao Peng teilte, sobald seine vier Söhne das Erwach-

senenalter erreicht hatten, den Grundbesitz der Familie in vier Teile auf. Fortan übernahmen seine Stammhalter das Bestellen der Äcker. Aufgrund dieser Aufteilung rutschte die Familie in der Klassenordnung eine Stufe nach unten. Galt Lao Peng noch als »kleiner Grundbesitzer«, waren Urgroßvater und seine drei Brüder nur noch *zhongnong*, Bauern mittlerer Klasse, ein Umstand, der ihnen später die Haut retten sollte. Urgroßvater zog jeden Morgen um vier Uhr auf die Felder und kam nicht vor Anbruch der Dunkelheit nach Hause. Jedes Jahr erntete die Familie 1800 Kilo Reis und 50 Kilo Teeöl, dazu Süßkartoffeln, Gemüse und roten Tee. Außerdem besaßen Großvaters Eltern einen Wasserbüffel, zwei Schweine, ein paar Ziegen und Hühner. Das reichte gerade so zum Überleben. Um etwas Geld zu verdienen, verkauften Großvater und seine Geschwister auf dem Markt grüne Klößchen aus Klebreis und dem chinesischen Heilkraut Beifuß, die Urgroßmutter frisch zubereitete.

Als sich die Kämpfe zwischen Guomindang und der japanischen Armee verschärften, wurden die Lebensmittel knapp. Mehrmals versuchten die Japaner, Pingxiang zu erobern. Beim dritten Anlauf im Dezember 1944 erstürmten sie die Stadt.

Als Großvaters Familie die Nachricht erhielt, die japanische Armee stehe vor den Toren der Stadt, hatten sie 48 Stunden Zeit, um zu packen. Mit so viel Reis, wie sie tragen konnten, etwas Kleidung und dem Wasserbüffel, ihrem wertvollsten Besitz, suchten sie zu zwanzigst auf einem zehn Kilometer entfernt gelegenen Berg Zuflucht. Dort brachten entfernte Verwandte sie in den zwei Seitenräumen einer Ahnentempels unter, der ihnen ein halbes Jahr lang als Versteck dienen sollte. Die Vorräte reichten gerade mal für eine Mahlzeit am Tag, manchmal zwei: etwas Reissuppe, Süßkartoffeln, wilde Kräuter und gekochte Baumrinde. Großvater und seine Geschwister und Cousins waren zeitweise nur noch Haut und Knochen. Um etwas Proteine zwischen die Zähne zu bekommen, gingen die Kinder Schnecken sammeln. Oft mussten sie sich davon übergeben – ohne Salz und Öl schmeckten die Schnecken nach nichts als fauligem Fisch.

In den sechs Monaten der japanischen Besatzung wagte es Lao Peng zweimal, nach Hause zu schleichen. Beim ersten Mal wollte er nachts Reis aus der Vorratskammer holen und nach dem Rechten sehen. Er schaffte es unbemerkt bis nach Hause, doch als er ankam, war nichts mehr da. Die japanischen Soldaten hatten die Schweine, Ziegen und Hühner getötet oder mitgenommen, der Speicher war leergeräumt. Die Dorfbewohner, die nicht hatten fliehen können, mussten den Japanern als Zwangsarbeiter dienen, als Lastenträger, Rikschafahrer oder Diener, die Frauen als Prostituierte. Wer sich weigerte, wurde erschossen.

Bei seinem zweiten heimlichen Besuch wurde Lao Peng fast selbst getötet. Unter den Flüchtlingen in den Bergen grassierte die Ruhr, auch Großvaters kleinen Bruder hatte es erwischt. Lao Peng lief zurück ins Dorf in der Hoffnung, einen Arzt zu finden. Als er die erste Häuserreihe erreichte, hörte er die Schritte japanischer Soldaten. Im letzten Moment warf er sich ins Reisfeld und bohrte sein Gesicht in den Matsch. Die japanischen Soldaten, die ihn dort liegen sahen, stupsten ihn mit einem Gewehr an, um zu schauen, ob er noch lebte. Sie hielten ihn für tot. Und zogen weiter.

In den Monaten, in denen Großvaters Familie sich auf dem Berg versteckte, tötete die japanische Armee in Pingxiang 19 000 Zivilisten und nahm mehr als 20 000 gefangen. 6000 Frauen wurden vergewaltigt, unzählige Häuser zerstört. Im Mai 1945 gelang es den Nationalisten, die Japaner in die Flucht zu schlagen.

Ein Jahr später, 1946, ereilte die Familie ein weiterer Schicksalsschlag. Urgroßvaters kleiner Bruder verunglückte schwer. Peng Lizhi war 23 Jahre alt, der drittälteste unter den Söhnen und erst wenige Monate verlobt. Als er auf einem Berg Holz für das Haus hacken wollte, das er für seine zukünftige Familie plante, löste sich weiter oben am Hang die Erde. Die herunterpurzelnden Gesteinsbrocken trafen ihn so schwer, dass er wenige Wochen später seinen Verletzungen erlag. Seine Verlobte sprach aus Verzweiflung tagelang kein Wort.

Nach der Bestattung suchten Lao Peng und seine Frau den Ahnentempel auf und gingen vor dem Altar mit den Bildern ihrer Vorfahren in die Knie. Der Tod ihres dritten Sohnes schmerzte sie zutiefst. Er bestürzte sie aber auch noch aus einem anderen Grund: Denn die Tatsache, dass ihre künftige Schwiegertochter noch nicht schwanger war, bedeutete, dass der dritte Familienzweig von Lao Peng nicht weitergeführt werden würde. Am Tag darauf unterbreitete er seinem Ältesten, also Urgroßvater, einen Vorschlag: Dieser solle seinem toten Bruder einen seiner Söhne »zur Adoption freigeben«, damit dessen Familie im Stammbaum nicht kinderlos bliebe. Dem Wunsch des Vaters zu widersprechen, war nahezu undenkbar. Und so willigte Urgroßvater ein. Die Entscheidung, die er daraufhin fällen musste, bereitete ihm schlaflose Nächte. Welchen seiner Söhne sollte er hergeben? Er hatte drei. Der älteste, sein Stammhalter, kam nicht in Frage. Den jüngsten, das Nestküken, aufzugeben, brachte er ebenso wenig übers Herz. Also fiel die Wahl auf den zweitältesten: meinen Großvater. Die »Adoption« selbst war im Nu besiegelt. Der Dorfälteste schrieb einfach den Stammbaum um: Darin wurde Großvater an seinen verstorbenen Onkel »transferiert« – offiziell galt er damit als dessen Sohn. Auf dem Papier war sein Vater nun sein ältester Onkel. Großvater wurde umgetopft wie eine Pflanze, könnte man sagen. Ihn dem toten Drittältesten zu schenken, so glaubte Lao Peng, werde sicherstellen, dass dessen Blut und dessen Geist für weitere Generationen erhalten blieben.

Zur Zeit seiner »Adoption« war Großvater zwölf Jahre alt. Für ihn hatte das Ganze durchaus materielle Vorteile: Er bekam ein Viertel des Erbes von Lao Peng zugesprochen, damit stand ihm genauso viel Land zu wie seinem Vater. Andererseits schaffte die Änderung des Familienstammbaums in den Augen der abergläubischen Gemeinschaft scheinbar unumstößliche Tatsachen: Großvater galt nun offiziell als Waise, und so wurde er fortan auch behandelt. Von den Nachbarn, seinen Mitschülern und Lehrern – sogar von seinen leiblichen Eltern. Er wohnte zwar weiterhin im selben Haus wie seine Geschwister. Sein Vater und seine Mutter scherten sich allerdings nicht mehr um ihn. Er war ja nicht mehr ihr Sohn – sondern nur noch ein Neffe. Großvater hatte seinen Platz in der Familie verloren.

Umso mehr kümmerte sich sein eigener Großvater um ihn. Lao Peng war es, der ihn dazu ermutigte, Ehrgeiz in der Schule zu zeigen, und ihm Geld für Bücher gab. Großvater besuchte den Unterricht gerne und interessierte sich schon früh für Literatur. Am Ende der fünften Klasse brachte er es an seiner Schule sogar zu etwas Ruhm: In elf von fünfzehn Abschlusswettbewerben belegte er den ersten Platz. Er gewann in den Disziplinen Grammatik, Mathematik, Rhetorik, Aufsatzschreiben, Musik, 400-Meter-Lauf, 100-Meter-Lauf, Hochsprung, Weitsprung und Zeichnen. Auf dem Schulflur hingen seine Zeichnungen von Thomas Edison und Nikolaus Kopernikus. Auf den Sieg in der Sonderdisziplin Flöhefangen war er aber besonders stolz. Die Schule wurde in jenem Sommer von einer Flohplage heimgesucht, und mit einem Wettbewerb hofften die Lehrer, die Schüler zur Säuberung der Klassenzimmer motivieren zu können.

Großvater fiel ein Trick ein, wie man sich der Plagegeister entledigen konnte: Er schloss die Tür zum Klassenzimmer, zog sich bis auf die Unterhose aus und rieb seinen Körper mit Öl ein. Dann legte er sich auf den Boden und wartete. Nach wenigen Minuten klebten Hunderte Flöhe an seiner öligen Haut.

Als Großvater nach sechs Jahren die Grundschule verließ, war er bereits fünfzehn Jahre alt. Aufgrund der Invasion der Japaner war der Unterricht zwischen 1944 und 1946 für zwei Jahre ausgesetzt worden. Für die meisten seiner Klassenkameraden war die Schulkarriere nach der Grundschule beendet. Bauernkinder hatten in der Regel keine andere Wahl, als den Eltern auf den Feldern zu helfen. Doch Großvater hegte andere Pläne: Er wollte unbedingt studieren und Gelehrter werden. Am Ende der sechsten Klasse schloss Großvater als Klassenbester ab und bekam einen Platz an Pingxiangs Mittelschule Nr. 1 zugewiesen, der besten weiterführenden Schule der Stadt. Voller guter Vorsätze startete er im Herbst 1949 ins neue Schuljahr.

Aber schon nach zwanzig Tagen brach er die siebte Klasse ab. Plötzlich stand die Volksbefreiungsarmee vor den Toren der Stadt.

3

VORWÄRTS

Die Fanfaren der kommunistischen »Befreier« waren schon von weitem zu hören. Die Spitze des Zuges bildeten Tanztruppen, junge Männer und Frauen mit weißen Turbanen, irritierend guter Laune und einer perfekt einstudierten Choreographie. Im Vorwärtsgang um die eigene Achse rotierend sangen sie Lieder wie das »Lied vom Reiskeimling«, »Ohne die Kommunistische Partei gibt es kein neues China« und »Die Partei ist unsere aufgehende Sonne«, dabei wurden sie begleitet von Trompeten, Trommeln und den Schlägen der Gongs. Dahinter fuhr ein Laster mit riesigem Mao-Porträt auf der Ladefläche, gefolgt von Soldaten mit roten Fahnen. Die Kommunisten kamen völlig anders daher als die Nationalisten: Mit ihren mausgrauen Anzügen aus kartoffelsackartiger Baumwolle, den Schirmmützen und den ausgelatschten Stoffschuhen sahen sie eigentlich mehr wie abgemagerte Lumpensammler aus. Im Chor riefen sie: »*Xiang qian! Xiang qian!*« – Vorwärts! Vorwärts!

»Die sehen ja aus wie wir«, habe er damals gedacht, sagt Großvater. Als die Volksbefreiungsarmee am 23. Juli 1949 durch das Nordtor von Pingxiang einmarschierte, jubelte er in der ersten Reihe. Sobald ihn die Nachricht erreicht hatte, dass die Kommunisten sich näherten, war er auf der Rückbank der Pferdekutsche eines Nachbarn in die Stadt gefahren. Auf den Straßen herrschte Volksfeststimmung. Zehntausende drängten sich, um das Spektakel zu sehen. Die Menschen zündeten Feuerwerke, nicht wenige weinten Freudentränen.

Großvater, fünfzehn Jahre alt, war im Sommer zuvor ein glühender Anhänger der kommunistischen Sache geworden. Eines Tages hatten ihn ältere Mitschüler eingeladen, sich einer geheimen Lerngruppe der örtlichen KP-Untergrundparteizelle anzuschließen. Sie brachten ihm die Werke von Lu Xun nahe, dem berühmten linken Schriftsteller und Ideenlieferanten Maos. Was Großvater las, klang nach Aufbruch, nach einem Weg aus Hunger und Elend. China lag am Boden. Hundert Jahre europäischer Kolonialismus und zwei Jahrzehnte Bürgerkrieg hatten das Land verwüstet. Siebenhundert Millionen Menschen darbten im größten Armenhaus der Welt. Die durchschnittliche Lebenserwartung lag bei 31 Jahren. Die Kommunisten versprachen: Unter Mao werde alles besser werden! China werde wieder groß und stark! Ihre Botschaft erfüllte Großvater mit Zuversicht und Eifer. Fast wäre er deshalb sogar von der Schule geflogen. Im Herbst 1948 zog er mit anderen Helfern um die Häuser, um selbstgebastelte Wandzeitungen zu verteilen. Als er am nächsten Tag zum Unterricht erschien, wartete der Schuldirektor mit einem Bambusstock und schlug ihm den Hintern grün und blau. Ob er sich den Tod wünsche, fragte er Großvater nicht ohne Grund – vielerorts brachten die Nationalisten nämlich jeden um, der auch nur im Verdacht stand, mit den Kommunisten zu sympathisieren.

Wenige Monate später, im Sommer 1949, kam die große Wende. Mit der Wucht eines Naturereignisses rollte die kommunistische Bewegung über das Land. Wie anderswo auch, läutete die Volksbefreiungsarmee in Pingxiang die neue Ära damit ein, dass sie die verbliebenen Guomindang-Kämpfer exekutierte und in Massengräbern verscharrte. Neue Beamte wurden rekrutiert, ein lokales Propagandablatt gegründet, der Schutt der zerstörten Häuser weggetragen, frisches Geld eingeführt, der *renminbi*, die »Volkswährung«. Über Nacht verwandelten sich sämtliche Bewohner in Kommunisten, so hatte es zumindest den Anschein. Wer bis dahin keiner gewesen war, merkte schnell, dass es ratsam wäre, einer zu werden. In einer ihrer ersten Amtshandlungen rief die Partei die Bevölkerung dazu auf, »Volksfeinde« ausfindig zu machen. Von nun an sollte die Klassenzugehörigkeit das Dasein bestimmen. In die »gute Klasse« wurden Parteikader, Soldaten, Arbeiter und arme Bauern eingeteilt. Als neutral eingestuft wurden mittlere Bauern und Akademiker. »Feudale Großgrundbesitzer«, reiche Bauern und alle, die irgendwie mit der Guomindang zu tun gehabt hatten, bekamen den Stempel »schlechte Klasse«. Wie sich nun zeigte, hatte Lao Peng, der vermeintliche Kapitalist, gut daran getan, seinen Landbesitz auf die vier Söhne aufzuteilen. Mit dem Etikett »mittlere Bauern« waren er und sein Nachkommen einigermaßen aus dem Schneider. Zumindest fürs Erste.

Großvater brannte darauf, am Aufbau des neuen Chinas teilzunehmen. Zunächst aber musste er passen. Wenige Tage nach der »Befreiung« erkrankte er an Typhus. Es war wieder einer dieser glutheißen Sommer, und der Wasserbehälter vor dem Haus hatte sich in eine wahre Brutstätte für Bakterien verwandelt. Die kommenden Wochen wälzte sich Großvater mit bis zu 40 Grad Fieber und dröhnendem Kopf im Bett, am ganzen Körper mit roten Flecken übersät. Lag er wach, versuchte er die Lieder auswendig zu lernen, die durchs Fenster von der Straße zu ihm drangen:

Der Osten ist rot

Der Osten ist rot, die Sonne geht auf,
China hat Mao Zedong hervorgebracht.

Er plant Glück für das Volk,
Hurra, er ist der große Erlöser des Volkes!

Der Vorsitzende Mao liebt das Volk,
Er führt uns,

Um das neue China aufzubauen,
Hurra, führt uns nach vorn.

Die Kommunistische Partei ist wie die Sonne,
Und scheint genauso hell,

Wo es eine Kommunistische Partei gibt,
Hurra, da ist die Befreiung des Volkes.

Ende September – das Fieber klang ab, und die Flecken ver-
heilten allmählich – schleppte Großvater sich mit Mühe zum
Bahnhof, wo er sich mit Klassenkameraden verabredet hatte.
Im Waggon eines Lasttransporters fuhren die Jungs heimlich
in die Provinzhauptstadt Nanchang. Dort trugen er und seine
Kameraden sich in die Freiwilligenliste der Roten Armee ein.
Die Truppen waren zwar noch in weiter Ferne. Großvater fand
aber, es könne nicht schaden, sich bereits einen Platz zu sichern.
Eine Woche später, wieder in Lashi, ereilte die Bewohner die
Aufforderung, sich gegen drei Uhr nachmittags auf dem Dorfplatz einzufinden. Die Partei habe eine wichtige Kundgebung
angesetzt. Es war der 1. Oktober 1949. Großvater, immer noch
schwach auf den Beinen, wankte zum Treffpunkt. Auf dem
Platz hielt er sich an seinem älteren Bruder fest. Um kurz nach
drei donnerte von oben aus Lautsprechern die Stimme Maos,
live vom Tor des Himmlischen Friedens. Im Hintergrund hörte
man die fanatischen Schreie der 400 000 Menschen in Peking,
die gekommen waren, um ihren neuen Führer zu feiern. Die
Radioverbindung war schlecht, immer wieder brach die Über-
tragung ab. Schließlich verkündete Mao die berühmten Worte:
»Das chinesische Volk ist aufgestanden.« Großvater bebte vor
Glück. So sehr, dass ihm die Dose mit seinen Tabletten aus der
Hand fiel.

Sieben Wochen später zog er von zu Hause fort. Am Abend
des 22. November erreichte ein Trupp von 2000 Fußsoldaten

die Stadt: Rekruten der Militärschule Nr. 5 der Zweiten Feldarmee, die zuvor gut 400 Kilometer weiter östlich zum Marsch in den »wilden« Südwesten aufgebrochen waren. Mao hatte zwar bereits die kommunistische Volksrepublik China ausgerufen, und der Befehlshaber des Feinds, General Chiang Kai-Shek, setzte sich gerade mit einem Goldschatz im Wert von 200 Millionen Dollar sowie dem halben Kunstbestand des Pekinger Kaiserpalastes auf die kleine Insel Taiwan ab. Splittergruppen der Guomindang kontrollierten jedoch immer noch Teile der südwestlichen Provinzen Guizhou, Yunnan und Sichuan. Auch diese Regionen galt es nun zu »befreien« und zu »säubern«. Die Militärschüler der Zweiten Feldarmee waren kaum älter als Großvater. Er hörte, dass sie am Tag darauf bereits weiterziehen würden, eilte nach Hause und packte seine Sachen.

In der Nacht wurde es kalt. Großvater zog die alte Baumwolljacke seiner Mutter über, ein rotes, traditionelles Frauenmodell mit seitlicher Knopfleiste, die Ärmel bereits aufgeplatzt, dazu die Turnschuhe eines Klassenkameraden. Er schrieb Urgroßmutter einen Brief, sie möge ihm das mit der Jacke verzeihen und seinem Freund das Geld für die Schuhe erstatten. Ohne sich von seinen Eltern zu verabschieden, schlich er sich im Morgengrauen aus dem Haus. Am Bahnhof, wo Kohletransportzüge die Rekruten zur nächsten Station bringen sollten, drängten sich hundert Mittelschüler aus ganz Pingxiang. Alle wollten wie Großvater der Armee beitreten.

Ein Doktor der Kompanie musterte die Anwärter. Bei Großvater kniff er die Augen zusammen. Rekrut Peng Fangcong, Sohn mittlerer Bauern, war spindeldürr und kaum 1,60 Meter groß, sein Gesicht übersät mit Narben. Außerdem war er auf dem rechten Auge blind. Die Uniformjacke, in die der Arzt ihn schlüpfen ließ, ohnehin die kleinste Größe, hing dem Jungen bis zu den Knien. Und er war erst fünfzehn. Das vorgeschriebene Mindestalter beim Armeeeintritt waren jedoch achtzehn Jahre. »Gesundheitszustand mittel«, notierte der Arzt in Großvaters erste Parteiakte. »Bursche, das schaffst du nicht«, sagte er. Zum Trost fügte er an: »Du wirst noch viele Gelegenheiten haben, dich an der Revolution zu beteiligen.« Aber Großvater stellte sich stur. »Ich gehe nicht mehr nach Hause«, gab er dem Arzt zu verstehen. Der überlegte kurz – und winkte ihn durch. Das neue China konnte schließlich jeden Helfer gebrauchen. Auch minderjährige. Großvater kletterte in den Kohlewaggon.

Vor ihnen lag eine Reise von mehr als 1000 Kilometern. Das Ziel, die Provinz Guizhou, war berüchtigt für seine Rückständigkeit. Einem alten Spruch zufolge gab es in der Bergregion »keine drei Fuß flachen Landes, keine drei Tage ohne Regen und keinen einzigen Menschen mit drei Yuan in der Tasche«. Vor allem gab es keine Eisenbahnlinie und keine Straßen. Schon nach zwölf Stunden Fahrt endeten die Schienen im Nichts. Die Guomindang hatte eine Flussbrücke gesprengt. Also ging es zu Fuß weiter. Neben seiner Uniform wurde Großvater mit einem gut einen Meter langen Wachstuch ausgestattet, in das er Unterwäsche, eine Decke, Feldflasche, Wasserschüssel, Reisschale, ein Paar Metallstäbchen, Zahnbürste und Seife einrollte. Das Bündel schnallte er sich wie einen Rucksack mit einem Seil um. Als Proviant baumelte ihm ein Drei-Kilo-Sack Reis um den Hals. Jeder Rekrut musste außerdem abwechselnd Handgranaten und Gewehre schleppen. Das Schlusslicht des Menschenzuges bildeten dreißig sowjetische Panzerkanonen, die von Pferden gezogen wurden.

Die angepeilte Tagesstrecke waren 20 bis 40 Kilometer. Schon vor Sonnenaufgang brachen die Rekruten auf, oft marschierten sie bis spät in die Nacht – auf Feldwegen, durch dicht gewachsene Pinienwälder, über Gletscherpässe und nah an Talschluchten entlang, die so steil waren, dass ein falscher Schritt ausgereicht hätte, um Hunderte Meter in die Tiefe zu stürzen. Spähtrupps organisierten Schlafstätten: Großvater übernachtete in Schilfhütten, in Tempeln, Grundschulen oder in Scheunen neben den Schweinen. Als Matratze diente sein über Stroh ausgebreitetes Wachstuch. Die Einheimischen boten Obdach und spendeten Lebensmittel. Zu den Mahlzeiten kauerten alle im Freien um einen großen Topf. An einem guten Tag gab es Gemüsesuppe mit Eierstich.

Der Regen hörte erst auf, als es anfing zu schneien. Beim Marschieren wehte Großvater ein eisiger Wind ins Gesicht, aber solange er keine Pause einlegte, fror er nicht. Schlimmer erging es ihm an den Füßen. Die Gummisohlen seiner Schuhe waren so dünn, dass er beim Gehen jeden Stein spürte. Jeden Abend nahm er ein Fußbad und stach die Blasen mit einer Nadel auf. Als er in der vierten Woche nicht einmal mehr humpeln konnte, kam von hinten General Wang angeritten, ein dekorierter Kriegsheld. Als Sohn armer Viehhüter aus dem Nordwesten Chinas war er weit in der Armeehierarchie aufgestiegen, er hatte mit Mao am Langen Marsch teilgenommen und gegen die Japaner und die Guomindang gekämpft. Großvater erinnert sich noch an jedes Detail: die forschen Adleraugen, der durchgestreckte Rücken, »wie ein emporragendes Felskliff«, die glasklare Stimme. »Kleiner Genosse, nimm mein Pferd«, habe der General gesagt und, da Großvater zögerte, hinzugefügt: »Das ist ein Befehl.« Zwei Tage lang durfte er auf dem braunen Hengst reiten. Was für ein Privileg!

Noch heute bekommt Großvater Gänsehaut, wenn er an *seinen* Langen Marsch denkt. Trotz knurrendem Magen und halb abgefrorenen Gliedmaßen war er glücklich wie nie zuvor. Die Armee eröffnete ihm eine Zukunft: die Chance, der engen Bauernwelt zu entkommen. Zum ersten Mal empfand er Hoffnung. Die anderen fühlten wie er. In jedem Ort schlossen sich ihnen weitere Freiwillige an. Nach Anbruch der Dunkelheit wurde gesungen und getanzt. Großvater heuerte im Kulturregiment an, sang im Chor und durfte kleine Theaterrollen spielen. Er mimte furchtlose Bauern, kampfbereite Fabrikarbeiter und tyrannische Gutsherren mit angeklebten Grashalmen als Schnurrbart. Natürlich gab es immer ein Happy End. »Macht Euch keine Sorgen, in der Armee geht es mir besser als zu Hause«, schrieb Großvater seinen Eltern von unterwegs.

Am 5. Februar, nach zweieinhalb Monaten und 1200 Kilometern Marsch, waren sie am Ziel, in Huishui, einer ehemaligen Nationalistenhochburg südlich der Provinzhauptstadt Guiyang, mit damals 170 000 Einwohnern, eingebettet zwischen nebelverhangenen Bergwäldern, in denen bunt gekleidete Angehörige ethnischer Minderheiten lebten. Als Erstes trugen die Rekruten die Granitsteine der Stadtmauer ab, um damit Schulgebäude zu errichten. Während der Bauarbeiten fand der Unterricht unter freiem Himmel statt, auf provisorisch zusammengezimmerten Holzhockern. Sobald sich ein Schneesturm ankündigte, räumte die Klasse sofort das Feld. Ihr Schlaflager bezogen sie in verlassenen Ahnentempeln und in den Höfen vertriebener Grundbesitzer. »Wir haben so gefroren, dass wir in unseren Armeemänteln schliefen«, erzählt Großvater. »Um kochen und waschen zu können, schlugen wir jeden Morgen Eisblöcke klein.« Als es wärmer wurde, legten die Schüler Gemüsefelder an. Weil sie keine Zugtiere hatten, mussten sie sich selbst vor die Pflüge spannen. Wer aufstöhnte vor Schmerz, wurde zurechtgewiesen: Hatten Mao und seine Kameraden es nicht unendlich schwerer gehabt? Hatten nicht Hunderttausende ihr Leben für die Revolution geopfert?

»Lernen und Kämpfen« hieß das Motto der Schule. Das Ziel des Lehrplans: die Umerziehung zum »sozialistischen Menschen«. Marxistische Theorie, die Geschichte der chinesischen Revolution, die Worte Maos – all das konnte Großvater bald im Schlaf herunterbeten.

Die Revolution werde »Volksfeinden« keine Gnade gewähren, lernte er. Als seine Einheit sich auf die Jagd nach Grundbesitzern machte, verlief diese jedoch ergebnislos: In den Bergdörfern des Miao-Volkes, das in schlichten Lehmhütten hauste wie im 19. Jahrhundert, gab es niemanden, den es sich zu enteignen lohnte. Jede Familie besaß kaum mehr Boden als das Fleckchen Land, das sie selbst zum Leben benötigte. Um nicht tatenlos zu bleiben, organisierten Großvater und seine Kameraden Propagandavorträge (die Miao verstanden allerdings kein Mandarin), verteilten Medikamente und reparierten Dorfbrunnen. Dann zogen sie unverrichteter Dinge wieder ab. Auch in anderen Teilen des Landes taten sich Revolutionäre schwer, idealtypische Klassenfeinde zu finden. Nur zwei Prozent des Bodens befanden sich in den Händen von Grundbesitzern. Bloß ein »reicher« Bauer zu sein genügte darum bereits für eine Denunzierung als »reaktionäres Element«. Schließlich galt es, die Vorgaben des Großen Vorsitzenden zu erfüllen. Historiker schätzen, dass im Zuge der Landreform bis 1952 zwei Millionen Landeigentümer umgebracht wurden. Man zerrte die Angeklagten in die Mitte eines Platzes und forderte das Publikum auf, sie die »Wut der Volksmassen« spüren zu lassen. Viele wurden an Ort und Stelle gehängt oder erschossen, andere starben an den Folgen der Misshandlungen. Weitere Millionen Menschen verschwanden als Sklavenarbeiter in neu eingerichteten *laogai*-Lagern zur »Reform durch Arbeit«.

Nach zwei Monaten »Lernen« kam Teil zwei des Schulmottos, »Kämpfen«, an die Reihe. Im März 1950 erhielten die Militärschüler den Befehl, die Gegend »von Banditen zu säubern«. Damit waren die versprengten Ex-Nationalisten gemeint, die es nicht rechtzeitig geschafft hatten, sich davonzumachen, und sich immer noch zu Tausenden in den Wäldern Guizhous versteckten. Grünschnäbel wie Großvater dienten im Hintergrund: Sie hoben Schützengräben aus, schleppten Waffen, schoben Wache. Nachts schlichen sie sich in umliegende Dörfer und besorgten Reissäcke von den Bauern. Die Schüler merkten jetzt außerdem, dass es keine gute Idee gewesen war, die Stadtmauern abzutragen, denn so waren sie den Angreifern schutzlos ausgeliefert. Also bauten sie die Schulräume wieder ab und schichteten die Mauern neu auf. Während der Kämpfe ging Großvaters Gruppe in einem Konfuzius-Tempel in Deckung und schmetterte Propagandalieder, um die Schussgeräusche zu übertönen, die aus dem nahegelegenen Wald kamen. Die Bilanz am Ende des Sommers: einige Hundert getötete Gegner und 116 tote Rekruten in den eigenen Reihen. »Ohne Blut gibt es keine Revolution«, fasst Großvater diese Episode zusammen. Dabei starrt er in die Luft, als fixiere er irgendwo einen Punkt.

*

Wir sitzen in Großvaters Schlafzimmer in der Wohnung meiner Tante. Mein Laptop ist aufgeklappt, vor uns die Aufnahmen seiner Akten aus dem Archiv von Pingxiang. Ich zeige ihm ein Passfoto, aufgenommen irgendwann im Herbst 1950. Ein Jahr nach seinem Eintritt in die Armee war er kaum wiederzuerkennen.

»Das bin ich nicht«, sagt Großvater. Er sieht das Bild zum ersten Mal. »Das soll ich gewesen sein?«

Das Foto zeigt nicht mehr den Teenager mit eingefallenen Wangen und bravem Mittelscheitel, der er noch im Winter 1949 gewesen war, sondern einen strammen Uniformträger mit Bürstenhaarschnitt. Die Augen schauen nicht mehr schüch-

Großvater als
junger Soldat in
der Roten Armee,
ca. 1953

tern, sondern forsch. Das latent Verrückte, der Schalk – es ist alles bereits da.

Das Foto ist oben rechts auf einen Fragebogen geheftet. In schwungvoller Schönschrift hat Großvater ihn damals ausgefüllt, ganz der ambitionierte Jungkalligraph. Auf die Frage, welche persönlichen Fortschritte er gemacht habe, antwortete er beispielsweise stolz, er sei nun in der Lage, 25 Kilo zu tragen statt 15. Der Unterricht in menschlicher Entwicklungsgeschichte habe die Überbleibsel an feudalem Gedankengut, das er noch in sich trug, restlos »zerschmettert«. Früher habe er geglaubt, die kommunistische Bewegung sei eine von vielen. Jetzt wisse er: Nur der Sozialismus führt eine Gesellschaft ins Glück.

Großvater sitzt umgekehrt auf seinem Schreibtischstuhl, den Oberkörper auf die Lehne gestützt. Draußen prasseln murmelgroße Wassertropfen gegen das Fenster. Während wir reden, zupft er sich mit einer Heftklammer einzeln abstehende Barthaare aus.

»Wolltest du nicht eigentlich studieren?«, frage ich.

»Natürlich.« Großvater seufzt. »Aber wir waren sieben Kinder zu Hause. Wir hatten kein Geld. Ich wollte meinen Eltern nicht länger auf der Tasche liegen.«

Die Zeit in der Armee beflügelte seine Träume: Er war nun Teil von etwas Großem, Historischem. Maos Propagandamaschine entwarf pausenlos paradiesisch klingende Zukunftsszenarien. Auf Postern wurde nicht weniger als ewiges Glück für alle versprochen: proper genährte Schweine im Stall, überquellende Esstische, lachende Mädchen mit geflochtenen Zöpfen. Andere Bilder zeigten rauchende Schornsteine vor blauem Himmel und Arbeiter mit aufgerollten Hemdsärmeln, die sich über Produktionspläne beugen. Überall weist der Große Vorsitzende den richtigen Weg.

Großvater glaubte all dies. Wie die meisten Chinesen hatte er die Nationalisten genauso sehr gehasst wie die Japaner. Und das neue Regime konnte ja auch tatsächlich auf manchen Gebieten Erfolge verzeichnen: Frauen bekamen mehr Rechte, die Alphabetisierungsrate stieg. Großvater glaubte felsenfest an seine Aufstiegschancen im neuen System, daran, dass die Partei Bauernsöhnen wie ihm neue Wege eröffnete. Es schien auf einmal so viel möglich zu sein: Er malte sich eine Laufbahn als einflussreicher Kader aus. Oder er könnte Künstler werden, den Schulabschluss nachholen, vielleicht Gelehrter werden.

Schon bald aber wurde er enttäuscht. Vom Kulturregiment versetzten ihn seine Vorgesetzten Ende 1950 auf die Krankenstation als Pfleger. Zur Begründung hieß es, es gebe zu wenig Schwestern, und er habe ja kleine, flinke Hände. Die Aussicht, Nachttöpfe zu leeren und Spritzen zu säubern, fand Großvater nicht besonders prickelnd. Aber alles Protestieren nützte nichts. Als die Armeeschule im August 1952 aufgelöst wurde, wies man ihm einen Posten im Militärhauptquartier der Provinzhauptstadt Guiyang zu – im Sanatorium, wieder als Pfleger. Einen Hoffnungsschimmer gab es wenigstens: Er konnte neben der Arbeit an der Kaderschule seine Sekundarbildung nachholen.

Ich frage Großvater, ob es keine Möglichkeit gegeben habe, woanders unterzukommen? Er grummelt zunächst Unverständliches, schließlich flucht er: »Dummer Assistenzarzt, keine Ahnung von nichts.« Dann schlurft er Richtung Bett, kramt eine Zigarettenpackung unter dem Kopfkissen hervor. Mitten im nächsten Satz steht er auf und verschwindet vor die Tür. Während er draußen raucht, blättere ich in seinem Akteneintrag mit dem Titel »Kaderevaluation«, unbekannter Verfasser, November 1952:

1. Gedankliche Positionen
Die ersten zwei Monate zeigte Peng Fangcong sich unzufrieden und launisch, als seiner Forderung nach einem Berufswechsel nicht stattgegeben wurde. Inzwischen ist aber Ruhe eingekehrt. Macht seine Arbeit nach Plan. Gruppendisziplin allerdings schwach ausgeprägt. Oft kommt es zum Konflikt mit den Oberen. Den Führungsstil von Assistenzarzt Hu kritisiert er als »undemokratisch«. Nach Schichtende sucht er das direkte Streitgespräch. Als Hu ihm einmal einen Befehl erteilte, ließ Peng seinem Unmut mit der Trillerpfeife freien Lauf. Spricht seine Meinung offen aus.

2. Arbeitshaltung
Erledigt Aufgaben, selbst schwierige. Geht mit Methode vor, kann den Überblick behalten. Nachlässig bei Dingen, die ihn nicht interessieren. In dringenden Fällen zeigt er vollen Einsatz. Sucht den Rat von erfahrenen Kollegen aus anderen Abteilungen, lernt schnell.

3. Zensuren
Volle Punktzahl in Kunst und Chinesisch, einsatzfähig als Nachhilfelehrer für andere. Stark abfallende Leistungen dagegen in den Fächern Politik und Militär. Gähnt und redet im Unterricht

dazwischen, liest heimlich Kulturlektüre, die er über die Lehrbücher legt.

4. Lebenswandel

Exzentrischer Charakter, stört die Einheit der Gruppe. Fängt gelegentlich unvermittelt an zu singen. Macht beim täglichen Morgenappell einen unmotivierten Eindruck. Abendversammlungen besucht er nach Lust und Laune.

5. Fazit

Pengs kleinbürgerliche Herkunft äußert sich in schwerwiegenden individualistischen Tendenzen.

Großvaters Antrag auf Parteimitgliedschaft wurde zweimal hintereinander abgelehnt.

Zur selben Zeit startete Mao die »Drei-Anti-Bewegung«. Ausgemerzt werden sollten die drei Übel »Korruption, Verschwendung und Bürokratismus«. Es war die erste Massenkampagne, die sich gegen eigene Leute in der Partei richtete. Mao gab eine feste Quote vor: Fünf Prozent aller öffentlichen Angestellten sollten aus ihren Ämtern entfernt oder degradiert werden. Da Korruption zuvor unter den Nationalisten weit verbreitet gewesen war, kam die Kampagne beim Volk gut an. Vier Millionen Staatsbedienstete wurden durchleuchtet und verhört. Großvater meldete sich freiwillig für die »Tigerfänger-Gruppe«, wie die Antikorruptionsteams hießen. Zum ersten Mal sah er mit eigenen Augen, wie die Partei in tagelangen Sitzungen Beschuldigte in die Mangel nahm und ihnen das Wort im Mund verdrehte. Oft gab es nicht einmal einen konkreten Verdacht.

Ich frage Großvater, ob ihm damals Zweifel gekommen seien. »Mao wollte das Richtige mit den falschen Methoden«, antwortet er. Nein, an der Partei habe er nie gezweifelt. Im Jahr 1953, zeitgleich mit dem Pekinger Zentralkomitee, erstellte Großvater seinen persönlichen Fünfjahresplan. Mit seinem Pflegerschicksal hatte er sich inzwischen abgefunden. Die Arbeit der Ärzte war gar nicht so uninteressant. Einen mochte er besonders, Doktor Zhang. Dieser konnte Blinddärme in der Rekordzeit von elf Minuten operieren. Testeingriffe an Hunden nahm er im Beisein der staunenden Belegschaft mit verbundenen Augen vor. »Jeden Tag«, erinnert sich Großvater, »behandelte er fünfzig Patienten. Er brauchte jemanden nur aus dem Augenwinkel anzuschauen, schon wusste er, ob derjenige Pocken hatte oder Syphilis.«

Großvater hatte einen neuen Traum: Arzt werden, oder Pharmakologe. Auf mehrfaches Betteln hin erlaubte Doktor Zhang ihm, montags, mittwochs und freitags während der Nachmittagssprechstunde zuzuschauen, dabei erklärte er ihm Diagnose- und Heilverfahren. Im Anatomie- und Chemieunterricht strengte Großvater sich nun besonders an. In seiner Freizeit las er jedes Medizinbuch, das er in die Hände bekommen konnte. Er begann noch vor dem Frühstück, abends zog er sich mit einer Gaslampe auf den Hügel hinter dem Wohnheim zurück. »Wegen meines blinden Auges wäre das sowieso nichts geworden«, sagt Großvater heute. Als 19-Jähriger glaubte er an seinen Traum.

In seinem dritten Antrag auf Parteimitgliedschaft vom 4. April 1954 schreibt er:

Die Prüfungen, die die Partei mir in der Vergangenheit auferlegt hat, haben mir ihre Großartigkeit in aller Deutlichkeit vor Augen geführt. Für ihre Kritik und die Lehren, die ich daraus gezogen habe, bin ich unendlich dankbar. Seit dem Moment, in dem ich der Revolution beigetreten bin, erlebe ich jeden Tag, wie das Leben der Chinesen sich stetig verbessert. Ich weiß aber, dass mein Leben erst als Parteimitglied von wahrer Bedeutung sein wird. Erst dann werde ich die kommunistische Lehre in allen Facetten begreifen und leben können.

Diesmal schaffte er es knapp. Der Mitgliedsausschuss der Partei gewährte ihm am 20. August 1954 eine Probezeit von einem Jahr.

Großvater atmete auf. Er rechnete allerdings nicht damit, dass die nächste Massenkampagne bald folgen sollte. Mao, inzwischen fast sechzig und um seine Lebensleistung besorgt, hatte gerade ein neues Projekt gestartet: das geheime Supermachtprogramm. Innerhalb von fünfzehn Jahren, so das Ziel, sollte China militärisch mit Ländern wie den USA und Großbritannien gleichziehen. Um die Aufrüstung zu finanzieren, hatte Mao 1953 angefangen, Ernten zu beschlagnahmen und der Bevölkerung Lebensmittel abzupressen, so dass vielen Bauern weniger als das Existenzminimum blieb. Der Widerstand wuchs, bekannte Schriftsteller meldeten sich zu Wort, und, was Mao besonders sauer aufstieß, sogar Parteileute übten Kritik. 700 000 »versteckte Konterrevolutionäre« vermutete er in Partei, Armee, Forschung und Staatsunternehmen. Zehn Prozent aller KP-Mitglieder seien heimliche Verräter, behauptete die *Volkszeitung*. Eine weitere Säuberungsaktion musste her. Mao ordnete an, 14 Millionen Menschen einer »Überprüfung« zu unterziehen.

Ab August 1955 machte sich die Partei auch in Guizhou auf die Suche nach potentiellen Verdächtigen. Es dauerte nicht lange, bis sie bei Großvater fündig wurden. Angezeigt hatte ihn der Stationsleiter, der sich schon länger am aufmüpfigen, naseweisen Gebaren seines jungen Mitarbeiters störte. Unter anderem hatte er mitbekommen, wie Großvater ihn hinter seinem Rücken als »Reistonne« bezeichnet hatte.

Das Parteikomitee der Kaderschule leitete ein Verfahren ein. Aus den Wochen zwischen dem 30. September und dem 1. November 1955 finden sich mehr als dreißig Seiten in Großvaters Akten, die zeigen, mit welcher Akribie man zur Sache ging:

Ein Ermittlungsausschuss verhörte Kollegen und Kameraden, Parteimitglieder diskutierten öffentlich Großvaters angebliche Vergehen, sogar Unterlagen aus seiner Heimat Pingxiang wurden angefordert. Der Informationswert der Protokolle ist mitunter dünn: Jiang Farui, Neuntklässler an der Mittelschule Nr. 2, gibt an, er habe Großvater als Patient aufgesucht und ihm Schulbücher in Chemie und Physik ausgeliehen. Ein weiteres Mal hätten sie sich zufällig bei einer Freilichtaufführung des Films *Hack die Teufelsklaue ab* getroffen (eine üble Spionage-Schnulze aus den einst berühmten, inzwischen »ideologisch reformierten« Shanghaier Filmstudios). Großvater habe gefragt: »Wie sind die Sommerferien?«

Ein Kamerad der Kaderschule gibt an, beobachtet zu haben, wie Großvater und ein Freund in der Leichenhalle herumlungerten und sich so vor dem Militärtheorieunterricht drückten. Großvater habe so getan, als würde er für die darauffolgende Anatomiestunde Leichen in den Saal nebenan schieben. Doch sobald er sich unbeobachtet wähnte, habe er auf dem Boden hockend irgendwelche Bücher gelesen und später im Wohnheim sogar noch Wasser auf sein Kopfkissen geträufelt, um den anderen weiszumachen, er hätte den ganzen Nachmittag mit schweißtreibender körperlicher Arbeit verbracht! Außerdem habe Großvater, das wisse er genau, Privatnachhilfe bei Doktor Zhang genommen.

Noch am selben Tag wurde Doktor Zhang verhört. Dieser klingt in seiner Selbstkritik müde und zermürbt. Ja, gibt er zu Protokoll, Peng Fangcong habe ihn dreimal die Woche aufgesucht, neun Monate lang. Aus ehrlichem Interesse am Arztberuf zwar, aber ja, der Schüler habe sich dadurch Vorteile erschlichen. Es sei unverantwortlich gewesen, die Partei nicht vorher zu fragen, das bereue er. Nein, über Politik habe man auf keinen Fall gesprochen!

Doktor Zhang hatte doppelt Pech: Zum Zeitpunkt des Verhörs war Großvaters Mentor bereits wegen anderer »krimineller Verfehlungen« ins Visier der Ermittler geraten. Der Vorwurf, ausgewählten Günstlingen in bourgeoiser Manier Wissensvorsprünge zu verschaffen, kam seinen Peinigern gerade recht. Der Selbstbezichtigung Doktor Zhangs vom 4. Oktober 1955 liegt ein Memo bei, verfasst vom leitenden Ermittler namens Yao. Auf dem Schreiben prangt ein roter Amtsstempel: »Verschlusssache«. Der Verdächtige, heißt es darin, verhalte sich »gerissen«, rücke nur stückweise mit der Sprache heraus – die Liste der »offenen Fragen« in Bezug auf Doktor Zhang werde immer länger. Andere Vorfälle ließen angeblich darauf schließen, dass der Arzt einer Verschwörung angehöre. Ende 1955 verschwand Doktor Zhang in einem Lager. Gerüchten zufolge legte er ein »Geständnis« ab, während man seine Hoden mit einer Bambuspresse quetschte. Großvater hörte nie wieder von ihm.

Dann begannen die Ermittler, in Großvaters Vergangenheit zu kramen. Dabei wurde auch der Vorfall aus dem Jahr 1927 ausgegraben, als sein Großvater Lao Peng mehrere Rote Soldaten getötet hatte. Es sei daraus zu folgern, dass Großvater von klein auf »unter dem Einfluss der Philosophie der herrschenden Klasse« herangewachsen sei, heißt es in einem weiteren Dokument. Äußerst selten suche er den »Kontakt zu den Massen«. Einige Kollegen spekulierten: Womöglich stehle sich Peng Fangcong nach dem Abendessen nicht zum Lesen auf die Wiese am Berg davon, sondern um Telegramme von Feinden entgegenzunehmen. Großvater, ein Spion?

Es wurde nicht besser dadurch, dass Großvater nicht nur die Aussage verweigerte, sondern auch noch gegen die Ermittler zu wüten begann. Auf einer der Abendversammlungen schimpfte er sie »Flusskrebse« und einen »den Pfad des Sozialismus versperrenden Müllhaufen«. Den Akten zufolge sagte Großvater zudem Sätze wie »Die Vorgesetzten verschwenden unsere Jugend«, »Die Partei unterdrückt den Nachwuchs«, »Sie lässt uns Holzpferde reiten« und schließlich: »Warum gähnen wohl so viele im Unterricht, warum sind viele lustlos? Die Vorgesetzten suchen den Fehler bei uns Schülern, dabei liegt er bei der Schule, die ihre Schüler so lustlos macht!« Mitte Oktober sperrte man Großvater drei Tage lang in die frühere Abstellkammer des Wohnheims. Seit Beginn der Säuberungskampagne diente sie als provisorische Gefängniszelle.

In der abschließenden Anklageschrift vom 23. Oktober 1955 fasst der Parteisekretär des Militärhauptquartiers die Vorwürfe höchstpersönlich zusammen:

1. Pengs Großvater war Grundbesitzer und hat 1927 zehn Rote Soldaten getötet.

2. 1947 bekleidete Peng in seiner Heimat unter der Guomindang das Amt des Dorfvorstehers.

3. Arrogant seit Kindestagen. Der Armee trat er vor allem aus Karrierestreben bei. Kritik betrachtet er als ärgerliches Hindernis bei seinem persönlichen Aufstieg.

4. Seit der Bewilligung seiner vorläufigen Parteimitgliedschaft 1954 hat sein Interesse an Politik wieder deutlich nachgelassen. Stiftet Mitschüler dazu an, gemeinsam mit ihm Literatur zu studieren, statt den Unterricht zu besuchen.

5. 1953 entwickelte er den Plan, Arzt zu werden. Nahm unerlaubt Privatnachhilfe bei Zhang Shiyin, bediente sich damit an Ressourcen, die der Gemeinschaft zustehen.

6. Widersetzt sich offen Praktiken der aktuellen Kampagne, wie dem Verfahren der gegenseitigen Anzeige.

Auf einer außerordentlichen Mitgliederversammlung am 3. Dezember fällte die Partei ein eindeutiges Urteil: Peng Fangcong sei ideologisch rückständig. Von 52 Anwesenden folgten 50 dem Plädoyer des Parteisekretärs und stimmten für die Suspendierung seiner vorläufigen Mitgliedschaft. Von einer härteren Strafe, etwa einer Entsendung in ein Lager, sah man ab – auch weil ein Teil der Vorwürfe sich zwischenzeitlich in Luft aufgelöst hatte. Unter welchen Umständen Peng Fangcongs Großvater in den zwanziger Jahren auf die kommunistischen Soldaten geschossen habe, könne »bedauerlicherweise nicht mehr bewiesen werden«, teilte die Polizei von Pingxiang per Post zu Punkt 1 mit. Großvaters Schuldirektor bestätigte schriftlich, dass an Punkt 2, der »Dorfvorsteher«-Sache, nichts dran sei. Dieser Vorwurf war in der Tat besonders lächerlich. 1947 war Großvater von seinen Lehrern zum Schülersprecher der vierten Klasse bestimmt worden. In diesem Jahr war er gerade dreizehn geworden. »Dorfvorsteher« lautete die Spaßbezeichnung unter Klassenkameraden.

Andere kamen nicht so glimpflich davon wie er. 770 000 Parteikader, Militärangehörige und Intellektuelle wurden im Zuge der »Kampagne gegen Konterrevolutionäre« verhaftet. Landesweit begingen Zehntausende Menschen Selbstmord. Auf dem Armeecampus in Guiyang hörte Großvater eine Zeitlang fast täglich irgendwo einen dumpfen Aufschlag, gefolgt von Schreien. Heute stürzte sich hier einer aus dem fünften Stock, morgen dort. »Fallschirmspringer« nannte man die Verzweifelten, nur eben ohne Fallschirm. Andere ertränkten sich nachts im Teich.

Ausgerechnet in dieser Zeit verliebte Großvater sich zum ersten Mal. Ihr Name war Mao Xizhong. Ihre Schönheit beschreibt er wie eine wissenschaftlich gesicherte Erkenntnis: Nach übereinstimmender Meinung aller sei sie »das hübscheste Mädchen aus Hauptquartier, Kaderabteilung und Logistikzentrum« gewesen, zählt er mit ernster Miene auf. Sie war klug und genauso alt wie Großvater. Einen gravierenden Makel wies sie allerdings auf: Ihr Vater war vor 1949 ein hochrangiger Jurist in der nationalistischen Stadtregierung von Guiyang gewesen. Nach der Revolution hatte ihn ein Massentribunal zum Tod durch Erhängen verurteilt. Als Kind war Xizhong jeden Morgen von vier Dienern in einer Samtsänfte sprichwörtlich auf Händen in die Schule getragen worden. Die »reaktionäre« Herkunft merkte man ihr noch immer an: Xizhong umgab eine fast aristokratische Eleganz, sie ging langsam und mit erhobenem Haupt. In der Kantine zeigte sie tadellose Tischmanieren, während alle anderen ohne Hemmungen schmatzten und rülpsten. Die männlichen Mitschüler betrachteten sie wie eine hübsch-giftige *fleur du mal*: Man bewunderte sie aus der Entfernung, blieb aber lieber auf Abstand – niemand wollte sich anstecken.

»Aus irgendeinem Grund mochte sie gerade mich«, sagt Großvater. Vielleicht, weil er aneckte? »Das weiß ich nicht. Wir haben nie richtig miteinander gesprochen.« Wenn sie sich auf dem Quartiergelände begegneten, warfen sie sich verschämte Blicke, ab und zu auch die Andeutung eines Lächelns zu. Großvater war fasziniert von ihr, wagte aber nicht, sie anzusprechen. Eine Romanze schien ausgeschlossen: Seit die Partei ein neues Ehegesetz verabschiedet hatte, wachte sie eisern über das Liebesleben der Bevölkerung. Um heiraten zu können, bedurfte es der Zustimmung des örtlichen Parteisekretärs, und davon war im Falle von Großvater, dem »ideologisch rückständigen« Abkömmling eines Kleinkapitalisten, und Xizhong, der Tochter eines Volksfeinds, kaum auszugehen. Als Großvater in der Abstellkammer eingesperrt war, schlich das Mädchen dennoch eines Abends ans Gitterfenster und reichte ihm Dampfnudeln und einen Apfel. Großvater erschrak sich zu Tode. Das Mädchen summte leise ein Lied über den Mond. Großvater gab keinen Ton von sich. Eine Weile lang schwiegen sie sich an, dann huschte das Mädchen wieder in die Dunkelheit davon.

Von Großvaters Parteisuspendierung zeigte sie sich anschließend nicht im Geringsten beeindruckt. Im Gegenteil: Seit er

wie ein Aussätziger behandelt wurde, schien sie seine Nähe erst
recht zu suchen. Vielleicht dachte sie, dass sie jetzt etwas gemeinsam hatten. In den Unterrichtspausen schlich sie oft vor
Großvaters Klassenzimmer herum. Liefen sie sich über den
Weg, rief sie Großvater »Fünf Punkte«, das war ihr Spitzname
für ihn (fünf Punkte sind die Höchstnote im sowjetischen
Schulsystem). Statt auf sie zuzugehen, biss er jedoch die Zähne
zusammen und wich ihr aus. »Eine Beziehung zu der Tochter
eines Klassenfeinds hätte meine Zukunft ruiniert«, sagt er, als
wir in seinem Zimmer in Nanning sitzen. Er habe sich zu ihr
hingezogen gefühlt. Von Liebe geträumt. Einerseits. Andererseits hatte er Angst vor dem Schatten ihres Vaters. Zum ersten
Mal überkamen ihn Zweifel am Klassenkampf.

Die Atmosphäre auf dem Armeecampus wurde zunehmend
unerträglich. Politik konnte Menschen ins Verderben führen,
lernte Großvater. An Karriere war in Guizhou nicht mehr zu
denken. Im Sommer 1956 wurden die Truppen schließlich neu
organisiert. Damit ergab sich für ihn eine neue Chance. Er hatte
die Wahl: beim Militär bleiben oder Zivilist werden. Kranken-
pfleger wollte er jedenfalls nicht mehr sein. Auf der Kaderschule hatte er drei Jahre Allgemeinbildung nachgeholt, so dass er
jetzt auf dem Stand eines Oberstufenschülers war. Großvater
beschloss, nach Pingxiang zurückzukehren. Zu Hause könnte
er neu anfangen, vielleicht an seiner alten Mittelschule sogar
das Abitur nachholen, danach eventuell studieren. Außerdem
wurde es langsam Zeit, ans Heiraten zu denken. Er war jetzt
22 Jahre alt.

Ein Mädchen aus der Grundschule fiel ihm wieder ein.
Eine gute, engagierte Schülerin aus armem Hause, tadelloser
Klassenhintergrund. Im Frühjahr 1956 begann er, ihr Briefe zu
schreiben. Ob sie sich noch erinnere? Er werde sich nach Hause
versetzen lassen. Xizhong erfuhr von dem Briefwechsel, als sie

im Sekretariat einen Blick auf den Poststapel warf, den der Bote an jenem Tag gebracht hatte. Einer der Umschläge war an Großvater adressiert. Dass der Absender weiblich war, ließ sich leicht an der Schrift erkennen.

Dennoch brachte sie Großvater am Tag seiner Heimreise zum Bahnhof und übergab ihm als Abschiedsgeschenk zwei Notizbücher. Ihre Enttäuschung wusste sie zu verbergen, selbst als sie ein Jahr später von der anstehenden Hochzeit hörte. Zur Gratulation schicke sie ein Paket mit zwei Kopfkissen.

Ende der fünfziger Jahre beging sie Selbstmord. Großvater erfuhr davon, als er Jahrzehnte später seine ehemaligen Armeekameraden in Guizhou besuchte. Nachdem er die Armee verlassen hatte, erzählten sie ihm, habe sich das Mädchen in eine unglückliche Dreiecksbeziehung verstrickt. Sie ging eine heimliche Affäre zu einem Militärarzt ein, dann wurde sie von einem Englischlehrer schwanger. Der Militärarzt reagierte daraufhin so eifersüchtig, dass er sie an ihren Vorgesetzten verpetzte. Wegen ihres Elternhauses weigerte sich dieser, einer Heirat mit dem Englischlehrer zuzustimmen. Auch ihre Bitte um eine Abtreibungserlaubnis lehnte er ab. Als ihr Bauch sich zu wölben begann, vergiftete sie sich und ihr ungeborenes Baby mit einer Flasche Insektengift.

4

LÜGEN WIE GEDRUCKT

»Was ist daran so schwer zu verstehen?«, knurrt Großvater und rettet sich mit seinen Kranich-Zigaretten nach draußen. Länger als eine halbe Stunde ohne Nikotin hält er nur unter größten Anstrengungen durch. Die zwölf Stunden auf dem Lufthansa-Flug nach Frankfurt 2003 markierten, wenn ich mich richtig erinnere, einen persönlichen Rekord, zumindest seit Ende der Kulturrevolution. Als ich für ein halbes Jahr mit meiner Cousine Lulu in Pingxiang zur Schule ging, versuchten wir, ihm das Rauchen ein für alle Mal auszutreiben. Großmutter hatte ihm gerade sein wöchentliches Taschengeld von 20 Yuan gestrichen, knapp vier Mark, was normalerweise für eine Handvoll Packungen »Berg der Roten Pagode« reichte. Die Kranich-Zigaretten kann Großvater sich erst seit Großmutters Tod leisten. Damals hatte er keinen Zugriff auf seine Rente. In Sachen Haushaltsführung verstand Großmutter keinen Spaß: Selbst wenn sie ihren Mann mit fünf Yuan zum Tofu-Kaufen auf den Markt schickte, musste er danach artig das Wechselgeld abliefern.

Zur Strenge hatte sie allen Grund: Mehr als einmal versenkte Großvater sein Gehalt in windigen Spekulationsprojekten, zu denen er von »Verwandten« eines »guten Bekannten« eines Nachbarn überredet worden war. Jedenfalls verhängte Großmutter eine Zeitlang ein Finanzembargo. Lulu und ich unterstützten sie, indem wir selbstgebastelte »Rauchen tötet«-Schilder an Kühlschrank, Fernseher und Wände klebten. Ging Großvater aufs Klo, hielten wir Wache im Schlafzimmer. Sobald Rauch von nebenan aufstieg – das Schlafzimmerfenster meiner Großeltern lag einige Meter rechts vom Klofenster –, schlugen wir Alarm. Unsere Mühe war umsonst. Großvater lieh sich einfach Geld von den Mahjong-Spielern im Hof. Ein paarmal bediente er sich auch aus der Spardose meiner Cousine. Nachdem Großmutter schließlich fluchend aufgegeben hatte, legte er die Münzen wieder zurück, mit Zinsen.

»In China hat es noch kein Nichtraucher zu was gebracht«, lautet ein Lieblingsspruch von Großvater. »Wenn du Karriere machen willst, musst du Beamten und Chefs Zigaretten anbieten.« Gerne behauptet er auch: »Rauchen ist gut gegen Parkinson und Alzheimer.« Dazu erzählt er die Erfolgsgeschichte eines quicklebendigen 91-jährigen Bekannten, der jeden Tag eineinhalb Schachteln qualmt und zu jeder Mahlzeit *baijiu* trinkt, klaren Schnaps aus Sorghum. »Sein jüngster Bruder, 77, lebt wie ein Mönch. Und was hat er davon? Ein Hirn wie ein kaputtes Sieb!«

Seine Nikotinsucht schiebt Großvater gerne vor, um sich während unserer Gespräche davonzustehlen. An manche Dinge erinnert er sich ungern, was ich verstehe. Gerade ist er genervt. Ich frage ihn nun zum fünften Mal, wie er um Großmutter geworben hat. Was stand in seinen Briefen drin?

»Was man damals eben geschrieben hat. Peng Liwen, du bist ehrgeizig, genau wie ich. Im neuen China sind wir freie Menschen. Lass uns gemeinsam am Fortschritt arbeiten.« Romantik in Zeiten der Revolution.

*

Meine Großeltern wuchsen wenige Hundert Meter entfernt voneinander auf und kannten sich seit der Grundschule. Großmutter wurde 1938 als drittjüngstes von acht Kindern der Familie Dai geboren. Ihre Vorfahren kamen Anfang des 19. Jahrhunderts als Flüchtlinge nach Pingxiang, angeblich mit nichts außer einer Tofubohnenmühle und zwei Neugeborenen im Gepäck. Es hieß, die Dais stammten aus dem hohen Norden – eine mögliche Erklärung dafür, warum außer Großvater alle in der Familie dunkelbraune Haare haben, nicht schwarze, was ungewöhnlich ist für Chinesen im Allgemeinen und für Südchinesen im Besonderen. Als Kind wurde Großmutter wegen ihrer hellen Haare »gelbe Ente« genannt; meine Mutter wurde in der Schule als »falsches Russenmädchen« aufgezogen, und mich halten viele Chinesen für ein Mischlingskind.

Großmutter lernte ihre leiblichen Eltern nie kennen. Sie wusste nicht einmal, an welchem Tag sie geboren wurde: In ihren Unterlagen steht mal der 6. Dezember 1938 als Geburtsdatum, mal der 10. Juli 1938, mal ein ganz anderer Tag. Weder Großvater noch meine Mutter oder ihre Geschwister kennen ihre ganze Familiengeschichte. Die einfache Version geht so: Die Dais lebten als bettelarme Migranten in einem winzigen Nachbardorf von Lashi, dem Heimatort der Pengs. Die ersten zwei Kinder waren Söhne, gefolgt von zwei Töchtern. Großmutter, Tochter Nummer drei, kam unerwünscht. Mädchen gelten in China traditionell als »verschüttetes Wasser«, die es eigentlich nicht wert sind, dass man sie überhaupt großzieht. Sobald sie heiraten, zählen sie nämlich nicht mehr zur eigenen Familie, sondern zu jener des Bräutigams. Großmutter war keine zwanzig Tage alt, da gaben ihre Eltern sie schon weg an ein wohlhabendes Ehepaar aus Lashi.

Großmutters Adoptivmutter, Jahrgang 1907, die ich im weiteren Verlauf als Urgroßmutter bezeichnen werde, stammte aus der Bauernfamilie Yang. Sie konnte nicht viele Schriftzeichen lesen, war aber tüchtig und elegant. Sie hatte kein Glück in der Ehe, dafür ein Händchen für gute Partien. Ihr erster Mann, ein Spross der Hus, besaß ein Warenhaus an der Hauptstraße Lashis und eine Feuerwerkmanufaktur. Urgroßmutter gebar ihm drei Söhne und wünschte sich sehnlichst eine Tochter. Als es ihr nicht gelingen wollte, ein viertes Mal schwanger zu werden, adoptierte das Paar das unerwünschte Babymädchen aus dem Nachbardorf. Großmutter selbst erfuhr davon erst mit Anfang zwanzig. Eines Tages kniete sie am Flussufer und wusch Wäsche. Eine Bäuerin fragte im Vorbeigehen: »Hast du schon gehört, dass deine große Schwester nach Lashi heiratet?« – »Ich habe keine Schwester«, antwortete Großmutter. Die Frau führte sie ein paar Straßen weiter, und tatsächlich, dort saß in einem Haus ein Mädchen, das ihr wie aus dem Gesicht geschnitten war. Urgroßmutter wütete, als sie das mitbekam, rannte zur Bäuerin und schimpfte sie eine Geheimnisverräterin. Dann ging sie nach Hause und sah Großmutter mit traurigen Augen an. »Ich habe dich immer wie meine eigene Tochter geliebt«, beteuerte sie. Und flehte: »Nimm keinen Kontakt zu ihnen auf.« Großmutter wollte ihrer Mutter nicht das Herz brechen. Sie folgte ihrem Wunsch. Erst in den neunziger Jahren, nach Urgroßmutters Tod, erfuhr sie, dass ihre leiblichen Eltern in der großen Hungersnot um 1960 verstorben waren.

Großmutter war drei Jahre alt, als die Japaner kamen. Während die Familie sich auf einem Berg versteckte, erkrankte ihr Adoptivvater an Ruhr und starb. Urgroßmutter soll ihre Faust in die Erde geschlagen und weinend den Geist ihres toten Ehemanns gerufen haben: »Warum tust du mir das an? Wie soll ich alleine drei Söhne großziehen? Nimm sie doch auch gleich mit.« Eine Woche später starben Großmutters Brüder ebenfalls an Ruhr.

Als eine der letzten Frauen ihrer Generation hatte Urgroßmutter gebundene Füße. Als sie vier war, wickelte ihre Mutter ein langes Tuch um ihre Zehen und zerschmetterte mit einem Steinbrocken den Fußrücken. Unter grauenvollen Schmerzen

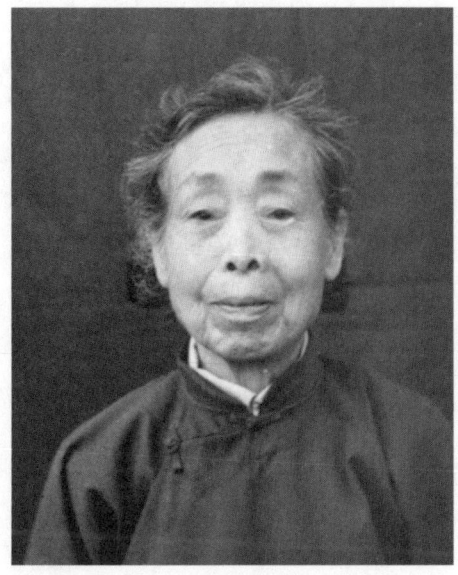

Meine Urgroßmutter, aufgenommen um 1980

musste Urgroßmutter die ganze Zeit enge, faulig riechende Bandagen um ihre Füße tragen, damit diese nicht weiterwuchsen. Frauen mit »Lotus-« oder »Lilienfüßen«, wie der Volksmund sie nannte, trippelten auf den Zehen wie eine Ballerina. An der Stelle des Knochenbruchs in der Mitte des Fußrückens klappte der hintere Fußballen im 90-Grad-Winkel nach unten weg wie ein High-Heel-Absatz. Derart verkrüppelte Klumpfüße galten als erotisch, da hilflose, bewegungsunfähige Frauen angeblich den männlichen Beschützerinstinkt weckten. Urgroßmutter hatte vergleichsweise Glück. Just im selben Jahr, als man ihr die Fußrücken brach, wurde das Füßebinden landesweit verboten. Dort, wo man es trotzdem weiter praktizierte, auch in Lashi, galt es zunehmend als unmenschlich. Als Urgroßmutter zehn wurde, ließ ihre Mutter das Bandagieren irgendwann einfach bleiben. Urgroßmutter hatte damit größere Füße als ihre Geschlechtsgenossinnen und litt nicht ganz so schwer. Dennoch tat jeder Schritt so weh, dass sie nicht imstande gewesen wäre, die Geschäfte ihres verstorbenen Mannes weiterzuführen.

Das übernahm nun ihre Schwiegermutter. Die alte Frau Peng, wie sie mit Nachnamen hieß, galt wegen ihrer tiefen Stimme und ihrer ungebundenen Füße – eine absolute Seltenheit in ihrer Generation – als regelrechtes Mannweib. Während Urgroßmutter ihre Tage zu Hause am Webstuhl verbrachte, schleppte Frau Peng schwere Holzbottiche und kommandierte Mitarbeiter durch die Gegend. Als Großmutter mal wieder weinend nach Hause kam, weil sie in der Grundschule wegen ihres Nachnamens gehänselt wurde (sie hieß Hu wie ihr verstorbener Adoptivvater, nahezu alle anderen in Lashi hießen Peng), marschierte die alte Frau Peng schnurstracks zur Klassenlehrerin, stauchte diese zusammen und verkündete, fortan heiße ihre Enkelin ebenfalls Peng. So kam Großmutter zu ihrem Nachnamen. 1943 starb auch die alte Frau Peng an Ruhr.

Im Jahr darauf heiratete Urgroßmutter ein zweites Mal. Trotz ihres für chinesische Frauen fortgeschrittenen Alters (inzwischen war sie Anfang dreißig) fiel es ihr nicht schwer, wieder unter die Haube zu kommen. Auch nach drei Geburten hatte Urgroßmutter immer noch eine zierliche Figur, ihre Gesichtszüge waren sanft, ihre Haut ohne Makel; sie trug elegante Steckfrisuren und figurbetonte, *qipao* genannte Kleider mit Blumenmustern. Ihr zweiter Mann hieß Peng, war Offizier bei der Guomindang und stammte aus einer mächtigen und wohlhabenden Familie. Sein Bruder hatte es weit nach oben geschafft und diente den Nationalisten als Kulturattaché an der chinesischen Botschaft in Bangkok. Ein Cousin machte Karriere als Polizeichef der Großstadt Changde. Die Familie residierte auf einem weitläufigen, großbürgerlichen Anwesen in Lashi und war offenbar so reich, dass sogar die Gürtelschnallen der Männer mit Gold beschichtet waren. Die Frauen des Hauses hatten nichts zu tun, außer tagein, tagaus in den neuesten Seidenkleidern durch den Hof zu defilieren und Mahjong zu spielen. Als die Kommunisten 1949 Pingxiang eroberten und das Hab und Gut der Familie Peng konfiszierten, ließen die »Befreier« schubkarrenweise Antiquitäten, Schmuck, Gold- und Silberwaren sowie feinstes Porzellan mitgehen. Großmutters zweiter Stiefvater wurde mit einem Kopfschuss von hinten hingerichtet. Urgroßmutter konnte entkommen. Wieder war sie Witwe.

Eine Weile versuchte sie mit der Weberei über die Runden zu kommen, aber es reichte hinten und vorne nicht. Das Schulgeld für ihre Tochter musste sie von Bekannten leihen. Großmutter war inzwischen zwölf. Sie sei alt genug, um für sie beide arbeiten zu gehen, schlug sie ihrer Mutter vor. »Meine Tochter verlässt die Schule nicht ohne Abschluss!«, war Urgroßmutters Antwort. Trotz der Lästereien im Dorf machte sie sich ein drittes Mal auf die Suche nach einem Ehemann. Einer der Kandidaten, ein großer, stiller Mann namens Peng Jifa, stellte sich als armer und klassenbewusster Bauer vor. Er versprach, Großmutter auf die Mittelschule zu schicken. Urgroßmutter heiratete ihn im August 1951.

Die Mittelschule Nr. 2 war ein Internat, abgelegen auf einem Hügel vor der Stadt. In den nächsten Jahren kam Großmutter nur noch über die Sommer- und Winterferien nach Hause. Mit fünfzehn wechselte sie auf die pädagogische Fachhochschule.

Kurz vor ihrem 18. Geburtstag im Herbst 1956 tauchte eines Tages dieser ehemalige Grundschulkamerad vor dem Schultor auf, der ihr seit Monaten Briefe schrieb. Großmutter hatte Peng Fangcong, den Jungen mit dem Rekord im Flöhefangen, noch gut in Erinnerung. Er war der Älteste in der fünften Klasse gewesen, dreieinhalb Jahre älter als sie und ein ziemlicher Besserwisser. Die Jahre beim Militär hatten ihn sichtlich verändert.

Er sah kräftig aus, gereift, und machte in seiner Armeeuniform ordentlich was her. Dass Großvater sie an diesem Tag trug, war natürlich kein Zufall. »Wir Ex-Soldaten waren beliebt und wurden überall respektiert«, kommentiert er heute schmunzelnd, das wusste er für sich zu nutzen. An jenem Herbsttag erzählte er Großmutter außerdem stolz, dass er in die Partei eingetreten sei. Es war gerade wenige Wochen her, dass die Partei ihn nach einjähriger Suspendierung wieder aufgenommen hatte (davon erzählte er ihr natürlich nicht). Großmutter zeigte sich beeindruckt.

Großvater wusste nicht viel über seine ehemalige Schulkameradin Peng Liwen. Er konnte sich daran erinnern, dass sie das einzige Mädchen in der Klasse gewesen war, das in adretten Röcken zum Unterricht erschien, während die anderen Lumpen trugen und seine Schuhe nicht mal Sohlen hatten. Sie war die Klassenbeste unter den Mädchen gewesen, lebhaft und schnell im Kopf. Das war ihm schon damals aufgefallen. Inzwischen trug sie ihre Haare kurz, wie es seit der Revolution zum guten Ton gehörte. Der neue Schnitt stand ihr gut, sie wirkte selbstbewusst und fortschrittlich. Überhaupt machte sie den Eindruck, eine perfekte Partie zu sein: Nach allem, was ihm bekannt war, waren sie und ihre Mutter bettelarm. Politisch erfüllte Großmutter also alle Kriterien. Sie engagierte sich im kommunistischen Jugendverband, hatte es sogar zur Bezirksvorsitzenden gebracht und war zweimal für »vorbildliches Benehmen« ausgezeichnet worden. Sie galt als fleißig und loyal.

Was Großvater nicht ahnen konnte: Sie hatte ihre Biographie nach der Revolution großzügig geschönt. Bei Befragungen ließ sie ihren zweiten Stiefvater, den hingerichteten Guomindang-Offizier, unerwähnt. Sie erdichtete eine offizielle Version der vierziger Jahre, wonach Urgroßmutter und sie, um zu überleben, von Haus zu Haus gezogen seien und aus Körben, die ihre alleinerziehende Mutter mit einem Bambusstab über der Schulter trug, Stoffe, Nähsachen und Socken verkauft hätten. Dass ihr Onkel, Urgroßmutters älterer Bruder, als ehemaliger Unterstützer der Nationalisten 1951 ebenfalls exekutiert worden sei, könne sie nach anfänglicher Trauer »nur begrüßen«, schrieb Großmutter in einer Selbstauskunft. Seit Urgroßmutters Heirat mit Stiefvater Nr. 3 galt sie nun der Klasse der armen Bauern zugehörig. Was Großmutter und selbst Urgroßmutter zum Zeitpunkt der Hochzeit aber selbst nicht wussten: Auch der neue Stiefvater hatte beim Lebenslauf getrickst. Im Zuge der Landreform kam dann 1952 ans Licht, dass er unter dem nationalistischen Regime als Polizist gedient hatte. Als »historischer Konterrevolutionär« gebrandmarkt, stand er seitdem unter besonderer Beobachtung.

Davon bekam Großvater nichts mit. Für ihn war die junge Frau, die er zum ersten Mal seit sieben Jahren am Gittertor der pädagogischen Fachhochschule wiedersah, eine ideologisch einwandfreie Wahl.

Meine Tante glaubt, dass Großvater und Großmutter sich außerdem als Schicksalsverwandte sahen: Beide kamen aus unglücklichen Familienverhältnissen. Großvater war an seinen toten Onkel »veradoptiert« worden, Großmutter, ein echtes Adoptivkind, hatte drei Brüder und zwei Stiefväter überlebt.

Wahrscheinlich konnten sich meine Großeltern auch deshalb leiden, weil sie, alte Beziehungsbinse, gegensätzlich waren wie Tag und Nacht. Die Ehe, die sie 53 Jahre lang führten, glich einer zwar nicht immer harmonischen, aber eingespielten Symbiose: er der Tagträumer, sie die Pflichtbewusste. In den Jahren, die ich bei ihnen lebte, brachte Großvater es alleine kaum fertig, ein passendes Paar Socken im Kleiderschrank zu finden. Manchmal schlief er aus Versehen mit dem Feuerzeug auf seiner Stirn auf der Couch ein. Vor lauter Komponieren vergaß er schon mal das Essen. Großmutter dagegen stand jeden Morgen um sechs Uhr auf. Um sieben ging sie Sojamilch und Dampfnudeln fürs Frühstück holen. Um zehn machte sie sich auf den Weg zum Markt, Tag für Tag, da sie sich bis zu ihrem Tod weigerte, einen Kühlschrank zu benutzen. Den Haushalt erledigte sie mit militärischer Disziplin. Punkt zwölf stand das Mittagessen auf dem Tisch, keine Minute später. Abendessen um Punkt achtzehn Uhr, keine Minute später. Überzeugt davon, dass keine Maschine der Welt Kleider so sauber bekam wie sie selbst, schrubbte Großmutter sich stundenlang auf dem Boden kniend die Finger wund. Soweit ich mich erinnern kann, ließ sie keinen von uns, weder ihre Kinder noch Enkelkinder, jemals auch nur eine Karotte schneiden. Wer widersprach, wurde freundlich, aber bestimmt zusammengefaltet. Um alles und jeden kümmerte sie sich, nur nicht um sich selbst. Nie rührte sie einen Hähnchenschenkel oder die Backen vom Fisch an. Stattdessen nagte sie die knorpeligen Knochenteile ab, die wir verschmähten.

In der Familie sind sich alle einig: Großmutter war das Beste, was einem Chaoten wie Großvater im Leben passieren konnte. Ob der Umkehrschluss im selben Maße zutrifft, ist allerdings umstritten. Großvater konnte seine Frau unterhalten, sie zum Lachen bringen. Ein fürsorglicher Ehemann war er nicht gerade. Großmutter war bis an ihr Lebensende von Ängsten geplagt; das Trauma des Bürgerkriegs und der Mao-Jahre hatte sie nie ablegen können. Sie fürchtete sich vor dem Tod, vor Menschenmassen, vor der Zukunft, vor Hitze, Kälte und Autos. Großvater nahm das nicht wahr – er lebte in seiner eigenen Welt. An Kreuzungen ging er stets mit weiten Schritten voraus, Großmutter folgte zitternd fünf Meter hinter ihm. Dass er sie liebte, zeigte er auf seine Weise: Er nannte sie zärtlich *laopozi*, »meine alte Frau«. Er sprach die Silben langsam und melodisch aus, selbst wenn sie sich stritten und sie ihn mit vollem Namen anherrschte. Meine Mutter und meine Tante sagen: Wenn er ihr noch ab und zu ein Stück Fleisch aufgetragen oder die Schultern massiert hätte, wäre sie vermutlich die glücklichste Ehefrau der Welt gewesen.

*

Am 12. Dezember 1957, einem Donnerstag, nieselte es. Meine Großeltern begannen ihre Hochzeitsfeier in kleiner, familiärer Runde mit einem Essen in der Volkskantine des Rathauses von Pingxiang. Gekommen waren Großmutters Mutter und Stiefvater, auf Großvaters Seite seine Schwestern und Brüder. Seinen Eltern war die Anreise von 25 Kilometern zu weit. Eigentlich wäre es ihnen lieber gewesen, wenn Großvater eine entfernt verwandte Großcousine geheiratet hätte. Aber sie sprachen sich auch nicht gegen seine Wahl aus. Somit waren meine Großeltern für die damalige Zeit ein sehr modernes Paar: Ihre Ehe wurde weder von Verwandten noch durch eine *meipo* arrangiert, wie die in dörflichen Gegenden umtriebigen Kupplerinnen heißen. Sie heirateten, wenn nicht aus Liebe, dann doch zumindest aus freien Stücken.

Die eigentliche Zeremonie fand anschließend im Versammlungsraum der Stadtverwaltung statt. Das Brautpaar empfing seine Gäste mit 50 Kilo Mandarinen (gekauft zum Vorzugspreis von 5 Yuan), einem Sack Zuckerbonbons, grünem Tee und einem kläglichen Rest der 12 Liter Maotai-Schnaps, die Großvater bei seiner Rückkehr aus Guizhou mitgeschleppt hatte (die meisten Flaschen hatte Urgroßvater bereits selbst geleert). Die Hochzeitsgesellschaft bestand aus etwa hundert Leuten: Mitschüler, Kollegen, Nachbarn, außerdem einige Dutzend Schaulustige von der Straße. Großvater erschien in seiner geliebten Armeeuniform, Großmutter in ihrer dunkelblauen Alltagsjacke. Sie hätte zwar gerne etwas Feierlicheres getragen, denn wie Urgroßmutter hatte sie einen Hang zu schönen Kleidern. Mode aber war inzwischen als »bourgeois« verpönt. Keine Frau wagte es noch, Schmuck oder Make-up zu tragen. Es regierte der Einheitsstil: Jeder bemühte sich, so ärmlich wie möglich herumzulaufen. Hochzeiten bildeten keine Ausnahme. Meine Großeltern trugen weder Ringe, noch bekamen sie Geschenke. Der Bezirksvorsitzende überreichte die Heiratsurkunde und sprach im Namen der Partei seinen Segen aus. Da kein Plattenspieler vorhanden war, wurde gesungen. Unter den Schuhen der Hochzeitsgesellschaft sammelten sich die Mandarinenschalen, bis der Boden orange gesprenkelt war. Gegen 21.30 Uhr gingen alle heim.

Der Bezirksvorsitzende schlug vor, noch eine kleine Ehrenrunde zur Wohnung des frischvermählten Paares zu drehen. Er sei neugierig auf die Hochzeitswohnung der beiden, sagte er. Damit meinte er das Angestelltenzimmer über der Verwaltungsbehörde, in der Großvater seit einem Jahr arbeitete. Großmutter war gerade mit ihren wenigen Habseligkeiten eingezogen, schlief unter der Woche jedoch weiterhin im Wohnheim ihrer Fachhochschule.

Als der Bezirksvorsitzende nun Großvaters Zimmer betrat, zeigte er sich erstaunt: An den Wänden hingen berühmte Zitate chinesischer Dichter, geschrieben in eleganter Kalligraphie. Schweigend, das Kinn in die rechte Hand gestützt, begann er auf und ab zu gehen.

»Das warst du?«

Großvater nickte.

»Nicht schlecht, nicht schlecht«, murmelte der Kader. »Und Hochchinesisch kannst du auch.« Er scheine gut mit Sprache umgehen zu können, fuhr der hochrangige Besucher fort – ob der junge Mann sich vorstellen könne, beim Radio zu arbeiten?

Sechs Jahre lang hatte Großvater sich in der Armee vergeblich abgemüht, Bücher gewälzt, um Chancen gekämpft – und jetzt tauchte, wie aus dem Nichts, ein Traumjob auf. Er konnte sein Glück nicht fassen. Es folgte, sagt er heute, »die schönste Zeit meines Berufslebens«.

Die Radiostation Pingxiangs war erst kurz zuvor gegründet worden. Es gab genau drei Mitarbeiter: einen Reporter und Redakteur in Personalunion – Großvater; eine Nachrichtensprecherin und einen Techniker. Der Minisender hatte Räume im zweiten Stock eines Betonbaus im Stadtzentrum bezogen. Meine Großeltern bekamen ein Zimmer mit frisch lackiertem Holzboden und neuen Möbeln zugeteilt, direkt neben dem Technikraum. Schräg gegenüber lag das Studio, nebenan waren ein kleiner Besprechungsraum und die Schlafzimmer der Kollegen. Das war alles.

Zweimal am Tag wurde Programm gesendet: vormittags zwischen 10 und 12 Uhr und abends zwischen 19 und 22 Uhr. Jeder Block begann mit den nationalen Nachrichten, direkt übertragen aus Peking, gefolgt von einer halben Stunde Lokalprogramm. Die übrige Sendezeit wurde mit Pekingopern und Revolutionsliedern von der Schallplatte gefüllt. Großvaters Aufgabe war es, das Lokalprogramm zu produzieren. Nach dem Aufstehen machte er sich mit einem Aufnahmegerät auf den Weg in Amtsstuben und Genossenschaftsbüros der Stadt, um Regierungserfolge und Produktionsstände zu dokumentieren. Danach eilte er zurück in den Senderaum und schrieb die Texte für die Sprecherin. Wenn dringende Bekanntmachungen aus Peking anstanden, der Volkskongress etwa ein neues Gesetz verabschiedet oder ein Abkommen mit der Sowjetunion unterzeichnet hatte, schaltete Großvater sofort in die Hauptstadt. Dass die Propaganda stets im Vorschlaghammerstil daherkam, traf zwar nicht seinen Geschmack: In der Welt der Partei gab es nur Gut und Böse, Freund und Feind, Weiß und Schwarz. Dennoch genoss er es, endlich ein »Geistesarbeiter« zu sein. Ihm gefielen sein Presseausweis und die vielen Termine.

Großmutter hatte in der Zwischenzeit ihre Uniaufnahmeprüfungen bestanden und war 70 Kilometer östlich nach Yichun gezogen, wo sie sich für ein Lehramtsstudium in Mathematik und Chinesisch einschrieb. Großvater konnte sich nun voll in seine Arbeit stürzen. Pausen legte er selten ein. Statt in der Volkskantine traf man ihn zu Mahlzeiten im Studio an. Mit der Reisschüssel in der Linken schlang er das Essen in sich hinein, mit der Rechten schnitt er währenddessen den nächsten Beitrag.

Im Juli 1958 beschloss die städtische Propagandabehörde, den Radiosender mit der örtlichen Tageszeitung zusammenzulegen. Großvater wechselte zum gedruckten Blatt. Auch die Tageszeitung existierte noch nicht lange. Die Auflage lag bei einigen Tausend Exemplaren; jede Arbeitseinheit in Pingxiang war verpflichtet, Abonnements abzuschließen. Die Zeitung umfasste vier Doppelseiten und beschäftigte sieben Redakteure. Die gute Nachricht: Großvater wurde zum Nachrichtenredakteur der Seite eins befördert. Die schlechte: Er bekam einen Vorgesetzten, der nicht einmal die Grundschule zu Ende besucht hatte.

Der Chefredakteur, ein feister, launischer Endvierziger, war wie Großvater neu im Amt. Seinen Aufstieg hatte er der »Hundert-Blumen-Kampagne« zu verdanken: Unter dem Motto »Lasst hundert Blumen blühen, lasst hundert Denkrichtungen miteinander streiten!« hatte Mao im Jahr zuvor die Intellektuellen des Landes dazu aufgerufen, öffentlich Kritik an Partei und Staat zu äußern. Erst zögerten sie, dann brachen alle Dämme. Dass die Kritiker jedoch auch zunehmend die Grundlagen des Systems in Frage stellten, ging Mao aber zu weit. Daraufhin schlug die »Hundert-Blumen-Kampagne« in die »Anti-

Rechts-Kampagne« um. 500 000 Wissenschaftler, Philosophen, Lehrer, Journalisten und andere Intellektuelle, die offen ihre Meinung gesagt hatten, wurden als »Rechtsabweichler« verfolgt: entlassen, eingesperrt, in Arbeitslager geschickt und gefoltert – darunter auch der Vorgänger von Großvaters Chefredakteur. Der Neue kam von der Agrarbehörde und verstand nicht viel vom Fach. Dafür war er treu ergeben.

Großvater begann bei der Zeitung, als Maos Kampagnenwahn gerade wieder in eine neue Phase getreten war. Statt das Land binnen fünfzehn Jahren zur Supermacht aufsteigen zu lassen, wie im ersten Fünfjahresplan vorgesehen, sprach Mao plötzlich davon, die USA im Laufe von zehn und Großbritannien sogar innerhalb von nur »fünf oder drei« Jahren zu überholen. Chinas Industrialisierung müsse wie bei einem Atom »mit einem Knall« erfolgen – in einem »Großen Sprung nach vorne«.

Ende Juli erschien in der Pekinger *Volkszeitung* ein Leitartikel, den Großvaters Redaktion am Tag darauf nachdruckte. Großspurig wurde das Ziel der Regierung verkündet, die bisherige Rekordernte noch im laufenden Jahr zu verdoppeln. Im Text hieß es: »Unser Volk kann so viele Nahrungsmittel produzieren, wie wir nur wollen!«

Mao ordnete an, in sämtlichen ländlichen Regionen »Volkskommunen« zu bilden. Binnen zwei Monaten wurden in Pingxiang alle Genossenschaftsfarmen zu kleinstadtgroßen Verbünden zusammengeschlossen. Nicht mehr die Familie, sondern die Volkskommune stellte nun die kleinste Einheit der Gesellschaft dar. Männer wie Frauen wurden in Produktionsbrigaden eingeteilt, ähnlich organisiert wie beim Militär. Der »10–8–4–2«-Tag wurde eingeführt: Zehn Stunden arbeiten, acht Stunden schlafen, vier Stunden essen und Pausen und zwei Stunden »lernen« – womit politische Indoktrinierung gemeint war. Die Mitglieder jedes Teams mussten morgens gemeinsam

auf die Felder gehen und abends alle zur selben Zeit heimkehren. Das Kochen übernahmen kommunale Großküchen, Kin-
der- und Altenbetreuung die Gemeinschaft. Privateigentum
wurde abgeschafft.

An die Gemeinschaftskantinen erinnert sich Großvater mit
Kopfschütteln. »Mao gab die Parole aus: ›Stopft euch eure Mägen voll und geht bei der Produktion aufs Ganze.‹ Das hat sich
natürlich keiner zweimal sagen lassen. Als die Verantwortlichen
in den Kommunen merkten, dass die Vorräte dahinschwanden,
wurde ein Punktesystem eingeführt: Wer mehr essen wollte,
musste mehr arbeiten – oder so tun, als ob.« Die Bauern seien
zwar bis spät in die Nacht auf den Feldern geblieben. Mehr Reis
wurde deswegen allerdings nicht eingefahren. »Wozu auch? Die
Ernte nahm sich ja ohnehin der Staat.«

Von lästigen Tatsachen aber ließ Mao sich nicht beirren. Statt-
dessen wies er seine Provinzparteichefs an, Erfolge zu produzie-
ren. Die Provinzparteichefs ordneten ihrerseits Lakaien an der
Basis an, phantastische Ernten zu melden. Schon bald hatte die
Volkszeitung gute Nachrichten für die Nation: Eine sogenann-
te Sputnik-Kommune aus der Provinz Henan (benannt nach
Maos Vorliebe für russische Satelliten) gab bekannt, 120 000
Kilo Getreide auf einer Fläche von einem *mu* oder 666 Qua-
dratmetern geerntet zu haben – das Zehnfache der normalen
Menge! Die Kommentatoren waren aus dem Häuschen. Maos
Propagandamaschinerie ließ Poster mit aberwitzigen Motiven
verbreiten: Auf ihnen schossen turmhohe Weizenbündel wie
Raketen in den Himmel, und Ferkel wurden zu walrossgroßen
Schweinen herangemästet. »Die Kommune gleicht einem gi-
gantischen Drachen, die Produktion steigt nach oben wie ein
Phoenix« lautete ein Spruch. Ein anderer: »Das Gemüse ist
grün, die Melonen sind fett, wir haben Ernte in Hülle und Fül-
le.« Und siehe da: Auf wundersame Weise tauchten überall im

Eine Massenversammlung in Pingxiang während des Großen Sprungs, ca. 1957. Auf der weißen Wand links steht: »Die großartigen Gedanken Mao Zedongs werden uns auf ewig wie ein Licht den Weg weisen.«

Land neue »Sputnik-Felder« auf! Ein »Reissputnik« aus der Provinz Guangxi meldete, 70 Tonnen Reis pro *mu* geerntet zu haben – das Hundertfache der Norm! Man müsse sich überlegen, »wohin mit all den überschüssigen Nahrungsmitteln«, prahlte Mao bei einem öffentlichen Auftritt. Eine Lösung hatte er auch schon parat: Der Staat solle den Bauern nun noch mehr Lebensmittel abpressen. Einen Großteil der Getreideproduktion exportierte Peking in die Sowjetunion, um im Gegenzug Waffen und U-Boote zu kaufen. Gleichzeitig wurden Unmengen an Getreide zu Treibstoff für Raketentests verbrannt – jeder einzelne Test verbrauchte 10 000 Tonnen, so viel wie der Jahresbedarf von eineinhalb Millionen Menschen.

Als »Sprachrohr der Partei« posaunte auch die Tageszeitung von Pingxiang tagtäglich Jubelmeldungen in die Welt. »Jedem von uns war klar, dass wir völligen Blödsinn druckten«, sagt

Großvater heute. Seine Kollegen und er arbeiteten unter einer Mischung aus Zensur und Selbstzensur. Jeden Abend musste der Andruck erst vom städtischen Propagandabüro abgenickt werden, manchmal sogar vom Parteisekretär höchstpersönlich. Artikel, die von der offiziellen Sprachregelung abwichen, kamen erst gar nicht so weit: Dafür sorgten schon die Redakteure selbst, und wenn sie es nicht genau genug nahmen, dann griff der Chefredakteur ein.

Sein Chef, der mehrmals in der Woche dem Rathaus Bericht erstatten musste, sei peinlichst darauf bedacht gewesen, bloß keinen Unmut bei den Oberen zu wecken, erzählt Großvater. Das Recherchieren wurde zur Alibi-Beschäftigung: Die echten Ernteprotokolle, die die Redaktion von den Kommunen bekam, wanderten in den Mülleimer. »Ich war naiv«, sagt Großvater. »Ich dachte, ich sei Journalist. Kein Märchenerzähler.«

Anfang 1959 entwarf er einen Leitartikel, in dem er eine Abkehr von der Volkskommune vorschlug: Die Familie als kleinste Produktionseinheit arbeite effizienter, schrieb er. Der Staat solle den Bauern als »Spielfläche« ein Stück Land lassen, dessen Erträge sie für sich behalten könnten – nur so würden wirksame Anreize für Erntesteigerungen geschaffen. Dass der Artikel nicht gedruckt wurde, versteht sich von selbst. Der Chefredakteur, der Großvaters Treiben mit Misstrauen beobachtete, zitierte ihn immer öfter zu sich ins Büro. Einmal verbot er ihm das Wort »Einwohner«, weil es zu sehr nach »Bürger« klinge, er solle lieber »Volk« schreiben. Ein andermal gab es Ärger, als Großvater nach einem Besuch bei der Produktionsbrigade »Glanz« lästerte: Das Einzige, was auf den zwei *mu* der Kommune gedeihen werde, seien »180 Schulterkörbe voll Gras«.

Wie schon beim Militär eckte Großvater mit seiner unverfrorenen Offenheit immer öfter an. In einem späteren Parteiurteil heißt es:

Peng Fangcong schimpfte, eines der größten Kohlekraftwerke der Stadt habe lediglich 33,4 Prozent des Planziels erreicht. Diese Zahl hat er anschließend ohne Genehmigung in die Zeitung gesetzt. (…)
Kollegen mit Bauern- und Arbeiterhintergrund gegenüber lässt er es an Respekt mangeln. Mehrmals schlug er vor, sie auf andere Posten zu versetzen.

Schickte ihm ein Dorfreporter einen allzu dreist erdichteten Artikel, ließ er ihn heimlich verschwinden. Manchmal ärgerte er sich so sehr über die Texte, dass er sie unter seinem Schreibtisch zerriss. Die Partei schrieb dazu:

Genosse Peng hat eine kapitalistisch gefärbte Idee von Journalismus. Er behauptet, manche Dinge sollten besser zwischen den Zeilen gesagt werden. Ermutigende und mitreißende Berichte hält er bewusst zurück. Die Fortschritte des Großen Sprungs bezweifelt und verneint er kategorisch. Er sagt: Die Ziele sind zu groß gefasst, die Ergebnisse geschönt, die Parolen zu laut. Der Große Sprung sei Verschwendung von Zeit und Arbeitskraft.

Vor allem verzweifelte Großvater am Programm zur Stahlproduktion. Um die Industrialisierung anzukurbeln, forderte Mao, müsse China seine Stahlproduktion künftig jedes Jahr verdoppeln. Da für moderne Werke das Geld fehlte, befahl der Große Vorsitzende, in jedem Dorf Kleinhochöfen aus Ton und Ziegelsteinen zu errichten. In Pingxiang, das von jeher reich an Kohle war, ging man mit besonderem Ehrgeiz zur Sache. »Lasst 200 000 Tonnen Stahl in den Himmel fliegen«, verkündete die Stadtregierung und kommandierte 100 000 Bewohner zur Stahlherstellung ab, also jeden zweiten. Schulen und Fabriken wurden geschlossen, 2000 Minihochöfen hochgezogen. Hinterhöfe und Ahnenhallen verwandelten sich in Kleinstmanufakturen. Arbeiterteams stürmten von Haus zu Haus und rissen jedes auffindbare Stück Metall an sich. Das Motto lautete: »Wer eine Spitzhacke abgibt, löscht einen Imperialisten aus. Wer einen Nagel versteckt, versteckt einen Konterrevolutionär.« Kochtöpfe, Schubkarren und Türgriffe wurden eingeschmolzen, sogar die Haarspangen der Frauen.

Großvater erhielt den Auftrag, die Fortschritte der »Stahlkommandozentrale« im Landkreis Nankeng zu dokumentieren. Als er dort ankam, wurde ihm ganz schlecht. Um Brennmaterial für die Hochöfen zu gewinnen, hatten die Bewohner rund um den Ort alle Bäume abgeholzt. An den Häusern der Bauern, die sich weigerten, mitzumachen, waren die Strohdächer abgedeckt und die Holzbalken herausgerissen worden. Das Schlimmste: Der ganze Aufwand war umsonst. Statt Stahl kam aus den Öfen bloß geschmolzener Metallschrott.

Überall zwangen lokale Parteikader die Menschen zur Arbeit – auch die Studenten an Großmutters Universität. Dort hatte man die »große Erziehungsrevolution« ausgerufen mit dem Ziel, »Bildung und Produktion miteinander zu verknüpfen«. In der Praxis sah das so aus, dass sämtlicher Unterricht ausfiel und die Studenten zum Stahlschmelzen verdonnert wurden. Großmutter war während ihres letzten Besuchs bei Großvater schwanger geworden – die Aufpasser im »Stahlkommando« interessierte das allerdings herzlich wenig. Sie habe wohl Angst, sich dreckig zu machen, höhnten sie. Trotz Babybauch verlangte man von ihr, zehn Stunden am Tag in der Nähe der brütend heißen Öfen zu stehen. An anderen Tagen musste sie bis zu 15 Kilo schwere Bottiche mit Kohle oder Metall von A nach B schleppen, manchmal 10 Kilometer weit. Nach drei Monaten Schufterei erlitt sie eine Fehlgeburt. Zehn Tage später kehrte sie zurück an den Hochofen.

Im Frühjahr 1959 verfasste Großvater ein Gedicht, 36 Schriftzeichen lang:

Die Kamelienfrucht verfault
Der Sorghum steht in Fülle
Die Baumwolle trägt Trauer
Die Süßkartoffeln schlafen
Das große Stahlschmelzen
Und niemand bestellt Felder
Bald werden,
Sehr bald,
Unsere Mägen nicht mehr voll

Das Heft, in das er die Zeilen notierte, steckte Großvater durch einen Spalt hinter einem Holzbrett im Schlafzimmer. Eine Kopie schickte er als anonymen Leserbrief getarnt an die *Volkszeitung* in Peking.

Das Gedicht beschrieb, was für jeden offensichtlich war: Da alle an den Hochöfen schufteten, lagen die Felder brach. Offiziell schossen die Ernten explosionsartig in die Höhe, in Wahrheit aber gingen sie drastisch zurück. Die Getreideerträge sanken 1959 um ein Viertel, die Produktion von Schweinefleisch und Eiern sogar um die Hälfte. Nicht einmal Agrarwerkzeuge und Kochutensilien standen den Menschen noch zur Verfügung. Sie waren ja alle eingeschmolzen worden. Mao, der weiter die Mär von Rekordernten verbreiten ließ, beschloss dennoch, den Bauern noch mehr Lebensmittel abzupressen.

In Peking wagte es nur einer, die Missstände anzusprechen: Verteidigungsminister Peng Dehuai. Peng stammte aus Xiangtan, einem Ort 125 Kilometer westlich von Pingxiang, sein Urgroßvater kam aus Lashi und liegt hinter derselben Ahnenhalle begraben wie unsere Vorfahren – der Verteidigungsminister war also um mehrere Ecken mit uns verwandt, wie Großvater stolz betont. Mit Bewunderung spricht er über den einzigen Führungspolitiker, der Maos Politik des Großen Sprungs offen in Frage stellte. Peng zweifelte schon früh an den Hurra-Nachrichten und reiste im Sommer 1959 in sein Heimatdorf, um sich ein Bild davon zu machen, was wirklich vorging. Anschließend fuhr er 400 Kilometer gen Norden auf eine Konferenz der Parteiführung im idyllischen Bergort Lushan. Mao und sämtliche Spitzenfunktionäre waren versammelt. Peng meldete, es gebe erste Anzeichen einer Hungerkatastrophe. Diese Worte bedeuteten das Ende seiner Karriere. Der Große Vorsitzende reagierte mit blanker Wut, tobte, die Äußerungen Pengs seien als »Manifest rechter Opportunisten« zu verstehen, und bezeichnete seinen Kritiker als Anführer einer »Anti-Partei-Clique«. Wieder musste eine neue Säuberungskampagne her.

Ende August bemerkte Großvater, dass das Notizheft hinter dem Holzbrett verschwunden war. Hatte jemand sein Zimmer durchsucht? Der oben erwähnte Leserbrief war natürlich nie in der *Volkszeitung* erschienen. Aber war der Brief unterwegs abgefangen worden? Hatte jemand Großvater angeschwärzt? Er selbst glaubt heute, dass ihm das 36-Zeichen-Gedicht zum Verhängnis wurde. Möglich. Wahrscheinlicher ist, dass es der Tropfen war, der das Fass zum Überlaufen brachte.

Einige Tage später rief der Chefredakteur zu einer Sitzung. China schwebe in Gefahr, fing er an. Der Große Vorsitzende habe erkannt, dass rechtsgerichtete Separatisten in der KP damit drohten, Partei und Staat zu attackieren. Scheinheilig warf er in die Runde: »Gibt es rechte Opportunisten unter uns?«

Die Antwort fiel nicht schwer. Unzählige Male hatte Großvater seinem Vorgesetzten zu verstehen gegeben, dass er wenig bis nichts von ihm hielt. Er nannte ihn hinter seinem Rücken einen »halben Analphabeten«, jemanden, der »Pferdeärsche streichelt«, einen, der »dir Honig ums Maul schmiert und im nächsten Moment einen Dolch in den Bauch rammt«. Der Chef solle zurück in die Agrarbehörde versetzt werden, forderte Großvater gegenüber den anderen aus der Redaktion:

Von Schweinen verstehe dieser schließlich mehr als von Worten.

Maos neue Kampagne eröffnete dem Chefredakteur die Chance, zwei Fliegen mit einer Klappe zu schlagen: Er konnte einen nervtötenden Querulanten loswerden und damit zugleich das tun, was man in China »ein Huhn töten, um die Affen zu verschrecken« nennt: ein Exempel statuieren.

Großvater musste nur noch ein strafbares Delikt nachgewiesen werden. Im Urteilsspruch der Partei vom 13. Dezember 1959, getippt mit Schreibmaschine, heißt es:

Wie Genosse Huang bezeugen kann, hat Genosse Peng während der Arbeit wiederholt das Radiogerät der Redaktion zum Empfang feindlicher taiwanesischer Sender missbraucht. Zwischen Mai und Juni 1959 hat er damit insgesamt sieben Mal gegen Parteidisziplin und Landesgesetz verstoßen. (…)

Genosse Peng Fangcong hat in schwerwiegendem Maß an revolutionärem Geist eingebüßt und einem öffentlichen Unternehmen der Partei gravierenden Schaden zugefügt. Das Parteikomitee der Stadt Pingxiang ist zu dem Schluss gekommen, dass seinen Verfehlungen das Gedankengut von rechtem Opportunismus zugrunde liegt. Um Genosse Peng Unterstützung dabei zu leisten, seinen Weg zu berichtigen, verhängt die Partei ernste Disziplinarmaßnahmen.

Am 1. Januar 1960 wurde Großvater zur »Umerziehung durch Arbeit« in ein Bergexil »entsandt«.

5

AUF DEM BERG DER
ZEHNTAUSEND DRACHEN

Mit einem Strohkorb auf dem Rücken stapfte Großvater in seine Verdammung. Der Marsch war in gewisser Weise ein Déjà-vu: Genau zehn Jahre zuvor war er mit der Volksbefreiungsarmee in den Südwesten gewandert. Wieder ging er zu Fuß, wieder durch Schnee und Kälte, nun aber mit einem Trupp Geächteter, mit vierzig anderen »Rechtsabweichlern«, verurteilten Parteikadern wie er, Lehrern, Verwaltungsbeamten, Ingenieuren. Diesmal machte Großvater sich auf in den Osten. Überhaupt nahm sein Leben nun die entgegengesetzte Richtung: Als er sich im Alter von fünfzehn der Armee angeschlossen hatte, war er voller Hoffnung gewesen, für China und für seine eigene Zukunft. Genau zehn Jahre später steuerte das Land einer Katastrophe entgegen, und Großvaters Karriere lag in Scherben. Ausgerechnet jetzt: Erst zwei Monate zuvor, im November 1959, hatte Großmutter meinen ältesten Onkel Xungui auf die Welt gebracht. Großvater ließ Frau und Kind im Ungewissen zurück. Offiziell wurde er »hinabgesandt« aufs Land. »Hinauf« traf es eher: Die Delinquenten marschierten erst über Felder, dann steile Schotterwege bergauf, auf mehr als 1600 Höhenmeter. Seit Kindestagen hatte Großvater davon geträumt, den Himmel zu stürmen. Nun schickte man ihn in ein Wolkengefängnis. Niemand sagte ihm, für wie lange. Zwanzig Jahre sollten vergehen, bis er heimkehren durfte.

Der Ort, an den man ihn schickte, war kein sibirischer Gulag mit Stacheldrahtzaun und Wachleuten. Weder hielt man Großvater hinter Gittern fest, noch wollte man ihn vernichten. Man entzog ihm, auch wenn es ständig angedroht wurde, nicht die Parteimitgliedschaft, und er bekam sogar weiter sein Gehalt. Wie schon Jahrhunderte zuvor in chinesischen Kaiser-Dynastien üblich, »versetzte« die Partei unliebsame Kader zur Strafe einfach in die Ödnis: Dort, an entlegenen, unwirtlichen Orten, so das Kalkül, würden Not, Isolation und Zwangsarbeit ihren Willen brechen und Renitente wieder gefügig machen.

Großvater erwartete, bei »guter Führung« nach wenigen Jahren entlassen zu werden. Weder rechnete er damit, dass China zu Lebzeiten Maos nicht mehr zur Ruhe kommen würde, noch mit der immer wahnsinniger werdenden Zerstörungswut, mit der sein früheres Idol jeden Widerstand im Land auszumerzen versuchte. Maos Streben danach, sich als Ersatzgott über ein ganzes Volk zu erheben, kostete Millionen Chinesen das Leben und noch mehr Menschen die Freiheit. Menschen wie Großvater. Dass er nicht als gebrochener Mensch aus dieser Zeit hervorging, ist wohl seiner inneren Stärke wie auch seiner unveränderbaren Sturheit zu verdanken. »Vor allem der Musik«, sagt Großvater.

*

Wanlongshan, der »Berg der tausend Drachen«, ragt 50 Kilometer östlich von Pingxiang wie eine Wand empor. An einem Sonntag im April 2013 machen Onkel Xungui, meine Mutter und ich einen Tagesausflug dorthin. Die beiden wollen mir den Ort ihrer Kindheit zeigen. Ich hätte mir gewünscht, dass Großvater mitkommt, doch er wollte nicht: zu viele schlechte Erinnerungen.

Wir brausen in einem gemieteten Toyota mit Brandlöchern in den Sitzen über die G320, meine Mutter und ihr Bruder sind aufgekratzt, staunen über die frisch geteerte, vierspurige Landstraße. Der Fahrer dreht die Anlage auf, aus der blecherne

Bässe wummern, die an eine chinesische Version von Modern Talking erinnern. Treppenartig angelegte Reisterrassen führen in Großvaters ehemaliges Bergexil, die Landschaft verengt sich, wir tauchen ein in dichtes Grün, links und rechts wachsen Kiefern und Tannen wie Riesen in den Himmel, unterbrochen von hellgrünen Reihen aus streichholzgeraden Bambusstämmen. Die Wolken hängen tief, in endlosen Serpentinen fahren wir nach oben. Immer wieder müssen wir Geröllmassen umkurven, die die Fahrbahn versperren, als wären sie eben erst herabgepurzelt. Einen Schutzzaun gegen Felslawinen gibt es nicht.

Mir wird schlecht wie bei meiner ersten Fahrt durch den Schwarzwald. Der Fahrer, gemütlicher Glatzkopf, Führerscheinneuling, hat dagegen offensichtlich kein Problem – nach jeder Biegung tritt er energisch aufs Gas, um im nächsten Moment abzubremsen wie ein verschrecktes Pferd beim Hindernisrennen. Herr Wu, so heißt er, ist ganz entzückt: »Schaut alle mal, *chun cai*!« Er zeigt auf eine lichte Stelle neben der Straße, wo unter meterhohen Stauden mit glockenförmigen, violetten Blüten kniehoch farnartiges Wildkraut wächst. Herr Wu hält an – »Meine Frau wird Augen machen!« – und springt aus dem Auto. Onkel Xungui, ein leidenschaftlicher Hobbykoch, ihm hinterher, die beiden reißen Büschel um Büschel aus der Wiese, als gäbe es kein Morgen. Wieder beim Wagen, diskutieren sie, was besser schmeckt: Omelett mit *chun cai* oder die lilafarbenen Glockenblüten angebraten mit Chili. Ich probiere ein rohes Stück *suan guan*, Chinesisch für Sauerrohr: ein grüner Stängel mit milchiger Flüssigkeit drin. Schmeckt wie holzige Seife mit Spülmittel. »Kennt ihr jungen Menschen natürlich nicht«, sagt Onkel Xungui und klettert auf der anderen Straßenseite hinter die Leitplanke. In der Tiefe rauscht ein Bergbach. Mein Onkel schwingt sich ein halbes Dutzend Felsblöcke hinab und

taucht dann seine Hände in das Geplätscher, so wie er es unzählige Male in seiner Jugend getan hat. Seine Stimme hallt zu uns
nach oben: »Kommt alle runter! Kann man trinken!« Seit mehr
als zwanzig Jahren war Onkel Xungui nicht mehr hier. Dass das
Bachwasser immer noch so sauber ist wie früher, scheint ihn
glücklich zu machen.

Gegen Mittag sind wir endlich am Ziel. Bis 2010 lag die
Gemeinde Wanlongshan so abgeschnitten zwischen zwei
Bergrücken, dass vermutlich noch heute die Mehrzahl der
10 000 Einwohner nie weiter gekommen ist als mit dem Bus
nach Pingxiang. Seit es die asphaltierte Straße gibt, rollt die Moderne buchstäblich mit der Betonwalze in den Ort. Bevor die
gigantischen Rohbauten geplanter Bettenburgen überhaupt in
Sicht sind, dröhnt uns schon das Rattern der Presslufthammer
und Bagger in den Ohren, Hunderte müssen es sein, auf einer
Baustelle größer als das jetzige Dorf. Infoschilder kündigen an,
dass ein Fünf-Sterne-Kurort im Entstehen ist: Wanlongshan hat
heiße Quellen und frische Luft zu bieten, und wenn es nach der
Provinzregierung geht, werden smoggeplagte Städter bald in
Scharen kommen. Die reichen Investoren und die meterhohen
Werbetafeln sind schon da. Demnächst wird eine Touristenseil-
bahn in Betrieb genommen. Gestern Strafexil, morgen Wohl-
fühlrefugium.

Das alte Wanlongshan liegt gleich hinter der Neubaufront.
Die Straße franst aus und verwandelt sich in einen Sandweg,
wir halten an und laufen in eine senfgelbe Lehmsiedlung. Vor
den Türen liegt auf Holzbänken Chinakohl zum Trocknen aus,
neben den Gemüsebeeten grasen Enten und Gänse, an einem
Brunnen schrubben Frauen auf Knien Wäsche. Teebauern,
braungebrannt von der Höhensonne, kommen uns in Gummistiefeln entgegen, bucklige Farmer mit Feuerholz auf dem
Rücken und Sichel in der Hand, keiner größer als 1,60 Meter.

Mein Onkel glaubt, dass der bescheidene Körperwuchs mit den schwefelhaltigen Quellen zu tun hat. Einer der Bauern, er reicht mir kaum bis zur Brust, stellt sich als Herr Tang vor und zeigt seine von Tee verfärbten Zähne. Als wir ihn nach dem Weg fragen, entdecke ich auf seiner Cordjacke eine zwei Zentimeter breite rote Mao-Brosche mit der Aufschrift »Dem Volke dienen«. Während der Kulturrevolution wurden diese Broschen zu Milliarden hergestellt (im ganzen Land gab es 20 000 Mao-Broschen-Fabriken). Männer, Frauen und Kinder steckten sie sich als Beweis ihrer Ergebenheit gegenüber Mao an die Brust. Dass sie besonders ergeben waren, bewiesen manche, indem sie die Anstecker sogar über Ärmel und Rücken säten. Selbst im hintersten Hinterland bin ich nie einem Menschen begegnet, der diese Broschen heute, fast vier Jahrzehnte nach Ende der Kulturrevolution, noch trägt. Meine Mutter staunt und lacht. Sie erkennt alles wieder. Auch eine der Arbeitsstätten Großvaters ist erhalten geblieben. Wir stehen vor einer mitgenommen aussehenden Ziegelhalle mit Lenin-Stern auf dem Dach. Auf der Fassade steht in zerbröckelnden Schriftzeichen »Wanlongshan Versorgungs- und Absatzgenossenschaft« geschrieben. Darunter: »Die Gedanken von Mao Zedong beherrschen alles.«

*

Großvater erreichte Wanlongshan am 3. Januar 1960. Im Vergleich zu anderen politisch Verurteilten war er glimpflich davongekommen. Er sollte nicht »reformiert«, also in einen Gulag gesteckt, sondern »umerzogen« werden: Interne Kritiker wie ihn verurteilte die Partei zu *laojiao*, so nannte man das Programm »Umerziehung durch Arbeit«, eine Art Freigängerhaft in Zivil außerhalb des Strafrechtsystems. Großvater und die anderen Delinquenten wurden in eine Baracke am Dorfrand gesteckt, vierzig Mann in einen großen Raum. Die ersten Wochen schliefen sie Körper an Körper, danach teilte man die Gruppe auf verschiedene Produktionsbrigaden auf. Die in Ungnade Gefallenen waren gebildeter als die Einheimischen, ihre Arbeitskraft konnte die Volkskommune von Wanlongshan gut gebrauchen: Großprojekte wie eine Straße ins Tal und eine Holzfabrik standen an, Felder sollten erschlossen werden. Neben Regierungskritikern wurden auch gewöhnliche »Klassenfeinde« auf den Berg verbannt: Nachkommen ehemaliger Grundbesitzer, Geschäftsleute, Kleinkriminelle wie Taschendiebe und Marktbetrüger. Wachstum durch Zwangsarbeit – auch das war ein wesentlicher Pfeiler maoistischer Planwirtschaft. Immerhin bezog Großvater weiter sein Gehalt von 52 Yuan im Monat. Die ersten zehn Monate säte er Gemüse, hütete Wasserbüffel, pflanzte Bäume und hackte Holz, oft bis spät in die Nacht.

Dann wurden die Lebensmittel immer knapper. In den Nachbarprovinzen Anhui und Hunan wütete die Hungersnot bereits seit Ende 1958. Dort raffte sie ganze Dorfgemeinschaften dahin, die Menschen magerten zu Skeletten ab und fielen einfach tot zu Boden. Überall lagen Leichen herum, und keiner beerdigte sie. Mancherorts waren Eltern so verzweifelt, dass sie ihre Babys töteten und aufaßen. Mao wusste von dem Elend – täglich schickten Provinzkader neue Horrorberichte nach Peking –, und doch ordnete er an, noch mehr Getreide zu beschlagnahmen. Auf einer Parteisitzung im Frühjahr 1959 sagte er: »Wenn es nicht genug zu essen gibt, hungern die Leute zu Tode. Es ist besser, wenn die eine Hälfte der Menschen stirbt, dann wird wenigstens die andere Hälfte satt.«

Jiangxi war von einem solchen Massensterben bislang verschont geblieben. Der Provinzparteichef, ein gemäßigter Realist, hatte den Großen Sprung eher halbherzig befolgt. Die Behörden hatten die Erntezahlen nicht ganz so großspurig nach oben getrieben und den Bauern weniger Getreide abgeknöpft als vorgeschrieben. In entlegenen Gemeinden wie Wanlongshan ließ man die Stahlherstellung ganz bleiben. Dennoch machten sich auch hier die Folgen des Großen Sprungs zunehmend bemerkbar. Was für absurde Blüten er mitunter trieb, zeigte sich an der Speisung der Dorfbewohner: Einheimische und Zwangsarbeiter aßen in unterschiedlichen Kantinen. Während die alteingesessenen Bauern Woche um Woche bis zu einem Viertel ihrer Ernte 20 Kilometer zur Sammelstelle ins Tal hinabschleppen mussten, bezogen die Kantinen der Sträflinge und Zugezogenen ihre Lebensmittel vom Staat, angeliefert mit Lkws – aus dem Tal. Ein sinnloser zeit- und arbeitskraftfressender Aufwand. Doch während die Einheimischen hier und da ein Kilo Reis und ein paar Eier unterschlagen konnten, blieb Großvater und seinen Kollegen nichts anderes übrig, als auf die staatlichen Lieferungen zu warten – die immer dürftiger ausfielen.

Zu den knappen Gütern zählte auch Alkohol, und so richtete die Kommune in einer Ahnenhalle eine kleine Schnapsbrennerei ein. Im Herbst 1960 bekam Großvater die Aufgabe, die Produktion zu beaufsichtigen. Zwar stand er als »Rechtsabweichler« in der Dorfhierarchie ganz unten und hauste bei einheimischen Bauern unter Treppen und im Strohspeicher; auf seine Fähigkeiten als ausgebildeter Kader wollte man trotzdem nicht verzichten. Der Schnaps wurde mangels gängiger Rohstoffe aus Wildkräutern aus dem Wald gebraut. Keiner der Einheimischen wusste mit dem Brennkessel umzugehen, auch Großvater nicht, und so kam am Ende ein »widerliches« 30-prozentiges Gebräu heraus, sagt er, »herb und säuerlich. Wir tranken es trotzdem.« Er selbst kannte aus der Armee *baijiu*, Sorghumschnaps, seine vier Kollegen hatten jedoch noch nie einen Tropfen Alkohol probiert. Meist lag einer von ihnen am Ende der Schicht speiend in der Ecke.

Als die Lebensmittelvorräte im Januar 1961 einen neuen

Tiefstand erreichten, schickte die Gemeinde alle Mann auf die Felder. Großvater teilte man in eine Gruppe ein, die von früh bis spät Kuh- und Schweinedung von den tiefergelegenen Farmen bergauf trug. Pro Tag lief Großvater bis zu 40 Kilometer hin und her. »Überall sind meine Fußspuren im Viehkot verteilt«, schrieb er später in einer Selbstkritik. »Ich fühle weder Schmerz noch Not. Im Gegenteil: je beschwerlicher die Arbeit, desto glücklicher bin ich. Morgengymnastik im Schnee, kalte Dusche. Nein, es ist keine Strafe. Nur so kann ich Körper und Revolutionsgeist stählen. Die Partei erweist mir ihre Fürsorge. Wie kann ich Arbeitern und Bauern nahe sein, wie ein wahrer Klassenkämpfer werden, ohne Härte erlebt zu haben? Ich nehme die Prüfung an.«

In Wirklichkeit war Großvater verzweifelt wie nie. Schweigend schleppte er sich durch die Tage, »wie ein Mönch, der jeden Morgen den Gong schlägt«. So steht es in einem anderen Akteneintrag. Das dürftige Kantinenessen – Reissuppe mit Kürbis, einmal morgens, einmal abends – hielt ihn kaum noch auf den Beinen. Mehrere Male brach er beim Lastenschleppen bewusstlos zusammen. Zum Glück kamen ihm jeweils Kollegen zu Hilfe, die seinen halb totgefrorenen Körper zurück in die Kommune trugen.

Ausgerechnet in dieser schlimmsten Hungerzeit tauchte Großmutter auf. Nachdem sie sich Anfang 1960 voneinander verabschiedet hatten, war sie mit Onkel Xungui an die Universität zurückgekehrt. Wie in chinesischen Familien üblich, half Urgroßmutter ihr mit dem Baby; dafür ließ sie ihren Mann zurück und mietete gleich neben Großmutters Unicampus ein Zimmer. Nach dem Abschluss dann hätte Großmutter gleich eine Lehrerstelle antreten können – Uniabsolventinnen waren rar und gefragt. In seinen Briefen hatte Großvater sie gebeten, ihm auf gar keinen Fall hinterherzuziehen: Alles sei besser als die Einöde, schrieb er ihr. Sie solle in der Stadt bleiben, was wolle sie mit einem Kleinkind auf einem Berg ohne Essen und warmes Wasser? Großmutter ignorierte seine Bedenken. Vor Sorge konnte sie kaum noch schlafen. Im März 1961 bat sie die Partei darum, ihrem Mann nach Wanlongshan folgen zu dürfen. Mit Onkel Xungui auf dem Rücken und Urgroßmutter im Schlepptau erreichte sie im April 1961 die Bergkommune.

»Das Dümmste, was du tun konntest«, hielt Großvater ihr später immer wieder vor. Großmutter kam, als an vielen Bewohnern bereits eine schleichende Wandlung des Körpers zu beobachten war: Erst magerten Arme und Beine zu Stecken ab, dann schwollen sie mit Wasser an. Den Hungrigsten wuchs ein melonenförmiger Kugelbauch. Ärzten verbot Mao, die Krankheit beim Namen zu nennen: Die Bezeichnung für Hungerödeme lautete schlicht »Krankheit Nr. 2«.

Großvater hatte zwar schon im Bürgerkrieg Hunger leiden müssen. Diesmal aber war es anders, erklärt er mir. »In den vierziger Jahren gab es Reiche und Arme. Unter Mao aber konnten die Armen nicht mal mehr betteln gehen. Niemand hatte etwas abzugeben.« Bis heute tut es ihm im Herzen weh, Essensreste wegzuschmeißen, auch wenn sie schon halb verdorben sind; nach jeder Mahlzeit kratzt er mit unendlicher Geduld jedes einzelne Reiskorn aus dem Topf. Auch das Plärren seines hungrigen Sohnes von damals hallt ihm immer noch in den Ohren.

Onkel Xungui schrie sich im Winter 1961 Tag und Nacht die Seele aus dem Leib. Um Proteine für ihn aufzutreiben, ging Großvater, mittlerweile dünn wie ein Strichmännchen, auf Spatzenjagd: Er überredete den Wärter, der die Speisekammer der Volkskantine bewachte, die Türe für ihn zu öffnen. Sobald sich die Vögel auf den wenigen verbliebenen Maiskolben niederließen, schlug er mit einem Besen zu. An anderen Tagen wanderte er kilometerweit durch den Wald, um Schlangen zu fangen. Dabei benutzte er einen selbstgebastelten Holzstab mit Drahtschlaufe, mit der er nach ihren Köpfen fasste. Aus den gehäuteten Schlangen kochte Großmutter eine Suppe. Diese schmeckte mangels Salz und Öl so scheußlich, dass Onkel Xungui sich ständig übergeben musste. Als es selbst keine Schlangen mehr gab, fing Großvater Ratten.

Eines Tages verschwand ein Nachbar. Das Gerücht ging um, er sei im Wald von einem Tiger gefressen worden. Nach zehn Tagen Suche fand man ihn in einer Höhle: Er hatte versucht, Würmer zu sammeln, und war einfach tot zusammengebrochen. Nichts fürchteten meine Großeltern mehr, als dass irgendwo im Dorf eine Trommel oder ein Gong ertönte. Dann wussten sie: Wieder hatte es einer nicht geschafft. Insgesamt verhungerten im Jahr 1961 zwischen zehn und zwanzig Dorfbewohner, wie viele genau, ist nicht bekannt.

Die Opferzahlen hielten sich in Großvaters Bergexil gleichwohl in Grenzen – im Gegensatz zu anderen Regionen, wo die Zahl der Toten alle bekannten Dimensionen sprengte. Historiker gehen davon aus, dass von 1958 bis 1961 mindestens 45 Millionen Chinesen ums Leben gekommen sind, mehr als bei jeder anderen Hungersnot der Geschichte. Mao wusste sehr wohl, dass er desaströse Fehler begangen hatte. Unter vier Augen, etwa dem amerikanischen Journalisten Edgar Snow gegenüber, gab er sogar zu, von Wirtschaft kaum etwas zu verstehen. In der Öffentlichkeit schob er die Schuld aber auf die Natur und, besonders schamlos, den Provinzkadern in die Schuhe – sie seien verantwortlich für die »Exzesse« des Großen Sprungs. Das konfiszierte Getreide verhökerte Mao derweil in die Sowjetunion, nach Kuba und Afrika und kassierte im Gegenzug Geld für sein Supermachtprogramm.

Allein in Anhui, der nordöstlichen Nachbarprovinz von Jiangxi, verhungerten sechs Millionen Menschen – jeder Fünfte. In Hunan, nur 100 Kilometer weiter westlich, wurden 2,5 Millionen Opfer gezählt. Zu den Hungertoten kamen jene, die wegen kleinster Vergehen totgeprügelt oder hingerichtet wurden. Als in einem Dorf in Hunan ein Junge dabei erwischt wurde, wie er eine Handvoll Weizen aus der Volkskantine stahl, zwang der Ortsvorsteher den Vater, seinen Sohn an Ort und Stelle lebendig zu begraben. Drei Wochen später starb der Vater an Kummer. Anderswo wurden Beschuldigte mit Feuerzangen verstümmelt oder gezwungen, Exkremente zu essen. Ein derartiges Schicksal blieb Großvater erspart, obwohl auch er aus Hunger stahl, wie er Jahre später in einer schriftlichen Selbstkritik gestand:

> Eines Nachts im Frühling 1961 sah ich den Kollegen Wang, wie er im Büro an einem Kürbis kaute. Ich wusste, dass er ihn aus dem Ziegenstall geklaut hatte, zeigte ihn aber nicht an, da er den Kürbis mit mir teilte. Zwei Tage später, nach einer Abendschicht, war ich so hungrig, dass ich ihn fragte, ob er nicht noch mehr besorgen könne. Nicht nur habe ich einen Dieb nicht angezeigt, ich war auch selbst ein Dieb!

Meine Familie hatte überhaupt Glück. Als eine der wenigen Provinzen blieb Jiangxi, dank vergleichsweise moderat vorgehenden Behörden, von der ganz großen Hungerkatastrophe verschont. 180 000 Menschen starben – 35-mal weniger als in Anhui und »nur« einer von hundert.

Irgendwann im Sommer 1961, an einem der heißen Tage, an denen Großvater seinen ausgelaugten Körper durch die Hitze schleppte, trug sich auf dem Weg nach Hause seine folgenschwere Begegnung mit dem Sommerbambus zu, die ich bereits kurz geschildert habe. Wann genau, weiß er nicht mehr, aber dieser eine Moment schwebt ihm noch klar vor Augen: Er auf der Lichtung, alles tot und welk, irgendwo dazwischen dieser kleine grüne Knopf, der sich durch den Fels ans Licht kämpft. Kurz darauf, so geht die Legende weiter, hat Großvater erstmals seine *erhu* ausgepackt, eines der wenigen geliebten Dinge, die er in die Verbannung mitgenommen hatte. Seine Büchersammlung, die er sich über die Jahre mühsam zusammengespart hatte, viele Hunderte Bände chinesischer und internationaler Literatur, darunter Klassiker wie *Der Traum der Roten Kammer*, Gedichte des Tang-Dynastie-Poeten Li Bai und des marxistischen Lyrikers Guo Moruo, konfuzianische Erzählbände, Werke des indischen Nobelpreisträgers Rabindranath Tagore, Romane von Mark Twain, Edgar Allan Poe und Alexander Puschkin, Ausgaben, für die er endlos mit dem einzigen Buchhändler Pingxiangs gerungen hatte, bis dieser gewillt war, ihm einen Rabatt zu gewähren – diese Büchersammlung hatte er, bevor er sich auf den Weg nach Wanlongshan machte, schweren Herzens bei einem Bekannten in Pingxiang auf dem Dachboden untergebracht, in Kisten, die er nie wiedersehen sollte. Als er zwei Jahrzehnte später zurückkehrte, um sie abzuholen, war der Bekannte verstorben und seine Familie an einen unbekannten Ort gezogen.

Von seiner *erhu* aber hatte Großvater sich nicht trennen wollen. Es handelte sich um dieselbe *erhu*, auf der einst sein eigener Großvater ihm vorgespielt hatte. »Nimm du sie«, hatte Lao Peng gesagt und sie seinem Lieblingsenkel nach dessen Hochzeit in die Hand gedrückt. Zwar war das dunkle Holz inzwischen ausgeblichen, der Lack abgekratzt; die Saiten hatten sich gelöst, so dass sich während des Spiels die eine oder andere leicht schiefe Note in ihren wehklagenden Klang mischte. Großvater aber war froh, dass sie ihm überhaupt geblieben war.

Am Ende eines jeden Tages wischte er den Staub von ihr ab und begann, die Tonleiter zu üben. Dazu sang er aus vollem Halse »Do-Re-Mi-Fa-So-La-Si-Dooo«.

In dieser Zeit muss er sich auch sein Künstlerpseudonym ausgedacht haben: Xia Sunzhu, Herr Sommerbambus. Typisch Großvater, steckte er all sein Herzblut in sein neues Hobby, und bald schon schwebte ihm diese Erzählung von sich vor Augen: Der zu Unrecht verurteilte Intellektuelle auf dem abgelegenen Berg, tagsüber einen Rechen in der Hand und Matsch an den Füßen, nachts aber, in seinem Kämmerchen, haucht einem Windstoß gleich die Musik ihm neues Leben ein …

Großvater kannte aus seiner Armeezeit, als er mit der Propagandatruppe Aufführungen gegeben hatte, noch unzählige Revolutionslieder auswendig, aus seiner Kindheit waren ihm Volkslieder in Erinnerung geblieben, und in seinen Monaten als Radioredakteur hatte er Pekingopern studiert. In den vielen Abendschichten, in denen er im Schneideraum das Musikprogramm zusammengestellt hatte, hatte er oft einfach dagesessen und hingehört, dazu die Platten, Musikbroschüren und Cover betrachtet, die das Propagandaministerium den Sendern regelmäßig per Post zukommen ließ. Oft hatte er sich vorgestellt, wie es wäre, den Stars der Pekinger Kulturszene zu begegnen, in die Welt der Schriftsteller, Musiker und Schauspieler einzutauchen, sie nicht nur aus der Ferne zu bewundern, sondern hautnah auf Bühnen, in Teesalons und Lesezirkeln zu erleben. Die Idee, mit ihnen über das neue China und die Kunst zu diskutieren, bereitete ihm einen angenehmen Nervenkitzel. Rein äußerlich hätte Großvater problemlos in diese Kreise gepasst: Mit seiner schwarzen eckigen Hornbrille, deren Gläser so dick waren, dass sie seinen Augen eine schildkrötenhafte Anmutung gaben, sah er ein bisschen aus wie der chinesische Cousin von Albert Camus. Großvater weiß nicht, wer Albert Camus ist, aber wüsste er es, würde ihm diese Beschreibung sicher gefallen. In Sitzungen hatte er oft mit fein dosierter Nonchalance die Beine übereinandergeschlagen; scheinbar gleichgültig sah er in solchen Momenten aus, wie ein echter Tagträumer eben. Penibel hatte er darauf geachtet, dass Großmutter ihm regelmäßig die Haare schnitt. Seine Mao-Anzüge trug er eng anliegend.

Der Plattenspieler, seine Bücher, seine Freiheit – all das war verloren. Großvater hatte aber noch seine *erhu* und die Melodien, die ihm durch den Kopf schwirrten. In einer Selbstbezichtigung, die er während der Kulturrevolution verfassen musste, beschreibt er, wie er mit dem Komponieren angefangen hat:

> Mein erstes Lied hieß »Der Bauer mit Brille«. Den Spitznamen haben mir damals die einheimischen Bauern auf dem Feld gegeben. Ich mag ihn, er erfüllt mich mit Stolz. Wenn es heiß ist, schreibe ich bis Mitternacht. Beim Musikmachen vergeht die Zeit wie im Flug. Weder kann ich Noten lesen, noch kenne ich mich in Harmonielehre aus. Meine Frau schimpft, mein erhu-Spiel gleiche dem Krächzen eines heiseren Hahns. Ja, ich gebe zu: Ich bin ein Amateur. Aber hat der erste Musiker dieser Welt eine Schule besucht? Ich glaube nicht.

Wenn Großvater singt, gleicht es einem Naturereignis. In den vergangenen Jahren habe ich des Öfteren erlebt, wie es ihn manchmal wie aus dem Nichts überkommt. In solchen Momenten stürmt er aus seinem Zimmer und setzt sich neben einen oder baut sich, wenn er besonders aufgekratzt ist, im Stehen vor den Familienmitgliedern auf. »Passt mal auf«, sagt er dann, und wenn er ein paar Sekunden innegehalten und sich gesammelt hat, legt er los. Beim Singen setzt Großvater seinen ganzen Körper ein: Seine Stimme bebt in einem leichten Vibrato, er mäandert zwischen Hoch und Tief, dehnt, beschleunigt, fällt in ein Stakkato, bremst und horcht den Tönen, die seine Kehle verlassen, nach, als würde er sie noch ein Stück hinausbegleiten wollen. Arme und Beine tanzen mit, als würde er Schatten boxen, er steigert sich hinein in einen Rausch, der ihn manchmal so selbstvergessen macht, dass er mitten in einer Strophe abrupt abbricht, weil er vergessen hat, wie es weitergeht. In solchen Momenten lacht er über sich und das Leben, wie er es sonst nie tut: heiter, gelöst, befreit. Wohl nur jemand wie er konnte damals über sich selbst schreiben: »Wahre Revolutionäre haben keine Angst vor Not. Je beschwerlicher das Leben, desto lauter müssen wir singen.«

*

Von Juli 1961 an besserte sich die Lage. Mao, der sich nun das Scheitern seiner Politik eingestehen musste, zog sich in seine Provinzresidenzen zurück. Das Ruder in Peking übernahm der wirtschaftsliberale Flügel der Partei um Staatspräsident Liu Shaoqi und Generalsekretär Deng Xiaoping. Sämtliche Volkskantinen wurden geschlossen und de facto auch die Volkskommunen. In Wanlongshan wurde die Kooperative in »Agrarbetrieb« umbenannt, Bauern durften wieder selbständig Felder bestellen, Märkte öffneten wieder, man kochte wieder zu Hause. Meinen Großeltern wurde ein Haus neben dem Fluss zugewiesen, zwei Zimmer, schäbig, aus brüchigem Lehm, aber immerhin mit Platz vor der Tür, um Gemüse zu ziehen. Schon ein halbes Jahr später erntete Großmutter die ersten Süßkartoffeln. Reis und Getreide bezogen sie weiterhin über Lebensmittelmarken. Großvater, mittlerweile Buchhalter in der Versorgungs- und Absatzgenossenschaft, erlebte, wie sich das Lebensmittellager allmählich wieder füllte. Daheim gab es nun oft Kekse zu essen: Großvater lernte von seinen Kollegen, dass Gebäck in der trockenen Höhenluft 10 Prozent seines Gewichts verliert. So konnten die Mitarbeiter 110 Pfund verkaufte Kekse angeben, wenn tatsächlich nur 100 über den Ladentisch gegangen waren. Den Rest nahmen sie mit nach Hause. Großmutter freute sich sehr.

Nach einer kurzen Station als Ansagensprecher der Farm (»Kameraden! Lasst uns geschlossen die Landwirtschaft aufbauen!«) wurde Großvater zum Leiter des Belegschaftskrankenhauses befördert. Sein bisher untadeliges Benehmen, seine Erfahrung in der Armeeklinik und die Tatsache, dass es außer ihm keine geeigneten Kandidaten gab, verhalfen ihm zu dem Job. Wobei »Krankenhaus« zu viel gesagt ist: Es gab eine Handvoll Betten, die mit überarbeiteten, ausgezehrten Bauern belegt waren, und fünf notdürftig ausgebildete »Barfußärzte«. In der politischen Parteihierarchie blieb Großvater seinen Mitarbeitern untergeordnet, und auch sein Gehalt blieb auf dem Niveau der Zeit vor seiner Verbannung. Trotzdem bedeutete die neue Stelle für ihn einen Aufstieg. Er bekam ein Pferd und ritt nun für Patientenbesuche über die Berge. Das war allemal besser, als Dung zu schleppen.

Großmutter entledigte sich unterdessen ihrer Verbindung zu einem »Volksfeind«. Peng Jifa, ihr harmlos wirkender dritter Stiefvater, hatte sich inzwischen als ehemaliger Guomindang-Polizist entpuppt. Schon kurz nach ihrer Hochzeit hatten Großvater deswegen Zweifel geplagt, ob die Ehe mit Großmutter eine gute Idee gewesen war. Anfang der sechziger Jahre schließlich kam ans Licht, dass der Stiefvater vor der Revolution jemanden umgebracht hatte. Er flog auf, als er eines Tages mit einem befreundeten Nachbarn zum Holzhacken in den Wald ging. Sein Kamerad hatte ihn im dunklen Dickicht der Bäume verloren und rief seinen Namen. »Peng Jifaaa! Peng Jifaaa!« hallte es durch den Forst. Der Zufall wollte es, dass zum selben Zeitpunkt auch der Bruder seines früheren Opfers durch den

Wald wanderte. Dieser rannte umgehend zur Polizei und zeigte den Stiefvater an. Ein Gericht verurteilte Peng Jifa wegen Totschlags zu sechs Jahren Gefängnis.

Großmutter war in panischer Sorge, dass diese »Blutschuld« an ihr kleben bleiben, sozusagen an sie weitervererbt werden würde. Würde man sie und ihre Kinder künftig als Abkömmlinge eines Klassenfeinds abstempeln? »Mutter, lass dich bitte scheiden«, drängte sie Urgroßmutter. Diese tat, wie ihre Tochter wünschte. Großmutters Familienglück war ihr immer wichtiger gewesen als ihr eigenes, sonst wäre sie ihr schließlich auch nicht erst in ihre Unistadt und dann nach Wanlongshan gefolgt. Großmutter behielt recht. Tatsächlich sollte die Partei ihr noch Jahre später mit Fragen nach ihrem früheren Stiefvater auf die Pelle rücken: Während der Kulturrevolution musste sie mehrfach schriftlich ihre Reue versichern, je mit dem »kriminellen Konterrevolutionär Peng Jifa (…) in einem Haus gewohnt und an einem Esstisch gesessen« zu haben.

Ab 1962 dann häuften sich über einige Jahre die Lichtmomente:

Im Juni 1962 kam meine Mutter auf die Welt. Großvater gab ihr den Namen Xiao Wen, *xiao* für »klein« und *wen* für »Kultur«: weil er hoffte, dass sie in einer Welt der Kunst und Ästhetik aufwachsen würde.

Kurz darauf fing er an zu singen.

Von 1963 an verteilte die Lebensmittelstelle einmal im Monat Fleisch.

Großvater baute das Krankenhaus aus und ließ aus Abrissholz sechs provisorische Patientenräume zimmern.

Großmutter fand in Wanlongshan endlich Arbeit: Der Staat teilte ihr eine Stelle als Grundschullehrerin zu.

Im Dezember 1963 wurde meine Tante geboren. Großvater gab ihr den Namen Xiao Mei, *xiao* für »klein« und *mei* für

»Pflaumenblüte«, ein Symbol für Standhaftigkeit: Großvaters Wunsch war es, dass sie Wintertage genauso gut überstehen würde wie die Knospen des Pflaumenbaums.

Die Partei rehabilitierte ihre geschassten Kader. Eine »Nachprüfung« von Großvaters Verurteilung aus dem Jahr 1959 kam zu dem Schluss, dass die »Disziplinarmaßnahmen« gegen ihn »aufgehoben werden können«. Eine Zeitlang konnte Großvater sogar auf eine Beförderung hoffen: Er nahm an Parteisitzungen teil und wurde für einige Wochen als Mitglied in das örtliche KP-Komitee einberufen.

Nur: Nach Pingxiang durfte er deshalb trotzdem nicht zurückkehren – die Berggemeinde brauche seine Arbeitskraft, hieß es. Großvater legte dagegen Einspruch ein. Laut seiner Akten formulierte er ihn so: »Schaut her, ich kann reden, ich kann schreiben. Aber Bergarbeit? Warum Bergarbeit?« Doch es nützte nichts.

Die Partei wies Großvater wieder einen ungeliebten Job zu, diesmal in der Gewerkschaftsverwaltung des Agrarbetriebs. Er rauchte wieder mehr, vertrieb sich die Bürozeit mit Zigarettendrehen – und stellte ein Basketballteam auf die Beine. Diese Zeit beschrieb er in einer Selbstkritik so:

Gewerkschaftsturnier in Pingxiang. Damit unsere Mannschaft besser aussieht, habe ich Trikots und Schuhe gekauft, für insgesamt 100 Yuan. Huang Suying, eine junge Mutter, wurde müde während des Spiels. Ich habe ihr eine Glukosespritze gegeben, 4 Yuan. Leichtfertig habe ich Geld aus der Betriebskasse verschwendet. Unser Team verlor. (…)
Ich habe meine Pflichten vernachlässigt, kaum Arbeitsgruppen besucht. Wenn, dann nur die Feldbrigade. Holzbrigade selten, Bambusbrigaden kein einziges Mal. Das Verfassen eines Produktionsberichts kostete mich eine Woche. Ich habe den Kontakt zu den Bauern abreißen lassen, ihnen nicht mehr beim Feuerholz-

tragen geholfen, jeden Tag zu Hause geschlafen, nur noch mit Frau und Kindern gegessen. Mehrmals in der Woche Poker und Mahjong gespielt. Hättet ihr mir die Haut vom Leib gerissen, euch wäre ein Dämon entgegengesprungen. Der Dämon eines Hedonisten.

Außerdem steckte Großvater immer mehr Zeit in seine Musik. Später gestand er:

> Nichts wünschte ich mir mehr, als endlich den Berg zu verlassen und eine Musikerkarriere zu starten. Ich hasste meine Arbeit. Ich empfand sie als belanglos. Ich sehnte mich danach, meine Lieder mit Gleichgesinnten zu teilen, weil ich aber hier oben lebe, sind die Chancen, dass sie jemals ein Publikum erreichen, gleich null. Würde ich wieder in der Stadt wohnen, stellte ich mir vor, könnte ich wieder beim Radio arbeiten, dem Kulturregiment beitreten oder dem Propagandaregiment. Der dekadente Wunsch nach Ruhm vergiftete meine Gedanken.

Im Oktober 1963 bekam er wider Erwarten seine erste große Chance. Die Leitung des Agrarbetriebs beauftragte ihn, ein Opernensemble für das Neujahrsfest zusammenzustellen. In diese Aufgabe stürzte sich Großvater voller Elan. Er ließ Kostüme nähen, zog Arbeiter aus Fabriken und von Feldern ab, um mit ihnen zu proben; besorgte Instrumente wie die *erhu*, die zweisaitige Fiedel, die er selbst so gern spielte, die auch »Mondgitarre« genannte *ruan*, eine Art viersaitiges Banjo, die *banhu*, ein Streichinstrument mit einem Klangkörper aus Kokosnuss, und die *guzheng*, eine traditionelle Zither. Im Februar 1964, zur Feier des Jahrs des Drachen, führte die Gruppe das Revolutionsdrama *Wechselhafter Roter Fluss* auf. Das Stück handelte von eingekesselten Roten Soldaten, die sich aus einer hoffnungslosen Lage befreien und später einen rauschenden Sieg über den nationalistischen Erzfeind feiern.

Wenig später reiste ein provisorisch von Großvater zusammengetrommelter Chor zur Eröffnungsfeier des Kulturverbands von Pingxiang. Die Truppe sang ein Loblied auf das neu errichtete Wasserwerk der Stadt, außerdem eine von Großvaters Eigenkompositionen. Im Publikum sagten manche: Dieser »Brillenträger Peng« hat Talent. Großvater begann wieder zu träumen. Später schrieb er in einer Selbstbezichtigung dazu:

Die giftige Pflanze der Dekadenz wucherte wieder in mir. Mein Traum war, Musik zu machen bis an mein Lebensende, vielleicht sogar Musik für die Ewigkeit zu erschaffen.

Er sah sich schon im Aufnahmestudio. Am Klavier. Mit Taktstock. Mit Mikrofon. Auf kleinen Bühnen, großen Bühnen. Er hörte sich im Radio.

Wäre da nur nicht Mao gewesen.

Dieser weilte ein Jahr später, im Frühjahr 1965, wieder einmal unweit von Pingxiang. Er vertrieb sich die Zeit in einer prächtigen Landresidenz in den Bergen von Jinggang, wo er 38 Jahre zuvor mit der Roten Armee seinen ersten Stützpunkt errichtet hatte. Unterhalten wurde der fast siebzig Jahre alte Diktator von seiner 18-jährigen Gespielin Zhang Yufeng, einer ehemaligen Zugschaffnerin, die ihn in seinem persönlichen Waggon bedient hatte – sie sollte die bedeutendste Geliebte in Maos Leben sein. Die Reise in die Jinggang-Berge hatte Symbolcharakter: Mao wollte seine Niederlage nicht hinnehmen. Mehr als die Einsicht, das Land in den Ruin getrieben zu haben, schmerzte ihn der Verlust seiner Macht. Mehrere Male warnte Mao öffentlich vor dem »Weg in die kapitalistische Restauration«. Als der Große Vorsitzende war er zwar immer noch Herr über den größten Machtapparat der Welt. Er war die öffentliche Führungsfigur, Befehlshaber der Armee – doch keiner schien mehr auf ihn zu hören. Hinter den Kulissen zo-

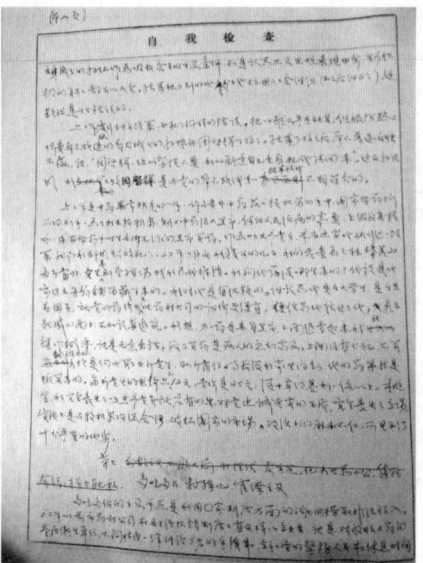

Eine von Großvater
verfasste Selbstkritik
aus dem Jahr 1964

gen nun Staatspräsident Liu Shaoqi und Generalsekretär Deng Xiaoping die Strippen. Entsprechend gärte es in Mao. Er wollte zurück an die Spitze. Und sann auf Rache.

Während Mao fernab von Peking Comebackpläne schmiedete, drehte sich China ohne ihn weiter. In den Jahren zwischen 1961 und 1965 erlebte das Land eine kurze Phase des Aufschwungs und der Freiheit. Landwirtschaft und Industrie erholten sich. Mit dem später berühmt gewordenen Spruch: »Es kommt nicht drauf an, ob eine Katze schwarz oder weiß ist. Was zählt, ist, dass sie Mäuse fängt«, rechtfertigte Deng Xiaoping seine Abkehr von der maoistischen Planwirtschaft. Wen kümmere schon die kommunistische Reinheitslehre, wollte er damit sagen – solange die Wachstumszahlen stimmen. 1962 wurden landesweit zehn Millionen geschasste Parteikader rehabilitiert, so auch Großvater, zumindest offiziell. Kunst und Literatur blühten wieder auf. Sogar verdeckte Kritik an Mao war möglich.

Eines der bekanntesten Theaterstücke dieser Jahre hieß *Hai Rui wird seines Amtes enthoben*, geschrieben von Pekings Vizebürgermeister Wu Han. Es handelt von einem rechtschaffenen Beamten, der von einem despotischen Kaiser entlassen wird, weil er dagegen protestiert, dass korrupte Bürokraten den Bauern Land wegnehmen. Die Anspielungen auf den Großen Sprung und die Entlassung des Mao-Kritikers Peng Dehuai im Jahr 1959 sind offensichtlich.

Mao, der um seinen Platz in den Geschichtsbüchern fürchtete, versuchte, das Stück zu verbieten. Als das misslang, witterte er ein Komplott, gar Hochverrat. Sein Verdacht erhärtete sich, als sich die Pekinger *Volkszeitung* weigerte, eine heimlich von ihm in Auftrag gegebene Schmähschrift gegen den Drehbuchschreiber zu veröffentlichen. Schließlich führte er seine Attacke von Shanghai aus, wo seine Frau Jiang Qing radikale Unterstützer für einen politischen Gegenschlag zusammenscharte. Jiang war eine ehemalige Theaterschauspielerin – nun erkannte sie die Chance, endlich die ganz große Bühne zu betreten. Mao selbst bezeichnete sie einmal als »tödlich und giftig wie ein Skorpion«. Ein Kompliment. Ihre Skrupellosigkeit wusste er zu schätzen. Zu seinen ergebensten Unterstützern zählten außerdem der Chef der Staatssicherheit sowie der neue Verteidigungsminister Lin Biao, der ab 1964 ein kleines rotes Buch an Soldaten und Offiziere verteilen ließ: die »Mao-Bibel«, eine Sammlung von Zitaten des KP-Chefs. Im Westen ist es tatsächlich unter dem Namen *Das kleine Rote Buch* bekannt. Gemeinsam fassten sie einen Schlachtplan: Ihr Ziel war kein Militärputsch, sondern eine neue Revolution von unten. Anfang 1966 zog der Große Vorsitzende, mittlerweile 72 Jahre alt, in seinen letzten großen Kampf.

6

IHR SAGT 1-2-3-4-5,
ICH SAGE DO-RE-MI-FA-SO

Im Frühjahr 1966 braute sich Unheil über dem Land zusammen. Mao griff die Pekinger Führung an allen Fronten an: Die Presse, die er inzwischen wieder in den Griff bekommen hatte, hetzte gegen »revisionistische Funktionäre« und »bürgerliche Intellektuelle«. Seine Frau Jiang Qing, auch »Madame Mao« genannt, forderte in einem Manifest die Ausmerzung der traditionellen Kultur; sein Gefolgsmann im Kabinett, der Verteidigungsminister Lin Biao, ließ die Armee bis vor die Tore Pekings vorrücken, um Maos Widersacher einzuschüchtern. Mao selbst machte auf einer Sitzung des Politbüros deutlich: Wer die Kulturrevolution nicht unterstütze, werde »von Partei und Volk bestraft«.

Als Fußsoldaten seines Aufstands mobilisierte er Schüler und Studenten. Sein Auftrag an sie lautete: »Stürzt die alte Ordnung!« Machtstrategisch war dies ein durchaus origineller Einfall, denn die nach 1949 geborene Generation himmelte Mao wie eine Gottheit an. Die jungen Leute hatten die »Befreiung« Chinas selbst zwar nicht miterlebt, waren aber aufgewachsen mit der Parole: »Vater ist mir nah, Mutter ist mir nah, aber keiner ist mir nah wie der Große Vorsitzende.« Sie brannten geradezu darauf, ihre revolutionäre Gesinnung unter Beweis stellen zu dürfen – mit welchen Mitteln auch immer.

Ende Mai 1966 tauchte an der Peking-Universität eine Wandzeitung auf. »Weg mit den albernen menschlichen Gefühlen!« stand dort geschrieben, »Wir werden brutal sein!« und »Wir werden auf euch herumtrampeln!«. Unterzeichner: Die »Roten

Garden«. Das Manifest verbreitete sich wie ein Lauffeuer. Die Jungrevolutionäre machten Ernst: Auf Pekings Schulhöfen und Universitätscampussen brach die Hölle los. Lehrer und Professoren wurden erst bespuckt, dann geschlagen und getreten, anschließend zwang man sie, ihr Blut vom Boden aufzulecken. Ihre Gesichter wurden mit schwarzer Farbe übergossen, ihre Köpfe zur Hälfte geschoren (eine sogenannte Yin-Yang-Frisur); manche mussten mit kiloschweren Eimern um den Hals über den Sportplatz laufen, andere wurden mit nägelbespickten Keulen zu Tode geprügelt.

Dann ging es Schlag auf Schlag: Im Juli 1966 wurde Staatspräsident Liu Shaoqi entmachtet. Generalsekretär Deng Xiaoping wurde verbannt, Wu Han, der Verfasser des im vorherigen Kapitel erwähnten Mao-kritischen Bühnenstücks *Hai Rui wird seines Amtes enthoben*, eingesperrt. Überall in den Städten organisierte sich die radikalisierte Jugend in paramilitärischen Gruppen. Millionen Rotgardisten machten sich mit Sonderzügen auf in die Hauptstadt, um auf dem Platz des Himmlischen Friedens ihrem Großen Vorsitzenden zuzujubeln; zurück von ihrer Pilgerreise, verbreiteten sie den roten Terror in alle Winkel des Landes. Bald brannten in jeder Stadt Bibliotheken und Museen; Theater und Kinos wurden in Folterkammern verwandelt, Tempel und Gräber geplündert. Tausende Künstler, Schauspieler und Schriftsteller begingen in ihrer Verzweiflung Selbstmord.

Der Sturz seiner parteiinternen Gegner war Mao aber nicht genug. Er strebte nach der absoluten Herrschaft. Dazu gehörte die Vernichtung der »Vier Alten«: alte Denkweisen, alte Kultur, alte Gewohnheiten, alte Sitten. Seine Frau Jiang Qing diente ihm hierbei als wichtigste Helferin: Jiang, die in den dreißiger Jahren eine mäßig erfolgreiche Schauspielerin gewesen war, stürzte sich mit Feuereifer in die Aufgabe, die chinesische Kulturlandschaft plattzumachen, um sie dann nach ihrem Gusto neu zu gestalten. Sie verbot fast alle Pekingopern wie auch die Aufführung von westlicher Musik und von Hollywood-Filmen – alles, was ihrer Meinung nach »bourgeois« war und in Gefahr stand, die Massen zu korrumpieren (was Madame Mao allerdings nicht davon abhielt, in ihrem Privatkino weiterhin amerikanische Filme anzuschauen). Anstelle der verbotenen Werke führte sie acht sogenannte revolutionäre Modellopern ein: nach simplem Freund-Feind-Schema gestrickte Propagandadramen. Bis zum Ende der Kulturrevolution sollten sie die einzigen Theaterstücke bleiben, die man auf den Bühnen des Landes aufführen durfte.

Auf dem Weg zurück an die Macht strebte Mao außerdem ein weiteres Mal nach dem totalen Klassenkampf, dem Krieg gegen »Volksfeinde«. Er teilte sie mittlerweile in stattliche »neun schwarze Kategorien« ein: Grundbesitzer, reiche Bauern, Konterrevolutionäre, schädliche Elemente, Rechtsabweichler, Verräter, feindliche Agenten, kapitalistische Wegbeschreiter und – neu hinzugekommen – Intellektuelle. Letztere nannte Mao nun das »stinkende neunte Element«.

Hatte Großvater bis 1965 schon Hoffnung gefasst, bald aus dem Bergexil entlassen zu werden, so war jetzt alle Zuversicht dahin. »Es kam schlimmer, als ich mir je hätte vorstellen können«, sagt er und vergleicht die Kulturrevolution mit einem gefährlichen Tiger, »gefährlicher als alle Kampagnen zuvor«. Denn er fiel gleich in mehrere der »neun schwarzen Kategorien«: Seine Vorfahren galten als Grundbesitzer. Er selbst war 1959 als »Rechtsabweichler« verurteilt worden. Seit eh und je verhöhnte man ihn als »Kulturliebhaber«, was gleichbedeutend war mit »intellektuell«. Der Vorwurf, er sei ein »kapitalistischer Wegbeschreiter«, sollte bald folgen.

Nach seiner Verbannung in die Berge hatte er alles richtig

machen wollen. Er geißelte sich selbst, wenn es verlangt wurde. Beteuerte unentwegt seinen Willen zur »Gedankenreform«. Lernte Mao-Zitate auswendig, so emsig, dass man ihn 1963 sogar als Sprecher für die »Tagung der enthusiastischen Mao-Werke-Leser« vorschlug. Dennoch eckte er wieder und wieder an. Großvater war Großvater. Er konnte nicht aus seiner Haut. Später beschrieb er seinen »Rückfall« so:

> Die Massen haben recht behalten: Brillenträger Peng war nur kurz ein Roter. Die schwarze Farbe des Kapitalismus benebelte meine Pupillen, färbte sie dunkler und dunkler, bis auch der letzte Tupfen Rot verschwunden war. Schwarz siegte. Da war er wieder in mir. Der hässliche Individualist.

Bis der »Donnersturm«, als den Mao sich die Kulturrevolution wünschte, ein Provinzstädtchen wie Pingxiang erreichte, dauerte es eine Weile. Zufällig wurden in diesem Sommer neue Eisenbahnschienen Richtung Norden verlegt. Im Oktober 1966 war es dann so weit: Der erste Sonderzug mit Pekinger Gesandten der Roten Garden fuhr im Bahnhof ein. Unter ohrenbetäubendem Lärm von Trommeln und Rasseln fielen sie in Gruppen von zwanzig bis dreißig Leuten in die Straßen ein, warfen Böller und schwenkten Fackeln. Das »Kulturrevolutionskomitee« in Peking, angeführt von Maos Frau Jiang Qing, hatte ihnen eingetrichtert, dass dieses Pingxiang einst Schauplatz des ersten Arbeiteraufstands des Landes gewesen sei. Die Wiege der chinesischen Revolution sollte wieder zu altem Glanz finden – und dazu musste als Allererstes der gestürzte Staatspräsident Liu Shaoqi aus dem Stadtgedächtnis getilgt werden.

Liu, und nicht Mao, war nämlich der eigentliche Führer des historisch wichtigen Minenstreiks von 1922 gewesen. Vor der Kulturrevolution wurde Liu in Pingxiang wie im ganzen Land als Volksheld verehrt. Ein bekanntes Propagandagemälde zeigte den einstigen Weggefährten Maos in vorderster Reihe der streikenden Arbeiter. Weil er Anfang der sechziger Jahre aber eine anti-maoistische Politik betrieben hatte, wurde Liu nun, da Mao wieder der Alleinherrscher im Land war, als »Staatsfeind« verfolgt, sogar als »falscher Gott« verteufelt. Binnen 24 Stunden entfernten die Roten Garden in Pingxiang sämtliche Bilder, die an den in Ungnade gefallenen Führungspolitiker erinnerten. Am Eingang des Arbeitergedenkclubs wurden zwei Gummibäume gefällt, weil Liu sie angeblich gepflanzt hatte. Einwohner, die dagegen protestierten, wurden durch die Straßen gejagt.

In Peking »korrigierte« Maos Frau die offizielle Geschichtsschreibung: Das Ölgemälde, auf dem Liu den Streik anführt, wurde aus dem nationalen Kunstmuseum entfernt, der Maler an den Armen aufgehängt und ausgepeitscht. Ersetzt wurde das Bild durch die Heiligen-Ikonographie *Der Vorsitzende Mao geht nach Anyuan*. Der Künstler, ein 24-jähriger Student der Roten Garden, sagte nachher, er habe dafür die religiösen Bilder von Raffael zum Vorbild genommen. Liu Shaoqi selbst wurde im Januar 1967 unter Hausarrest gestellt und bald darauf aus der Partei ausgeschlossen. Zwei Jahre später starb er an den Folgen monatelanger Folter.

*

Zurück in den Oktober 1966. Es war einer der letzten warmen Herbsttage. Eine seltsame Ruhe herrschte in Pingxiang – als würde die Gemeinde den Atem anhalten. Nach ihrer Ankunft hatten die Pekinger Gesandten über Nacht ein Komitee »zum Austausch revolutionärer Erfahrungen« gegründet. Nun vermehrten sich die Rotgardisten wie die Fliegen. Auch an Wanlongshans Mittelschule formierte sich eine Gruppe Radikaler, untersagte mit sofortiger Wirkung jeden Unterricht und schickte alle Lehrer nach Hause. Großmutter unterrichtete dort inzwischen Chinesisch. Auch sie war betroffen. Ratlos, was sie mit ihrer freien Zeit anfangen sollte, lief sie an diesem Tag hektisch zwischen Küche und Toilette hin und her, holte Kohle für den Herd und schrubbte Wäsche. Meine Mutter und meine Tante kauerten auf dem Erdboden und versuchten, einen Turm aus Kieselsteinen zu bauen. »Die Wäsche ist doch noch sauber, Liwen«, rief Urgroßmutter von drinnen. Sie war inzwischen 59 Jahre alt und hatte die Rolle der Haushälterin, Köchin und Babysitterin übernommen. Großvater saß auf einem Schemel im Wohnzimmer, schenkte sich Tee nach und drehte Zigaretten, zwischendurch schaute er immer wieder aus dem Fenster. Er wartete, ohne genau sagen zu können, worauf.

Toktoktok. Die ersten Schläge hörten sich fast sanft an, wie von Kinderhand. Dann wechselte der Klang. *BAMBAMBAM.* »Aufmachen! Die Roten Garden des Vorsitzenden Mao Zedong!« Großmutter, zu Tode erschrocken, wankte mit dem Putzlappen in der Hand zur Tür. Als sie aufmachte, war sie zunächst überrascht und erleichtert. »Xiao Lu, Bingbing, was macht ihr denn hier?« Vor ihr standen, in einer Gruppe aus zwei Dutzend Teenagern, zwei ihrer Neuntklässler – beide gerade fünfzehn geworden. Mit ihren olivgrünen Uniformen und den roten Armbinden am linken Arm sahen sie aus, als wären sie auf dem Weg zum Filmset eines Revolutionsschinkens. Jeder von ihnen wedelte mit einer Mao-Bibel in der Hand, auch das zehnjährige Mädchen mit den Zöpfen, das als Erste gegen die Tür geklopft hatte.

»Lehrerin Peng, wir sind gekommen, um …«, fing Xiao Lu höflich an, sichtlich aus dem Konzept gebracht, da fiel ihm schon der andere ins Wort, Bingbing.

»Peng Fangcong! Wir wollen den Rechtsabweichler und kapitalistischen Wegbeschreiter Peng Fangcong!«, brüllte er.

Dabei fuchtelte er grimmig dreinblickend mit einem Holzprügel herum. Neben ihm hielt einer einen Rechen.

Großvater hatte sich in der Zwischenzeit in die Küche verzogen und wollte gerade durch die Hintertür abhauen – doch es war zu spät. Die Schüler schubsten Großmutter schroff zur Seite und stürmten Großvater hinterher. »Im Namen des Großen Vorsitzenden! Stehenbleiben!«, kreischten sie. Wie eine wildgewordene Büffelherde trampelten sie durch das Haus, vorneweg die Älteren, von denen einer Großvater gerade noch am Arm erwischte, dahinter die Jüngeren, die offenbar nichts verpassen wollten.

Die Metallschnalle eines Ledergürtels sauste ihm ins Gesicht. »Na wird's bald, du schwarzer Bastard!«, rief einer, zwei weitere hielten ihn fest. Großvater wehrte sich nicht.

Großmutter beeilte sich, ihre kleinen Töchter ins Schlafzimmer zu tragen. »Das sind nur Kinder«, versuchte Großvater sie zu beruhigen. Kaum hatte er das gesagt, kam von hinten ein dreizehnjähriger Knirps angesprungen und trat ihm in den Rücken. Onkel Xungui, damals sieben, kauerte zitternd hinter einem Sessel und beobachtete, wie die halbstarken Uniformierten seinen Vater abführten. Eine kleine Gruppe blieb zurück und durchkämmte Schränke und Schubladen.

Plünderungen gehörten zu den »Besuchen« der Roten Garden dazu: Wo immer sie auftauchten, zerlegten sie alte Möbel, verbrannten Bücher und Gemälde, zerschlugen Porzellan und Schallplatten. Die Cleveren aber nahmen wertvolle Dinge lieber mit, als sie zu zerstören – tonnenweise raubten die Roten Garden Gold, Antiquitäten, Schmuck und Bares. Der Großteil der Beute landete beim Staat, zur Freude vieler Spitzenfunktionäre. Mao selbst bestückte seine Privatbibliothek mit Tausenden gestohlenen Büchern, seine Frau Jiang Qing riss sich eine 18-karätige französische Golduhr unter den Nagel.

Bei meiner Familie gab es allerdings nicht viel zu holen: Seine Büchersammlung hatte Großvater weggegeben. Und Großmutter hatte, vorausschauend wie sie war, ihre Bücher – Dutzende Werke von russischen Schriftstellern wie Tolstoi und Ostrowski, außerdem Bände von Shakespeare und Flaubert – rechtzeitig in Sicherheit gebracht. Wo, wusste außer ihr niemand, nicht mal Großvater. Die Teenager fanden daher nur einige Kalligraphiebögen und Liederhefte. Aus Frust schmetterten sie ein paar Reisschüsseln auf den Boden, dann griffen sie sich einen Lederkoffer, Großmutters Wollpullover und ihre liebste Seidenjacke. Am meisten schmerzte Urgroßmutter der Verlust ihres Schmuckkästchens samt Goldkette und Jadearmreifen – das Stück war die einzige Erinnerung an ihre zweite Ehe.

Schweigend trieben die Jugendlichen Großvater mit einer Leine um den Hals auf die Hauptstraße. Als sie den Marktplatz erreichten, hatten andere Rotgardisten dort bereits Dutzende druckfrische Wandposter an den Fassaden der Häuser angebracht. »Weg mit den Rinderdämonen und Schlangengeistern!« stand darauf, und in dicker, fetter Schrift darüber: »Nieder mit den drei Pengs und einem Yang!«

Die Polizei hatte den Roten Garden zuvor großzügigerweise mitgeteilt, wer als Klassenfeind eingestuft war und wer nicht. »Reaktionäre Kader« wie Großvater gerieten besonders ins Visier, hielt Mao sie doch für die Träger einer neuen »bourgeoisen Diktatur«. Für jeden Beschuldigten beriefen die Rotgardisten eine »Fallgruppe« ein. Bei ihren Ermittlungen, so Mao, sollten sich die Jungrevolutionäre »nicht an alte Vorschriften gebunden fühlen«. Er sagte: »Wenn einige Rote Garden den Klassenfeind so sehr hassen, dass sie ihn töten wollen, lasst sie gewähren.« Und: »Fürchtet keinesfalls das Chaos. Eine Revolution ist kein Gastmahl, kein Aufsatzschreiben, kein Bildermalen oder

Deckchensticken. Eine Revolution ist ein Gewaltakt, durch den eine Klasse eine andere Klasse stürzt.«

»Gestehe!«, rief ein Junge mit Schiebermütze und mit Pickeln im Gesicht. Er reichte Großvater kaum bis zur Brust. Seine Kameraden krakeelten: »Nieder mit den drei Pengs und einem Yang! Nieder mit den drei Pengs und einem Yang!«

»Gestehe!«, wiederholte der Junge.

»Was denn?«, schnaubte Großvater.

»Auf die Knie!«

»Wozu?«

Nun schlug ihm einer von hinten mit einem Stock in die Kniekehlen.

»Geht doch!«

Als Nächstes band ihm einer mit Draht eine Holztafel um den Hals, die so groß war, dass sie bis zum Boden reichte. »Ich bin der kapitalistische Rechtsabweichler Peng Fangcong«, stand darauf, der Name war mit einem roten Kreuz durchgestrichen. Dann bekam Großvater eine sogenannte Schandhaube aufgesetzt, einen langen, spitz zulaufenden Papierhut, der auf dem Kopf saß wie ein Schornstein. Mittlerweile knieten auch die anderen zwei Pengs und der eine Yang neben ihm, auch sie mit Holztafel und Schandhaube. Großvater kannte sie: Peng Nr. 2 war ein Mathematiklehrer und Kollege von Großmutter, Peng Nr. 3 der Leiter der Straßenbaubrigade. Yang, den Vierten im Bunde, einen hageren Arzt Anfang dreißig, kannte er ebenfalls gut. Er selbst hatte ihn 1962 eingestellt, als er noch Klinikleiter gewesen war.

Auf dem Marktplatz strömten immer mehr Schaulustige zusammen, auch Großmutter hatte sich unter die Menge gemischt. Großvater kniete vor einer Wand, an der ein mannshohes Mao-Porträt hing, darüber ein Banner mit der Aufschrift: »Zehntausend Jahre soll unser großer Führer, Befehlshaber und

Steuermann Mao leben.« Die Zuschauer schienen unsicher zu sein, was sie erwartete. Massentribunale kannten die Einwohner zur Genüge, und von den Grausamkeiten der Roten Garden in Peking hatte man gehört. Aber waren dazu wirklich die eigenen Kinder fähig?

Sie waren. Wie sich später herausstellte, hatten die Ankläger in Großvaters Akten gewühlt und jede noch so kleine Kleinigkeit aus seiner Vergangenheit ausgegraben. Zudem hatten sie eine Liste von neuen »Delikten« zusammengestellt. Die Vorwürfe gegen ihn füllten insgesamt mehr als fünfzig Seiten.

Der Junge mit der Schiebermütze zog einen Zettel aus der Hosentasche. Da er kein Megafon hatte, stellte er sich auf einen Stuhl und schrie aus Leibeskräften: »Genosse Peng ist ein stinkender, revisionistischer Konter-Kulturrevolutionär!« Empört zeigte er dann auf Doktor Yang: »Und der hier, ein korrupter Sohn eines stinkenden, schwarzen Volksverräters!« Als Beweis für seine Anschuldigung erzählte er der Menge, wie Großvater Doktor Yang, der aus einer reichen Bauernfamilie stammte, 1962 eingestellt hatte, ohne dessen Klassenhintergrund zu prüfen. Vorzugsbehandlung eines Klassenfeinds! Damit selbst ein Klassenfeind!

Die Stimme des Jungen überschlug sich fast, als er mit seiner Aufzählung fortfuhr: Allein im Jahr 1962 habe Großvater zwei Liter Öl und fünf Pfund Reis aus dem Patientenspeicher unterschlagen, Lebensmittelmarken im Wert von 100 Yuan, zwei Monatsgehältern, veruntreut, 10 Yuan aus der Betriebskasse entwendet und sieben Pfund des Heilkrauts Engelwurz auf dem Schwarzmarkt gekauft. Außerdem habe er fünf Thermosflaschen ausgeliehen und nie zurückgegeben, 35 Yuan mit nicht genehmigten Nebenjobs verdient, sechs Packungen Zigaretten und zwei Meter Stoff erschlichen sowie abgelaufene Penicillin-Flaschen an Patienten verkauft. »Wenn Peng Fangcong kein krimineller Kapitalist ist, was ist er sonst? Er ist ein korrupter Bürokrat! Ein Schädling für die Planwirtschaft!«, brüllte der Junge. »Er hat das Leben anderer Menschen aufs Spiel gesetzt!«

»Stimmt das?«, frage ich Großvater. Ich habe gerade eine Selbstkritik gelesen, in der er all diese Vorwürfe detailreich gesteht.

Er seufzt. »Der Reihe nach. 1962 sind wir zu Hause immer noch nicht richtig satt geworden«, sagt er. »Die Lebensmittelbehörde hat damals die Öl- und Reisrationen für Krankenhauspatienten erhöht. Wenn mal nur zwei Patienten da waren, haben wir so getan, als wären sechs bei uns in Behandlung. Das zusätzliche Essen haben wir unter den Ärzten und mir aufgeteilt. Später, als die Lebensmittelbehörde zur Kontrolle vorbeikam, bin ich abends heimlich in die Vergabestelle geschlichen und habe den Eintrag gelöscht. Ein anderes Problem: Medikamente waren knapp. Trotzdem hat der Staat uns verboten, welche auf dem Schwarzmarkt zu besorgen. Darum habe ich über einen Cousin, der im Tal eine Apotheke führte, Engelwurz gekauft, ein Kraut gegen Herz- und Leberkrankheiten. Klar, der Cousin hat mich beim Preis übers Ohr gehauen. Klar, ich habe heimlich öffentliches Geld dafür genommen. Aber hätte ich die Patienten einfach so sterben lassen sollen? Zum Glück war Wanlongshan ein Bergkaff. Woanders hätte man mich wegen so was standrechtlich erschossen.«

Ich frage ihn nach den restlichen Vorwürfen. Zu den 10 Yuan aus der Betriebskasse sagt er: »Da habe ich dringend einen neuen Bogen für meine *erhu* gebraucht. Das Geld habe ich später aber wieder zurückgelegt, Ehrenwort. Gut, die fünf Thermoskannen habe ich vergessen zurückzugeben, das stimmt, obwohl mich deine Großmutter ständig dran erinnert hat. Was die 35 Yuan angeht, die ich mit Nebenjobs verdient habe: Die Ärzte, die Pfleger und ich, wir haben für eine Medizinfabrik unten im

Tal gelegentlich Kisten gepackt und Lkws beladen. Das war verboten, ja. Was noch? Die Zigaretten und der Stoff, die ich angeblich erschlichen habe? Willst du das wirklich wissen?«

Ich nicke.

»Von mir aus: Jeder bekam feste Kontingente für diese Dinge. Und ich kannte da bei der Vergabestelle jemanden. Bezahlt habe ich. Ich hätte nur nicht so viel kaufen dürfen.« Großvater flucht. »Auch *das* haben sie mir vorgeworfen?«

»Und was ist mit den abgelaufenen Penicillin-Flaschen?«

»Ja, das.« Pause. »Ein Barfußdoktor aus dem Nachbardorf kam und wollte Arznei von uns kaufen. Doktor Yang und ich haben gemerkt, dass er sich nicht besonders gut auskennt. Wir hatten noch zehn Flaschen Penicillin, die Ende Juni abgelaufen waren. Es war Anfang Juli. Doktor Yang sagte, das sei kein Problem. Eigentlich war's wirklich kein Problem. Ich hab mir nicht viel dabei gedacht. Nein, wir hätten die Flaschen nicht verkaufen dürfen. Aber deine Mutter war gerade auf die Welt gekommen. Ich wollte ein Huhn kaufen, um das zu feiern. Monatelang konnte ich nicht schlafen wegen der abgelaufenen Flaschen. Was, wenn einer krank geworden wäre … oder noch schlimmer. Zum Glück ist nichts passiert.« Großvater schaut aus dem Fenster. »Weißt du: Jeder macht auf der Arbeit mal Fehler, Fanfan. Was glaubst du, warum ich nur ein Jahr Klinikleiter war?«

An jenem Tag im Oktober 1966 kniete Großvater auf dem Marktplatz unter dem Mao-Banner und schwieg. Der picklige Junge mit der Schirmmütze malträtierte ihn so sehr mit seinem Gürtel, dass Großvater am Abend mit roten Striemen über den ganzen Rücken heimhumpelte. Seine Jacke hing in Fetzen an ihm herunter. Zu Hause wartete Großmutter mit warmen Umschlägen. Sie hatte die ganze Tortur mit angesehen. Auch sie schwieg.

Bald gehörten »Kampfversammlungen« dieser Art zu Großvaters Alltag wie die morgendliche Reissuppe. In den ersten Monaten fanden sie »nur« mehrmals die Woche statt, später, als die Kulturrevolution vollends außer Kontrolle geriet, sogar täglich. Nicht immer wurde Großvater geschlagen, und wenn, tat Großmutter alles, damit die Kinder nichts davon mitbekamen. Tagsüber, wenn sie in der Schule unterrichtete, brachte sie meine Mutter und meine Tante bei einer Nachbarin unter, ansonsten ließ sie sie immer seltener aus dem Haus. Wenn Großvater nach den Schikanen nach Hause kam, lagen seine Kinder meistens schon im Bett. Meine Mutter, damals vier, wusste zwar von der Kulturrevolution, sie dachte sich aber nicht viel dabei. »Draußen laufen Verbrecher herum«, drückte es meine Großmutter aus, so wie es sich offiziell gehörte. »Mao will die Verbrecher bekämpfen.« Na dann – daran konnte ja nichts Schlechtes sein, dachte meine Mutter. Dass ihr eigener Vater als Verbrecher galt, wusste sie nicht.

Hatten die Zuschauer bei der ersten »Kampfversammlung« noch verschreckt und teilnahmslos dabeigestanden, skandierten bei der zweiten schon alle im Chor: »Nieder mit den drei Pengs und einem Yang!« Die meisten taten es aus purer Angst, denn wer stumm blieb, konnte schon bald der Nächste sein, der wie Vieh durch die Menge gejagt wurde. Zum festen Repertoire der Rotgardisten zählten Paraden, bei denen die Jugendlichen Großvater und seine Mitangeklagten an ein Seil gebunden durch ein Spalier aus johlenden Menschen zogen. Dazu musste Großvater im Takt seiner Schritte gegen einen Gong schlagen und jedes Mal »Nieder mit Peng Fangcong!« rufen. Die anderen zwei Pengs und Doktor Yang folgten dahinter und taten das Gleiche mit ihren Namen. So ging das einen Kilometer weit, oft mehrmals die Woche. Darüber hinaus gab es »Anklagesitzungen«, die normalerweise nach Anbruch der Dunkelheit stattfanden, und zwar ausgerechnet auf der Bühne der Versammlungshalle des Agrarbetriebs – auf jener Bühne also, auf der Großvater 1963 mit seiner Operntruppe aufgetreten war.

So ein Massentribunal konnte bis Mitternacht dauern. Der Abend begann damit, dass Großvater Kotaus vor einem Mao-Porträt machen musste. Danach musste er sich hinknien und stundenlang in der sogenannten Flugzeugposition ausharren: Dabei duckte er Kopf und Rücken nach vorne und streckte beide Arme rückwärts zu »Flügeln« aus, eine Haltung, die spätestens nach dreißig Minuten unerträgliche Schmerzen verursachte. Je nach Lust und Laune ließen die Revolutionäre ihn auch quer auf einem traditionellen Abakus knien. Die hin- und herrutschenden Zählperlen drückten Großvater so sehr ins Fleisch, dass er sich tags darauf kaum noch aufrichten konnte. Während er so wehrlos am Pranger stand und die Zähne zusammenbiss, überschüttete ihn das Publikum mit Schmähungen, manchmal bewarfen sie ihn mit Nägeln und Steinen. Oder sie kamen direkt auf die Bühne, bespuckten und traten ihn. Währenddessen standen die Rotgardisten mit gezücktem Ledergürtel und regloser Miene daneben und diskutierten darüber, welche Peitschtechnik wohl am effizientesten sei: großer oder kleiner Winkel? Kurze, schnelle Hiebe? Oder lieber weit ausholend und kräftig?

Immer öfter meldeten sich Leute aus dem Ort mit neuen »Zeugenaussagen«, Fremde, Bekannte, darunter auch Kollegen und Nachbarn, die Großvater mit seiner leicht überheblichen, eigenwilligen Art schon immer genervt hatte: War Peng Fangcong nicht bei anderen Konterrevolutionären ein und aus gegangen? Hatte er nicht mit ihnen gegessen, sogar bei ihnen übernachtet? Zeigte sich seine mangelnde Liebe für die Volksmassen nicht daran, dass man ihn in seiner Freizeit nie mit armen Bauern sah? Hatte er als Leiter der Operntruppe nicht mehrheitlich Kinder der Bourgeoisie engagiert? Hatte er nicht gar behauptet: Gebildete seien die talentierteren Schauspieler?

Träumte er nicht selbst davon, berühmt zu werden? Brütete er nicht bis spät in die Nacht über seinen Büchern, und war er nicht tagsüber schläfrig und träge? Forderte er nicht ständig, den Berg verlassen zu dürfen, um sich seiner Kunst zu widmen? Stand die Kunst für ihn nicht immer an erster Stelle und die Politik nur an zweiter? War er etwa kein »Kulturfeudalherr«?

Ja, war er, gestand Großvater in einer Selbstkritik. »Warum ich unwillig an Arbeitssitzungen teilnahm? Ich mag keine politischen Spiele. Ich kann mich auf solchen Sitzungen nicht konzentrieren. Meine Welt ist die Welt der Kunst. Ihr sagt 1-2-3-4-5. Ich denke an Do-Re-Mi-Fa-So.«

Einmal spielte Großvater mit meiner Mutter im Hof. Es war einer der seltenen Tage, an dem keine Kampfversammlung anstand und er ein paar Stunden freihatte. Meine Mutter liebte die selbstgezimmerte Bambusschaukel, die Großvater in friedlicheren Tagen an einem Kastanienbaum befestigt hatte, und vor allem liebte sie es, wenn er ihr Schwung gab. »Höher! Höher!«, rief sie. Großvater schubste sie kräftig an. Noch etwas kräftiger. Im nächsten Moment lag meine Mutter reglos im Kies, den Schädel aufgeschlagen an der Kante eines Holzhockers. Über dem rechten Auge sprudelte ihr Blut aus dem Kopf. Urgroßmutter kam aus dem Haus gerannt und schlug beide Hände über dem Kopf zusammen. Sie blickte ihre leblose Enkelin an, dann in den Himmel, dann wieder zu ihrer leblosen Enkelin. Sie glaubte, dass der Geist meiner Mutter ihren Körper bereits verlassen hatte, und rief verzweifelt: »Xiaowen, komm zurück! Xiaowen, komm zurück!« Bevor eine Antwort aus dem Himmel kam, rannte Großvater mit einer Flasche *Yunnan Baiyao*, einem traditionellen Blutgerinnungsmittel, herbei, und kurz darauf wachte meine Mutter zum Glück wieder auf. Für einen Nachbarn, der die Szene beobachtet hatte, war die Sache damit aber noch keineswegs erledigt. Als Großvater am nächsten Abend wieder auf der Bühne der Gemeindehalle kniete, sprang der Mann vor und geiferte, Peng Fangcongs Familie habe Gespenster gerufen! Seine Sippe sei von feudalem Aberglauben befallen!

Nach den »Kampfversammlungen« fiel Großvater vor Schmerz und Erschöpfung halbtot ins Bett. Tagsüber musste er nun wieder auf die Felder. Seine »Umerziehung« nach dem Großen Sprung sei gescheitert, befanden die Roten Garden. Also verordneten sie ihm einen neuen Anlauf: wieder körperliche Arbeit, wieder Reis säen, Rinder hüten, Schweine füttern. Großvater war erneut der »Bauer mit Brille«. Der Unterschied diesmal: Sogar auf dem Feld musste er seine »Schandhaube« aufbehalten.

An vielen Abenden stand in der Versammlungshalle auch Großmutter vor der Bühne und reckte die Fäuste. Sie nahm gerade oft genug an der »Kampfkritik« gegen Großvater teil, dass niemand auf die Idee kommen konnte, sie sei gegenüber dem eigenen Mann loyaler als gegenüber dem Großen Vorsitzenden. In der Regel stand sie in der zweiten oder dritten Reihe und bewegte ihren Mund zum Chor der anderen mit. Hätte sie das nicht getan, wäre sie womöglich selbst am Pranger gelandet, wie eine Kollegin, die Grundschullehrerin meiner Mutter, die, weil sie ihren Mann verteidigt hatte, wochenlang in einen Maisspeicher gesperrt wurde. Die Frau verlor ihren Verstand.

Großmutter blieb das Schicksal einer »Schandhaubenträgerin« erspart, aber auch sie musste sich während der Kulturrevolution einer »Ermittlung« stellen, wie ich aus ihren Akten erfahren habe. Ihre Selbstkritiken habe ich im Archiv der Erziehungsbehörde von Pingxiang gefunden. Auch sie füllen viele Seiten: In der ihr so eigenen Akkuratheit wirft Großmutter sich darin vor, sich zu sehr darum gesorgt zu haben, wie viele ihrer Schüler es in die Oberstufen schaffen, und aus »rein persönlichem Ehrgeiz« das Unterrichten von Maos Gedanken vernachlässigt zu haben. Sie gesteht, ihre Schüler allein nach Leistung beurteilt zu haben und nicht nach Klassenhintergrund. Sie erzählt, wie sie einem Grundbesitzersohn, ihrem Lieblingsschüler, einen Pulli gestrickt und die Tochter von Doktor Yang, dem Mitangeklagten von Großvater, zur Klassensprecherin ernannt habe. Sie schreibt von »schwerwiegenden Fehlern«: 1962 habe sie sich des »Mikro-Liberalismus« schuldig gemacht, als sie auf öffentlichem Gemeindegrund »Privatgemüse« anbaute; 1965 der »Korruption im Kleinen« – damals hatte sie Urgroßmutter erlaubt, die Reste der Reisernte vom Schulhof aufzufegen. Ihre Schüler hatten sie dort zuvor getrocknet und gedroschen, und Urgroßmutter hatte die verbliebenen ungeschälten Körner aufgesammelt, um damit die Hühner auf dem Hof der Familie zu füttern. Die Menge an »veruntreutem Gemeinschaftsgut« gibt Großmutter mit drei Kilo an. Sie geißelt sich außerdem für ihren Hang zu schöner Kleidung und immer wieder dafür, die Stieftochter eines verurteilten Konterrevolutionärs gewesen zu sein: »Ich habe mit ihm unter einem Dach gewohnt, an einem Tisch gegessen und mir auch noch nichts dabei gedacht.« Das Urteil lautete schließlich: Großmutter sei als Beamtin mit höherer Bildung eine »Stinkende Neunte«, eine Intellektuelle. Von weiterer Verfolgung sahen die Rotgardisten aber vorerst ab.

Anfang 1967 wurde die Lage im Land – auch in Pingxiang – noch chaotischer, als sie ohnehin schon war. Nicht mehr nur Schüler und Studenten erklärten sich nun zu Rebellen. Fabrikarbeiter, Soldaten, Händler, Angestellte, Anhänger der alten Kader – auf einmal gründeten alle ihre eigenen Rebellengruppen. Die Roten Garden teilten sich in Splitterfraktionen auf, und diese noch einmal in Untergruppen. Jede Gruppe behauptete, die wahre Lehre Maos zu vertreten. Bald ging es auf den Straßen Pingxiangs zu wie im Bürgerkrieg.

Kaum einer konnte in diesem Durcheinander noch sagen, welche Gruppe dem »linken« und welche dem »rechten« Flügel zuzuordnen war. In Pingxiang hießen die zwei großen miteinander rivalisierenden Rebellengruppen »Kommandostelle der Minenarbeiter von Pingxiang zum Schutz der Mao-Zedong-Gedanken und des Proletarischen Klassenkampfs« und »Hauptquartier der Vereinigung aller zur Revolution bereiten Rebellen der Kohleminen von Pingxiang«. Beide Lager warfen sich gegenseitig vor, heimlich den geschassten Staatspräsidenten Liu zu unterstützen. Ihre Hauptquartiere lagen nur wenige Hundert Meter voneinander entfernt. Erst entzündete sich ein Verbalkrieg, bei dem sich die Gegner über Lautsprecher an ihren Gebäuden von früh bis spät markerschütternde Anfeindungen hin- und herschickten. Dann gingen beide Seiten mit speerartigen Eisenstäben und spitzen Steinen aufeinander los, beschossen einander mit geplünderten Gewehren und warfen Handgranaten. Die Kämpfe hielten den ganzen Sommer über an, 25 Menschen starben, Hunderte wurden verletzt. Der Bahnhof, Schulen und andere öffentliche Gebäude brannten nieder.

*

Mitten in diesem Chaos begann Großvater wieder Hoffnung zu schöpfen. »Im November 1967 betrat ich die Höhle des Teufels«, schrieb er später über den Tag, an dem er nach Pingxiang fuhr, um einen Mann namens He Shi kennenzulernen. Seit Wochen hatte er nicht mehr richtig schlafen können. Grund war ein Erlass von Mao aus dem Sommer, wonach die Fälle der zwischen 1957 und 1959 verurteilten »Rechtsabweichler« neu aufgerollt werden sollten. Mao hatte erkannt, dass ihm die Kulturrevolution zu entgleiten drohte. Überall in China brachen die staatlichen Strukturen zusammen. Zumindest an der Basis wollte er deshalb einen Teil der entlassenen Parteikader wieder zurückholen. Dazu behalf er sich mit einem argumentativen Kniff: Nicht jeder, der sich während der Anti-Rechts-Kampagne Vorgesetzten in Provinzbehörden und lokalen Arbeitseinheiten widersetzt habe, habe automatisch »gegen die Partei« gehandelt. Alte Auffassungen, so Mao, müssten in der Ära der Kulturrevolution, »neu bewertet« werden. In den Ohren Hunderttausender »Rechtsabweichler« hallten diese Worte wie ein Donnerschlag nach. Auch Großvater fasste neuen Mut.

In Pingxiang machte ein ehemaliger Zeitungsjournalist von sich reden. Die Parallelen zwischen Großvaters und seinem Schicksal sind erstaunlich: He Shi war wie Großvater 33 Jahre alt. Auch er hatte in seiner Jugend bei der Armee gedient. Bis zur Hundert-Blumen-Kampagne im Jahr 1957 hatte er bei der Tageszeitung von Pingxiang gearbeitet – war also quasi Großvaters unmittelbarer Vorgänger gewesen. He Shi war ein unangepasster Sturkopf, er liebte Bücher, Musik, Kalligraphie und Tanz. Weil er seine Meinung nicht für sich behalten konnte, hatte man ihn ebenfalls irgendwann zum Arbeiten aufs Land »entsandt«. Im direkten Vergleich mit Großvater war er wohl noch einen Tick widerspenstiger: Er wehrte sich gegen sein Urteil, schrieb pausenlos Beschwerden und Petitionen. 1964 schickte man ihn deshalb für zwei Jahre ins Arbeitslager. 1967 war er schließlich nach Pingxiang zurückgekehrt, um für seine Rehabilitierung zu kämpfen.

Binnen weniger Wochen hatte He Shi dann eine Redaktion aus dem Boden gestampft. Die Zeitung, vier Doppelseiten dick, hieß *Zehntausend rote Berge* und war ein Sprachrohr für die Generation der gebrandmarkten »Rechtsabweichler« aus den Jahren 1957 bis 1959, die in dem Blatt erstmals Aufklärung und Gerechtigkeit forderte. Die erste Ausgabe erschien im Oktober

1967 mit einer Auflage von 5000 Stück. Sie schlug ein wie eine Bombe.

Großvater, der durch Zufall ein Exemplar in die Hand bekommen hatte, verschlang jedes einzelne Wort. Und brannte darauf, den Herausgeber kennenzulernen. Eines Tages beschloss er, die Redaktion aufzusuchen (er wurde zwar schikaniert, durfte sich aber einigermaßen frei bewegen). Als er die provisorisch eingerichteten Büroräume betrat, traute er seinen Augen kaum: Etwa fünfzig junge Menschen huschten hektisch zwischen Tischen mit Druckplatten umher. Im Zentrum des Trubels stand ein winziger, schmächtiger Mann, kaum größer als 1,50 Meter, und gab Anweisungen wie ein Dirigent. Trotz seiner mädchenhaften Statur umgab He Shi eine einnehmende, geradezu charismatische Aura, schwärmt Großvater noch heute.

Er selbst stand da wie vom Blitz getroffen, war beeindruckt, gerührt und euphorisch zugleich. Besonders imponierte ihm, wie es He Shi gelungen war, eine Gruppe von gleichgesinnten Helfern um sich zu scharen. Einer von ihnen war der Mittelschullehrer Zhong, auch er einst Redakteur bei der Tageszeitung von Pingxiang. Seine Geschichte war besonders tragisch: 1957, kurz bevor Großvater seine Stelle antrat, hatte er sich freiwillig als »Rechtsabweichler« gemeldet, weil eine Quote zu erfüllen war und er niemanden denunzieren wollte. Da waren zwei Dutzend 15-Jährige in Mao-Uniform, Mitglieder der versprengten Rotgardistenfraktion »Jinggang-Berge«, die glaubten, He Shis Anliegen sei im Sinne des Großen Vorsitzenden. Da waren außerdem ein Ziegeleiarbeiter, einst Verwaltungsdirektor bei der Post, und ein Stahlarbeiter, früher leitender Angestellter bei der Eisenbahn. Da waren Freunde und Sympathisanten. Alle sprachen voller Bewunderung über He Shi. Die Jüngeren bezeichneten sich sogar als »Fans«.

Großvater wechselte ein paar flüchtige Worte mit He Shi,

dann wandte dieser sich wieder seinen Leuten zu. Die Gruppe bereitete gerade die zweite Ausgabe von *Zehntausend rote Berge* vor. Einige sprachen aufgeregt über eine Reise nach Peking. Offenbar waren sie gerade aus der Hauptstadt zurückgekehrt, wo sie im Namen von He Shi Beschwerde bei der Zentralregierung eingelegt hatten. Ohne Erfolg zwar, aber allein die Tatsache, dass sie dort auf andere »Rechtsabweichler« aus ganz China gestoßen waren, die dasselbe taten, bot Anlass zur Hoffnung.

Beseelt fuhr Großvater zurück nach Wanlongshan. He Shi hatte ihn als »Kamerad« verabschiedet. Großvater hatte ein Vorbild gefunden, ja einen Seelenverwandten. Er war überzeugt davon, dass eine Rehabilitierung He Shis auch zu seiner eigenen führen konnte. Im Dezember 1967 und Januar 1968 besuchte er He Shi weitere Male und zeigte ihm dabei die Unterlagen, die er zu seinem Fall zusammengetragen hatte, außerdem seine selbstverfassten Liedtexte. Ob der liebe Kamerad einen Blick darauf werfen könnte? Und ob die Beschwerdegruppe vorhabe, ein weiteres Mal nach Peking zu fahren? Wenn ja, würde er gerne mitkommen.

Die zweite Ausgabe von *Zehntausend rote Berge* erschien mit einer Auflage von 27 000 Stück. Im Januar 1968 verschickten die Macher Exemplare an die Pekinger Parteizentrale, den Staatsrat, das nationale Kulturrevolutionskomitee, die lokalen Kulturrevolutionskomitees sowie an die größten Zeitungsredaktionen des Landes. Mit der übrigen Auflage fuhren die »Jingang-Berge«-Rotgardisten in die umliegenden Provinzhauptstädte Changsha, Nanchang und Wuhan. In kürzester Zeit war sie ausverkauft. In den folgenden Wochen empfingen die Aktivisten aus Pingxiang mehr als 2000 Unterstützerbriefe aus 18 Provinzen. Das Blatt sei eine »Inspirationsquelle«, schrieben viele Leser. Es kursierten Geschichten, wonach manche »Rechtsabweichler« mit der Zeitung zu ihren Vorgesetzten rannten und ihre sofortige Rehabilitierung verlangten. Sogar der regierende Militärkommandeur von Pingxiang, der mächtigste Mann der Stadt, lobte das Projekt. Es atme den »Geist der Kulturrevolution«. He Shi und seine Mitstreiter riefen daraufhin die »Vereinigung zur historischen Aufklärung von politischer Verfolgung bei der Tageszeitung von Pingxiang« ins Leben. Sie war die erste ihrer Art in China. *Zehntausend rote Berge* war inzwischen ein nationales Phänomen. Eine Sensation. Nun wartete man nur noch auf den offiziellen Segen von Mao.

Großvater beschloss, zur Unterstützung der Zeitung – und seiner eigenen Rehabilitierung – tätig zu werden. Auf eigene Faust. Am 20. Februar 1968, kurz nach Sonnenaufgang, machte er sich mit einem Koffer in der linken und meiner Mutter an der rechten Hand auf den Weg Richtung Hauptstraße. Meine Mutter, fünfeinhalb, hüpfte vor Aufregung. »Wir fahren nach Peking, wir fahren nach Peking!«, jubelte sie. »Shhht! Nicht so laut!«, zischte Großvater. Doch keiner nahm Notiz von ihnen. Am Nachmittag bestiegen sie am Hauptbahnhof von Pingxiang den Nachtzug.

Großmutter war anfangs skeptisch gewesen. So eine riskante Reise? Und dann mit Xiaowen? Außerdem war sie wieder schwanger, im siebten Monat. Gab es überhaupt eine Aussicht auf Erfolg? Wie lange wollte er in Peking bleiben? Großvater versprach, in vierzehn Tagen wieder zurück zu sein. Schließlich hatte Großmutter zugestimmt.

Die Fahrt im Schlafwagen, jeweils sechs Liegen im offenen Abteil, kam meiner Mutter endlos vor. Voller Stolz erzählte sie den anderen Passagieren am nächsten Morgen, dass sie nicht aus dem Bett gekullert sei. In Peking angekommen, nahmen sie den Bus ins Universitätsviertel Haidian. Dort suchten sie Großvaters älteren Bruder, meinen Großonkel Fangyou, und seine Frau auf, die in einer kleinen Zweizimmerwohnung lebten.

Großvater hatte ihn immer beneidet: Als Einziger seiner Geschwister hatte Großonkel Fangyou es an eine Uni geschafft. In den fünfziger Jahren war er nach Peking gegangen und nach dem Studium als vielversprechendes Ingenieurstalent vom Ministerium für Maschinenindustrie angeworben worden. Nur aus Briefen erfuhr die Familie, dass der Älteste mit Hunderttausenden Mitstreitern an einem »Geheimprojekt« arbeitete. Am 16. Oktober 1964 um 15 Uhr Ortszeit wurde das Geheimnis gelüftet: China zündete in der Sandwüste Taklamakan seine erste Atombombe – und Großonkel Fangyou sah in der Pekinger Kommandozentrale live am Bildschirm zu. Keiner aus unserer Familie kam nationaler Bedeutung näher als er.

Großvater erzählte später jedem, der es wissen wollte, dass er nach Peking gefahren sei, um seinen Bruder zu besuchen und seiner Tochter die Hauptstadt zu zeigen. Was natürlich weitgehend gelogen war. Aber selbst meine Mutter glaubte das lange Zeit. Die ersten Tage, erinnert sie sich, gingen Großvater und sie auf Entdeckungstour. Peking war für sie wie ein riesiger Abenteuerspielplatz: Der Zoo, wo sie das erste Mal im Leben Pandas sah. Die große Mauer. Der Sommerpalast des Kaisers, wo sie und Großvater in den dunklen Winkeln jahrhundertealter Höfe Verstecken spielten. Der Tiananmen-Platz, der »Platz des Himmlischen Friedens«, weit bis zum Horizont. Das Lied, das über die Straßen schallte: »Eine rote Sonne in unserem Herzen«. Die Massen auf den sechsspurigen Boulevards, die Fahnen, die Fahrräder, die zahllosen Garküchen. Einmal sah sie sogar einen dunkelhäutigen Ausländer, erinnert sie sich.

In den Straßen Pekings lag Anspannung in der Luft. Es war die Zeit, als der Mao-Kult völlig außer Kontrolle geriet. Filme priesen die Gedanken des Großen Vorsitzenden als »geistige Atombombe«. Es wurde darüber diskutiert, ob jeder Chinese den Familiennamen Mao annehmen sollte. In manchen

Vierteln schufen Rotgardisten den Rechtsverkehr ab und legten fest: Aufrechte Revolutionäre sollen links fahren, egal, in welche Richtung (was bald wieder rückgängig gemacht wurde, weil sich zu viele Unfälle ereigneten). Bald sollte das »Mango-Fieber« ausbrechen: Bei einem Staatsbesuch des pakistanischen Präsidenten im Sommer 1968 erhielt Mao als Gastgeschenk eine Kiste Mangos. Der Große Vorsitzende, der für klebrige Tropenfrüchte nichts übrighatte, gab sie umgehend weiter an eine Gruppe von Fabrikarbeitern, was zur Folge hatte, dass die Mangos binnen 24 Stunden den Status von Reliquien erlangten. Daraufhin wurden sie mit Wachs und Formaldehyd konserviert, wie Trophäen ausgestellt und mit Flugzeugen durchs ganze Land geflogen. Das Volk, das bis dahin keine Mangos kannte, diskutierte darüber, ob die durch die Hände des Großen Vorsitzenden gegangenen Früchte magische Kräfte besaßen und ob sie jenen, der sie verzehrte, unsterblich machen würden. Mango-Motive tauchten in Geschäften auf Ansteckern, Tellern und Bettbezügen auf. Ein Arzt, der beim Anblick einer Mao-Mango die Äußerung wagte, sie sehe aus wie eine Süßkartoffel, wurde durch Kopfschuss hingerichtet.

Auf den Straßen eskalierte die Gewalt: Nur drei Kilometer von Großonkel Fangyous Wohnung entfernt, wo Großvater mit meiner Mutter auf einer Strohmatte im Wohnzimmer übernachtete, bekämpften sich zerstrittene Rotgardisten-Fraktionen an der Qinghua-Universität in einem »Hunderttägigen Krieg« mit Schwefelsäure und Handgranaten. Doch von diesem Wahnsinn bekam meine Mutter wenig mit. Sie staunte vor allem über die allgegenwärtigen Mao-Devotionalien, die Poster, Medaillen, Wandtapeten, Reisschalen, Stiftbehälter und Aschenbecher. Überall prangte Maos Konterfei – so groß und allmächtig war der Große Vorsitzende also wirklich!

»Was war deine Mutter für ein lustiges Kind. Wir hatten so

viel Spaß!«, erzählt mir Großvater über seine »Urlaubsreise« nach Peking. Für ihn war der Trip eine Flucht aus der Enge des Bergdorfs. Für meine Mutter zählen die Wochen in der Hauptstadt zu ihren glücklichsten Kindheitserinnerungen überhaupt. Nie wieder sollte sie später so viel Zeit mit ihrem Vater verbringen.

Nach den ersten Wochen machte Großvater sich zunehmend rar, oft verschwand er gleich nach dem Frühstück und überließ meine Mutter der Großtante. Manchmal kam er nicht vor Anbruch der Dunkelheit wieder. Wohin er jeweils verschwand, verriet er nicht. Von Tag zu Tag sah sein Gesicht angestrengter aus.

Großvater hatte einen Plan A und einen Plan B. Plan A bestand darin, bei der obersten Petitionsbehörde des Landes Klage einzureichen – Klage auf Rehabilitierung für ihn und für He Shi. Meine Mutter glaubt, dass Großvater mit seinen Unterlagen der Reihe nach bei allen möglichen Regierungsbehörden vorstellig wurde: bei der erwähnten Petitionsbehörde, beim Obersten Gerichtshof, bei der Provinzvertretung von Jiangxi, sogar bei der nationalen Militärkommission. Einmal erwähnte er den Namen Su Zhenhua, seinen früheren Oberfeldwebel bei der Armee. Er muss ihm tagelang nachgespürt haben, bis er erfuhr, dass auch Su längst seinen Posten verloren hatte.

In China ist es seit vielen Jahrhunderten Tradition, dass das Fußvolk nach Peking pilgert, um den Kaiser um Hilfe zu bitten. Vielleicht wollte Großvater diesen Brauch testen. Vielleicht glaubte er wirklich an seine Chance. Vermutlich war er wie immer in seinem Leben davon überzeugt, dass man besser große statt kleine Brötchen backen sollte. He Shi und seine Mitstreiter wollten eine Graswurzelbewegung starten – Großvater klopfte lieber gleich ganz oben an. Dahinter steckte die sehr chinesische Annahme, dass des Kaisers niedere Beamte nur Pfusch treiben, während der oberste Herrscher gütig und gnädig ist. Aber nicht bloß das. Ähnlich wie auf unserer gescheiterten Pilgerfahrt zum Casting-Juror scheint Großvater Peking schon damals für einen wundersamen Ort der Erlösung gehalten zu haben. Auch damals reiste er mit dem ihm eigenen Gefühlsgemisch aus vager Hoffnung und kindlicher Entschlossenheit an. Und auch damals war er alles, nur nicht vorbereitet.

Was er in Peking erlebte und wie es ihm auf seiner Mission erging, darüber will er bis heute nicht reden. Als die angekündigten vierzehn Tage verstrichen waren, machte er jedenfalls keine Anstalten, nach Hause zu fahren. Ziemlich sicher wurde er abgewimmelt, wo immer er auftauchte. Trotzdem versuchte er es weiter. Was er vermutlich nicht wusste: Er kam schlicht zu spät. Denn der Fall He Shi hatte sich in der Zwischenzeit zu einer nationalen Angelegenheit gemausert. Ende Februar, eine Woche nach Großvaters Ankunft in der Hauptstadt, traf sich das zentrale Kulturrevolutionskomitee mit den Vertretern aus den Provinzen zu einer Sitzung. Anwesend war auch Jiang Qing, die gefürchtete Madame Mao und spätere Anführerin der Viererbande. Als der Vorsitzende des Revolutionskomitees von Jiangxi die Erfolgsgeschichte der Zeitung *Zehntausend rote Berge* vortrug, reagierte Jiang erbost. Ob er den Verstand verloren habe, fuhr sie den Mann aus Jiangxi an. Wie die dortige Regierung diese konterrevolutionären Aufwiegler auch noch unterstützen könne! Rechtsabweichler, die öffentlich eine Revision ihres Urteils forderten, müssten mit aller Härte bestraft werden. Die Zeitung sei »illegal«.

Auf ihren Befehl hin stürmten am 3. März in Pingxiang etwa hundert Mitglieder der als »links« geltenden »Vereinigung aller zur Revolution bereiten Rebellen der Kohleminen von Pingxiang« in die Redaktion der Aktivisten und versiegelten das Büro. He Shi wurde festgenommen und abgeführt.

Am 16. März ging Großvater in Peking zum Kiosk. Sein Blick fiel auf die Titelseite der *Befreiungszeitung*. Die Schlagzeile lautete: »Nieder mit dem Aufstand der Rechtsabweichler«. Darunter der Appell: »Stellt die revolutionäre Einheit in Pingxiang, Provinz Jiangxi, wieder her!«

Das Schicksal von He Shi war damit besiegelt. Nicht nur seines – seinetwegen verlor auch der Militärkommandeur von Pingxiang sein Amt. Sein Nachfolger ließ He Shi und dessen Getreue ins Gefängnis werfen. Die jugendlichen Helfer der »Jinggang-Berge«-Rebellen wurden unter Hausarrest gestellt.

Von den Verhaftungen bekam Großvater in Peking nichts mit. Er wurde allerdings stutzig, als niemand in der Redaktion mehr ans Telefon ging. »Ist es nicht aufregend in der Hauptstadt?«, fragte er meine Mutter und sagte, ohne ihre Antwort abzuwarten: »Wir bleiben noch etwas länger.« Später würde man ihm nach seiner Rückkehr erzählen, was am 20. März auf dem Sportplatz von Pingxiang vorgefallen war:

An jenem Tag berief die Stadtregierung eine Kampfkritikversammlung mit mehr als zehntausend Teilnehmern ein. He Shi, als Anführer eines »organisierten konterrevolutionären Kollektivs« verurteilt, wurde bewusstlos geschlagen. Sobald er auf dem Boden lag, kippte man ihm eimerweise kaltes Wasser über den Kopf. Wurde er wach, prügelte man weiter auf ihn ein. He Shi spuckte Blut, erinnerten sich Zeugen später, außerdem soll er »Ich bin kein Rechtsabweichler!« gekeucht und folgenden Satz an die Zuschauer gerichtet haben: »Wenn wir sagen, dass der Vorsitzende Mao unfehlbar ist, dann meinen wir seine große Linie, nicht, dass er mit jeder einzelnen Sache recht hat. Es gibt keine absoluten Wahrheiten auf der Welt.« Als er verstummte, ging ein Raunen durch die Menge. Einer der Peiniger schlug daraufhin so fest mit seinem Ledergürtel zu, dass ein Stück Gedärm aus He Shis Bauchdecke platzte.

In Peking war Großvater unterdessen der Verzweiflung nahe, und so zog er sein letztes Register – Plan B. Die Hauptrolle in diesem Plan spielte ausgerechnet die Mao-Bibel. Wie der chinesische Originaltitel *Zitate des Großen Vorsitzenden Mao* verrät, handelt es sich um eine Sammlung von 427 »Mao-Gedanken«. Es gab die Mao-Bibel in 32 verschiedenen Formaten, von streichholzschachtel- bis zeitungsgroß. Die gängigste Ausgabe war in einen roten, wasserabweisenden Plastikeinband gewickelt und maß elf mal acht Zentimeter – sozusagen die »Outdoor-Edition«, die in Jacken- und Hosentasche passte. (1968 gab es sogar eine »Konferenz zur Bestandssituation von rotem Spezialplastik für die Einbände der Werke des Vorsitzenden Mao«.) Mit Beginn der Kulturrevolution ersetzte die Mao-Bibel alle anderen Bücher. Neben Lenins *Drei Quellen und drei Bestandteile des Marxismus* und Engels' *Die Entwicklung des Sozialismus von der Utopie zur Wissenschaft* war sie das einzige Buch, das überhaupt noch in China gedruckt werden durfte. Ein Erlass verpflichtete jeden Chinesen, jederzeit ein Exemplar bei sich zu tragen. Dem »Kleinen Roten Buch« wurden sogar mysteriöse Wunderkräfte zugeschrieben: Die Staatspresse berichtete etwa darüber, dass das Buch Chirurgen dazu beflügelt habe, bei einer OP einen viereinhalb Kilo schweren Tumor zu entfernen. Angeblich half es auch Bauarbeitern in Shanghai dabei, die sinkende Stadt um zwei Zentimeter anzuheben.

Jede nichtpropagandistische Form von Prosa und Lyrik stand unter Verdacht. Großvater hatte sich inzwischen musikalisch deutlich weiterentwickelt. Er hatte das chinesische Ziffernnotensystem gelernt und konnte seine Melodien und Liedtexte nun aufs Papier bringen. Er musste aber höllisch aufpassen, was er überhaupt noch gefahrlos singen konnte. Anfangs kritzelte er nur aus Langeweile Noten in seine Mao-Bibel. Dann fand er, dass es gar keine so schlechte Idee sei, Melodien zu den Zitaten aus dem *Kleinen Roten Buch* zu komponieren. Sang er statt seiner eigenen Texte Zeilen wie: »Kümmern wir uns um das Wohl der Massen, achten wir auf die Arbeitsmethoden«, konnte ihm keiner etwas anhängen. Schmetterte er: »Gibt es keine Volksbefreiungsarmee, dann gibt es nichts für das Volk«, war er unangreifbar. »Wie ein Chamäleon dachte ich, meine Mao-Lieder könnten mich wie ein Schutzschild umgeben«, sagt Großvater.

Er war mit zwanzig säuberlich niedergeschriebenen Liedern im Koffer nach Peking gereist, genau wie 45 Jahre später während unserer Casting-Mission von 2013. Wie eine Lebensversicherung legte er nun die Notenblätter dem Schreiben vom 6. April 1968 bei, das er an das nationale Kulturrevolutionskomitee verfasst hatte. Empfänger: »Genossin Jiang Qing«. Madame Mao, das war ihm bekannt, rekrutierte für ihre Propagandaaufführungen die besten und talentiertesten Musiker des Landes. Vielleicht, so glaubte Großvater, läge darin eine Chance für ihn. Vielleicht würde Jiang Qing ja beim Durchsehen der Notenblätter sein Talent erkennen – und er so dem Schicksal als verfolgter »Rechtsabweichler« entkommen.

In einem seitenlangen Brief schilderte Großvater Maos Ehefrau, wie er der »Bauer mit Brille« geworden und in der Verbannung gelandet sei, warum seine Strafe von 1959 einem Fehlurteil unterliege, warum ihn »auf den Berg zu entsenden« nichts anderes bedeutet habe als Arbeitslager und warum sein Kamerad He Shi »ein Opfer politischer Verfolgung« sei. Er schrieb darüber, wie er begonnen habe, sich als Musiker neu zu erfinden, warum seine Lieder ein Beweis seiner revolutionären Gesinnung seien, ja sogar ein Beweis seiner Unschuld. Er hoffte, dass Maos Frau sein aufrichtiges Bemühen anerkennen würde: »Ein Rechtsabweichler, der keinen Ton von Musik versteht, aber versucht, Lieder für Mao zu komponieren – wie soll so einer ein Rechtsabweichler sein?«

Am Nachmittag des 6. April nahm Großvater den Bus zum Gebäude des nationalen Kulturrevolutionskomitees. In einem Häuschen neben einem meterhohen gusseisernen Tor fand er eine dösende Pförtnerin. Schlecht gelaunt nahm sie den Umschlag entgegen und steckte ihn in eine runde Trommel, eine Art Maschine, die eingehende Post auf gefährliche Gegenstände zu untersuchen schien. »Der Staat hat viel zu tun«, sagte die Pförtnerin nur und schrieb ihm eine Quittung.

Natürlich bekam Großvater nie eine Antwort.

Am Abend des 12. April reiste Großvater schließlich mit meiner Mutter aus Peking ab. Nach dreißig Stunden Fahrt trafen sie wieder in Wanlongshan ein. Als sie sich ihrem Haus näherten, hörten sie Babygeschrei. Großmutter hatte drei Tage zuvor einen Jungen zur Welt gebracht. Auch einen Namen hatte sie ihrem Viertgeborenen schon gegeben: Songhe, der »langlebige Kranich«. Großmutter saß im Türrahmen, erinnert sich meine Mutter, und wiegte Songhe in ihrem Schoß. Sie weinte. Als Großvater auf sie zuging, sprangen plötzlich uniformierte Männer mit Gewehren hinter der Tür hervor. Es waren Angehörige einer neuen Rebellengruppe, von der Großvater nie etwas gehört hatte. »Mitkommen!«, brüllten sie und drückten ihn zu Boden. Es hatte sich inzwischen herumgesprochen, dass Großvater in die Hauptstadt gereist war. Die Rebellen fesselten ihm die Hände und schleiften ihn zum Dorfplatz. Die Kampfversammlung konnte beginnen. Da war er, der Chaosstifter in Peking!

Einer von Großvaters Anklägern riss ihm die Brille aus dem Gesicht und trampelte sie kaputt. Onkel Xungui, der die Szene aus der Menge beobachtete, wurde in die Mitte gezerrt. Dann befahl man ihm, auf Großvater zu zeigen und »Mein Vater ist ein Verbrecher!« zu skandieren. Später sollten Nachbarskinder Onkel Xungui mit dem linken Fuß und der linken Hand an einen Ast binden und ihn als »Bastard eines Rechtsabweichlers« verhöhnen, während er dort wehrlos baumelte – diese Position wurde »halbes Schwein« genannt.

Großvater wurde an jenem Abend in einen Kuhstall gesperrt. Fortan durfte er diesen nur noch verlassen, wenn erneut ein Tribunal anstand. In einer Selbstkritik von 1969 blickt er so auf diese Zeit zurück:

> Nie wollte ich es zugeben, dass ich ein rechter Opportunist bin. Jetzt bleibt mir nichts anderes übrig, als mich selbst zu ohrfeigen! Ich habe mich in den Windschatten eines Rechtsabweichlers gestellt. Ich habe versucht, den proletarischen Himmel zu stürzen. Ich bin in die Falle der Konterrevolution getappt. Ich bin ein rechter Opportunist! Zu hundert Prozent!! (…)
> Ich gab vor, Lieder aus Liebe zum Großen Vorsitzenden zu komponieren. Dabei dachte ich nur an meine eigenen Ziele. In meiner Achtlosigkeit beging ich dabei sogar schwere Verbrechen. Ich habe die Zitate des Vorsitzenden Mao seitenweise mit Melodien vollgekritzelt. Ich habe das kostbare Buch entweiht.

Täglich wurde Großvater nun öffentlich verhört. Er war doch He Shis Komplize! Was hatte er in den fünf Wochen in Peking getrieben? Hatte er nicht etwa geplant, einen Aufstand anzuzetteln?

Währenddessen musste auch He Shi sich weiter einem Massentribunal stellen. Täglich. Fünfzig »Kampfkritikversammlungen« gegen ihn wurden innerhalb eines Monats einberufen. Am Ende der vier Wochen war er mehr tot als lebendig. Von seiner Unbeugsamkeit erzählte man sich bis nach Wanlongshan. »Wer ihm einen Schlag gab, dem verpasste er einen Fußtritt«, hörte Großvater jemanden sagen, der ihn in Pingxiang auf der Bühne vor den Massen gesehen hatte. Er bewunderte ihn nun noch mehr als zuvor.

He Shi wurde schließlich zu zwanzig Jahren Gefängnis verurteilt. Wenig später trat er in einen Hungerstreik. Im Juli 1968 starb er in seiner Zelle, abgemagert von 45 auf 22 Kilo. Ein Wärter bezeugte später, seine letzten Worte seien »Zehntausend Jahre Mao!« und »Zehntausend Jahre Kommunistische Partei!« gewesen. Als He Shi sich nicht mehr rührte, klappte der Wärter den völlig ausgezehrten Körper zusammen und trug den Leichnam direkt ins Krematorium. Niemand war während der Verbrennung anwesend. Jahre später holte He Shis Schwester die Asche ab. 1978, zehn Jahre nach seinem Tod, wurde He Shi rückwirkend rehabilitiert.

In Wanlongshan gingen die Paraden weiter. Großvater widersetzte sich auf seine Art. »Nieder mit Peng Fangcong!« sollte er eigentlich rufen, aber er fügte, kaum hörbar, das kleine Wort *bu* ein, Chinesisch für »nicht«. So machte er die Schmäh- zur Trotzparole: Statt »Nieder mit …« rief Großvater: »Ihr kriegt Peng Fangcong nicht klein!« Eines Tages nahm ihn der Parteisekretär des Ortes, der alte Herr Zen, zur Seite. »Lass das, Peng! Willst du noch mehr Ärger?« Herr Zen war einer der wenigen, der Großvater wohlgesinnt war. Manchmal stellte er ihm während der Märsche zwei Aufpasser zur Seite, dem Schein nach, um ihn festzuhalten. Tatsächlich schirmten sie Großvater von allzu brutalen Schlägen ab. Herr Zen war dem Papier nach der mächtigste Mann von Wanlongshan. Doch auch er konnte der Wucht der Kulturrevolution kaum noch etwas entgegensetzen. Zens 17-jähriger Sohn, selbst bei den Roten Garden, warf ihm vor, nicht hart genug mit »stinkenden Elementen« ins Gericht zu gehen. Einmal verpasste der Sohn dem Vater im Beisein seiner gleichaltrigen Kumpanen eine schallende Ohrfeige. Daraufhin wurde Zen selbst an den Pranger gestellt.

Im Tal wurde die Lage immer chaotischer. Die Rebellengruppen zettelten Kleinkriege untereinander an, und im August 1968 drangen die Kämpfe auch bis nach Wanlongshan vor. Eines

Tages stürmte aus Pingxiang eine bewaffnete Miliz von dreißig Mann den Bergweg hinauf. Die »Beschützer Maos« nannten sie sich. Kurz bevor sie die Abzweigung zum Dorf erreichten, stießen sie auf die Rotgardisten aus Wanlongshan. Die »Beschützer des Ostens«. Woran sich der Streit entzündete, ist unbekannt. Einer der Kämpfer aus der Stadt zückte eine geplünderte Armeepistole und erschoss einen 20-jährigen Bauernsohn. Dessen Kameraden schworen Rache. Am nächsten Tag, nach seiner Beerdigung, kehrten die Rebellen aus Pingxiang, die ihn umgebracht hatten, an den Tatort zurück – diesmal waren sie allerdings zu hundert. Die Rotgardisten aus Wanlongshan rüsteten sich ihrerseits für den Kampf, indem sie die nächstgelegene Polizeistation überfielen und die Waffenkammer leerräumten. Inzwischen war das ganze Dorf alarmiert. Die Bewohner stellten Wachen vor ihren Häusern auf. Zum Glück gelang es einer Gruppe von unbeteiligten Arbeitern gerade noch, ein Blutbad zu verhindern: Bevor die verfeindeten Fraktionen aufeinandertrafen, bezogen die Arbeiter Stellung auf einem Hang. Aus der Höhe feuerten sie mit Jagdgewehren Warnschüsse ins Tal. Bei den gefechtsbereiten Kämpfern erweckte das den Eindruck, als sei eine dritte, noch besser ausgestattete Rebellenfraktion im Anmarsch. Beide Seiten suchten das Weite.

Ende August 1968 tauchte ein Aushang am Eingang des Agrarbetriebs auf, wie Großvater in einer Selbstkritik protokolliert. Auf dem Zettel stand: »Peng Fangcong soll fünfmal am Tag gestehen, öfter als jeder andere!« Als er wieder bis Mitternacht auf einem Abakus knien musste, komponierte er in Gedanken ein Lied mit dem Titel »Die Hühnerfeder darf nicht in den Himmel fliegen«. Mit Hühnerfeder meinte er Opfer der Kulturrevolution, Opfer wie ihn selbst. Im November schrien die Massen auf der Kampfversammlung: »Werft Peng aus der Partei, für immer!« Manche Genossen forderten: »Bringt ihn einfach um!« Großvater schrieb später:

Ich hörte Gerüchte, dass mir der Prozess gemacht werden sollte. Danach konnte ich die ganze Nacht nicht schlafen. Im Geist bereitete ich meine Verteidigung vor: »Egal, welches Urteil ihr fällt, ich glaube an die Partei, ich glaube an die Massen, ich glaube zehntausendfach an Mao.« Diesen Spruch wiederholte ich wieder und wieder.

Das Gerücht erwies sich als falsch. Man beließ es dabei, Großvater Selbstkritiken schreiben zu lassen, wieder und wieder.

Der Große Vorsitzende hat uns aufgezogen mit seinem Blut und Schweiß. Mao hat uns gelehrt, Dinge zu tun, die die Menschen, die uns nahestehen, glücklich machen. Was habe ich getan? Nichts. Glücklich gemacht habe ich nur unsere Feinde. (...) Die Geschichte hat uns gelehrt, dass Maos Worte die absolute Wahrheit sind. »Arrogante Menschen lernen nicht hinzu. Sie haben von sich selbst nur die höchste Meinung, aber ihr Geist ist schwach.« Einer dieser Menschen, über die er spricht, bin ich.

Was wie echte »Reue« klingt, schrieb Großvater in Wahrheit aus tiefster Verzweiflung. Seine Selbstkritiken wurden immer länger und detailreicher. Stellenweise lesen sie sich nicht wie Geständnisse, sondern wie ein Tagebuch:

Während ich das Reis drosch, fragte mich der Genosse Peng Bingyi:
»Brille, du bist in Gefahr. Glaubst du, du wirst dein Parteibuch behalten können?«
Ich antwortete: »Wer weiß das schon. Alle schreien danach, mich rauszuwerfen.«
Er: »Wenn sie es wirklich tun sollten, wird es schwierig für dich. Hasst du dich nicht?«

Ich: »Ich kann doch ein Bolschewik bleiben auch ohne Parteibuch.«

Er: »Immer noch so viel Entschlossenheit im Bauch?«

Ich: »Sagt nicht unser Oberbefehlshaber: Wenn ein Mann keine
Ideale hat, wofür ist er gut?«

(…)

Felsenfest glaubte ich daran, dass Mao sein Versprechen wahr-
machen würde. Mao sagte: »Um jenen mit Fehlern zu helfen, ihre
Fehler zu korrigieren, müssen wir ihnen mit Wärme begegnen,
ihnen den Frühling bringen, statt sie im Winter zurückzulassen.«
War das, was ich erleben musste – das stundenlange Niederknien,
die Schläge –, war das nicht der ewige Winter? Kaum hatte ich zu
Ende gedacht, sah ich aus der Schneedecke einen Bambushalm
sprießen. Er war krumm, das Gewicht des Schnees hatte schwer
auf ihm gelastet. Wie ein Geisteskranker beugte ich mich zu ihm
nieder und sagte laut: »Bambus, strecke deinen Rücken gerade.
Ich werde bald frei sein, so wie du.«

Meine Mutter wunderte sich unterdessen, warum Großvater
verschwunden war. »Wo ist Papa?«, fragte sie. »Euer Vater hat
eine neue Arbeit«, antwortete Großmutter knapp. Irgendetwas
an ihrem Gesichtsausdruck bedeutete meiner Mutter, dass es
besser war, nicht nachzufragen. Auch in späteren Jahren sprach
Großvater nur vage über das, was ihm widerfahren war. Wenn
meine Mutter sich heute an die Kulturrevolution erinnert,
denkt sie vor allem an eines: an die Schreie aus dem ersten
Stock.

Die Familie lebte inzwischen in einem Verwaltungsgebäu-
de des Agrarbetriebs. Im Erdgeschoss wohnten die Mitarbeiter,
also auch Großvater und seine Angehörigen, im ersten Stock
befanden sich Büros. Häufig wurden nicht nur in der Gemeindehalle, sondern auch dort die »Schandhaubenträger« unter
den Kollegen ausgepeitscht. Einer von ihnen, Herr Wu, kam
oft von Schmerzen zusammengekrümmt die Treppe herunter-

gestiegen und bat um frischen Babyurin von Onkel Songhe. Großmutter setzte ihren kleinen Sohn dann auf den Pott und füllte den Urin in einen Becher. Herr Wu trank ihn gegen seine inneren Verletzungen. Wurden die Schreie aus dem ersten Stock zu laut, brachte Großmutter ihre Kinder morgens zu den Fengs. Frau Feng, eine Bäuerin aus dem Dorf, war während der Kulturrevolution die Babysitterin meiner Mutter.

Als ich im April 2013 mit meiner Mutter und Onkel Xungui durch Wanlongshan laufe, entdecken wir an einem Hang hinter der Hauptstraße das alte Lehmhaus der Familie Feng. Tellergroße, in die Erde getretene Steine führen dorthin, auf dem Weg wälzen sich Hundewelpen im Staub. Bäume, an denen im Sommer Kiwis, Birnen und Kastanien wachsen, werfen Schatten. Das Haus ist gelblich verwittert und an der linken Seite halb abgerissen. Über der Tür hängt ein Bild, das Geister abschrecken soll. Drinnen sieht es aus wie in einem chinesischen Bauernmuseum: ein Familienaltar mit Schnitzereien ist aufgebaut, in den Ecken liegen morsche Holzwerkzeuge und verstaubte Tonkrüge. Von einem Nachbarn erfahren wir, dass die alte Frau Feng schon in den achtziger Jahren verstarb. Aber als wir aus der Hintertür treten, sehen wir die Schwiegertochter im Gemüsebeet: eine klapprige Gestalt mit langen weißen Haaren, in der Hand hält sie einen Rechen. Sie sieht aus, als hätte sie sich seit Jahrzehnten nicht vom Fleck bewegt.

7

KINDER IN ROT

Oktober 1968. Nachdem Großvater in die Viehbaracke gesperrt wurde, rollte die Partei auch Großmutters Fall erneut auf. Eines Tages bestellte Parteisekretär Zen sie in sein Büro.

»Zurück nach Lashi?«, fragte Großmutter. Der Schock stand ihr in den Augen geschrieben.

»Ja«, sagte Parteisekretär Zen und seufzte.

»Was soll ich dort ohne meinen Mann?«, fragte Großmutter weiter.

»Der muss leider hierbleiben, Genossin Peng.«

»Aber …«

»Das liegt nicht in meiner Macht, Genossin Peng. Du kennst doch den Erlass: ›Schädliche Elemente nach Hause schicken‹.«

»Warum ausgerechnet mich?«

Der Parteisekretär stieß einen weiteren Seufzer aus. »Du weißt doch, dass man dich als ›Stinkende Neunte‹ ausgemacht hat.«

»Warum nicht auch meinen Mann?«

»Das kann ich dir nicht sagen, Genossin Peng.«

In diesem Moment begriff Großmutter: Großvater von seiner Familie zu trennen – das war seine Strafe. Sie fing an zu schluchzen.

»Hör auf zu weinen, Genossin Peng«, sagte Parteisekretär Zen. »Das ist eine Chance für dich. Sieh es doch mal so: Hatte deine jüngere Tochter nicht vor kurzem eine Hirnhautentzündung?«

Großmutter nickte und dachte an meine Tante, die im Monat zuvor nur knapp dem Tod entronnen war. Sie schluchzte jetzt noch lauter.

»Wanlongshan ist ein Loch«, fuhr Parteisekretär Zen fort. »Denk an deine Kinder. Dort unten in Lashi sind die Bedingungen besser, ihr seid näher an der Stadt, näher am Krankenhaus. Sei froh. Ergreif die Gelegenheit. Wenn du es jetzt nicht tust, kannst du später vielleicht gar nicht mehr zurück.«

Eine Woche später kletterten Großmutter, Urgroßmutter, meine Mutter und ihre drei Geschwister auf die Ladefläche eines Lkws, der sie ins Tal bringen sollte. Großvater, dem man erlaubt hatte, sich von seiner Familie zu verabschieden, begleitete den Laster bis zum Ortsausgang. »Habt Geduld, ich komme bald nach«, sagte er zu seiner Frau. Und zu den Kindern: »Seid brav, hört ihr? Ich muss noch ein paar Dinge klären.«

In Lashi angekommen, suchte Großmutter das Haus auf, das Lao Peng vor seinem Tod an Großvater vermacht hatte. Meine Großeltern hatten nie darin gewohnt, und Großmutter wusste nicht, was sie erwartete. Was sie vorfand, übertraf ihre schlimmsten Befürchtungen. Das Haus existierte noch, sah aber völlig heruntergekommen aus. Großvaters Onkel hatte fast die ganze linke Hälfte abgerissen und Ziegel und Holzbalken weggekarrt, um damit ein paar Straßen weiter ein eigenes Haus zu bauen. Mit der Rückkehr seines Neffen oder von dessen Familie hatte offenbar niemand gerechnet.

Auch Urgroßvater hatte seinen Sohn längst abgeschrieben. Er lebte im Haus nebenan und bewirtschaftete nach wie vor im Kollektiv mit den Nachbarn die umliegenden Reisfelder. Nach dem Ende des Großen Sprungs waren den Bauern jedoch zusätzlich wieder kleine Gemüseparzellen zugestanden worden, die sie für den Eigenanbau nutzen durften. Jahrelang hatte Urgroßvater daraufhin Großvaters Beete in Besitz genommen. Dementsprechend zeigte er sich wenig begeistert, als nun Großmutter ihren Anspruch anmeldete.

Ursprünglich bestand das von Großvater geerbte Bauernhaus, erbaut um 1900, im Erdgeschoss aus einem großen Wohnzimmer mit jeweils zwei angrenzenden Schlafzimmern rechts und links. Darüber lag ein geräumiger Dachboden. Den Eingang bildete eine fürchterlich quietschende, drei Meter hohe und zweieinhalb Meter breite Flügeltür aus massiver Eiche, die nachts mit einem Holzbalken und einem großen Messingschloss verriegelt wurde. War man mit dem rechten Fuß über die dreißig Zentimeter hohe Türschwelle gestiegen (niemals mit dem linken Fuß oder auf die Schwelle selbst treten, denn das brachte Unglück!), betrat man das Wohnzimmer. Die Türschwelle war der Lieblingsplatz meiner Mutter. Im Sommer setzte sie sich gerne stundenlang darauf (Sitzen war erlaubt) und beobachtete von hier aus das Treiben auf der Straße. Kam man von draußen, fiel der Blick von der Türschwelle aus als Erstes auf den großen, hölzernen Ahnenaltar, über dem eingerahmt die Namen unserer Vorfahren hingen. An der rechten und linken Wand lehnten schwere Sessel aus Mahagoni – Erbstücke von Lao Peng. Ursprünglich waren sie gedacht für männliche Besucherrunden, die sich dort rauchend gegenübersaßen, während die Frauen des Hauses Tee einschenkten. Nun aber war das Holz bereits morsch, der Lack längst abgeblättert – meine Mutter mit ihren sechs Jahren hielt sie trotzdem für alte Königsthrone. Auf der linken Wandseite konnte man ohnehin nicht mehr sitzen: Da Großvaters Onkel den dahinterliegenden Gebäudeteil abgerissen hatte, fehlte dort die schützende Außenfassade aus roten Ziegeln. Die Innenwand aus getrocknetem Lehm war nicht wetterfest genug. Bei Regen sog sie sich voll, und das Wasser tropfte von oben auf den kargen Schlammboden. Um sicherzugehen, dass die Wand nicht einstürzte, zündete Urgroßmutter fortan jeden Tag Räucherstäbchen an.

Rechts neben dem Altar führte eine Tür in die zwei verbliebenen Schlafzimmer. Meine Mutter, meine Tante und Urgroßmutter bezogen zu dritt ein Bett, Onkel Xungui bekam als ältester Sohn sein eigenes. Das zweite Schlafzimmer teilten sich Großmutter und das Nesthäkchen der Familie, Onkel Songhe. Hinter den Schlafzimmern ging es weiter in eine rußschwarze Küche mit Feuerofen, und von dort aus in Speisekammer und Schweinestall. Zur Toilette musste man die Straße überqueren. Dort stand an einem kleinen Bach ein strohgedecktes Holzhäuschen mit Loch im Boden. Gebadet wurde in einer Holztonne in der Küche oder im Freien.

Nach ihrer Rückkehr nach Lashi wurde Großmutter sogleich zur »Umerziehung durch Arbeit« auf den Feldern einzogen. Zum ersten Mal in ihrem Leben musste sie schwere Feldarbeit verrichten; sie vermisste ihren Mann, litt darunter, dass die Familie auseinandergerissen war, fühlte sich fremd und ausgeschlossen. Weil sie sich um die Zukunft ihrer Kinder sorgte, passte sie die Namen der drei Ältesten dem Zeitgeist an: Onkel Xungui hatte seinen Namen ursprünglich von Ururururgroßvater Lao Peng erhalten. Xungui ist ein Begriff aus dem Daoismus und bedeutet »Regeln befolgen«. Großmutter benannte ihn kurzerhand in Yonghong um: »Ewiges Rot«. Meiner Mutter, »Kleine Kulturliebende«, gab sie den neuen Namen Weihong: »Das Rote beschützend«. Meine Tante, »Kleine Pflaumenblüte«, hieß nun Jianghong: »Roter Fluss«.

1968 sei das schwerste Jahr ihres Lebens gewesen, vertraute Großmutter später meiner Mutter an. Dann, ganz allmählich, begann sich ihre Lage zu bessern. Nach nunmehr drei Jahren Chaos, Gewalt und Millionen Todesopfern war Mao inzwischen bemüht, die Ordnung wiederherzustellen. Die Roten Garden hatte er schon im Juni 1968 aufgelöst. Am 1. April 1969 schließlich erklärte er die Kulturrevolution offiziell für beendet. Tatsächlich dauerten die Nachwehen der Kulturrevolution noch fast ein ganzes Jahrzehnt an. In vielen Regionen nahmen die Grund- und Mittelschulen immerhin den Betrieb wieder auf – eine gute Nachricht für Großmutter, denn im Herbst 1969 durfte sie endlich in ihren alten Beruf zurückkehren. Die Mittelschule von Lashi stellte sie als Chinesischlehrerin ein.

An einen normalen Schulalltag war dennoch nicht zu denken – zur Freude vor allem der Kinder. Im Vergleich zu dem Hochleistungspensum, das chinesische Schüler heute zu bewältigen haben, sagt meine Mutter, sei ihre Schulzeit geradezu unbeschwert gewesen. Die Grundschule in Lashi lag idyllisch etwas oberhalb des Ortes: Kampferbäume säumten den Weg auf die Anhöhe, im Hof blühten Pflaumen- und Kirschbäume. Der Unterrichtsstoff war leicht, die Schultage waren kurz. Lehrbücher gab es kaum. Die meiste Zeit hielten meine Mutter und ihre Klassenkameraden sich sowieso im Freien auf, denn wie bei den Erwachsenen war der Stundenplan der Kinder größtenteils mit »körperlicher Arbeit« gefüllt. Während aus Lautsprechern Mao-Parolen schallten, wurden die Schüler zum Straßenkehren eingeteilt oder ans Flussufer hinabgeschickt, damit sie von dort Sand und Kieselsteine für Baumaßnahmen herbeischafften. Meine Mutter empfand das Ganze als Spiel.

Tante Xiaomei und sie halfen Großmutter auch dabei, Essen auf den Tisch zu bringen. Jeden Morgen gingen sie vor Unterrichtsbeginn in den Wald und sammelten Wurzeln und Beeren. Nach Schulschluss war der nahegelegene Teich ihr Spielplatz. Ihre Lieblingsdisziplin: mit bloßen Händen Karpfen fangen. Der Trick dabei ist, die Fische mit Reis oder Brotkrumen ins Uferwasser zu locken und stillzustehen, erklärte mir meine

Mutter einmal. Habe man einen zu fassen bekommen, solle man ihn am Ufer mit voller Kraft auf den Kiesboden schmettern. »Sonst zappelt er dir den ganzen Heimweg über im Korb herum.«

In den Ferien bestellten meine Mutter und ihre Geschwister gemeinsam mit den Nachbarn die Felder der Gemeinde. In der Regel standen sie um drei Uhr morgens auf und pflanzten bis zum Sonnenaufgang Reissetzlinge. Um acht ging es nach Hause, wo sie bis zwölf weiterschliefen. War die schlimmste Mittagshitze vorbei, gegen vier Uhr nachmittags, kehrten sie zurück aufs Feld. Die Füße knöcheltief im Wasser, vertrieben sich die Frauen das stundenlange Bücken mit Geschichtenerzählen und Tratsch. Nach getaner Arbeit trafen sich die Nachbarn auf einem Hof und sangen Revolutionslieder, bis es dunkel wurde.

Für meine Mutter und ihre Geschwister war die Feldarbeit eine Art Gelegenheitsjob. Denn im Gegensatz zu den einheimischen Bauern arbeiteten sie gegen Geld: Sie sammelten Arbeitspunkte, die sie am Ende des Jahres gegen Bares eintauschen konnten. Normale Bauern dagegen lebten als Mitglieder der landwirtschaftlichen Kollektive ausschließlich von der Ernte, die sie untereinander aufteilten. Zunächst mussten sie in jeder Saison eine festgelegte Getreidemenge an den Staat abführen. Diese Menge änderte sich nicht. Somit blieb je nach Wetter mal mehr, mal weniger für die Bauern übrig. Meine Familie war von diesem System ausgenommen, weil Großmutter aufgrund ihrer Studienjahre weiterhin als Stadtbewohnerin gelistet wurde. Außerdem zählte Großmutter als Lehrerin zu den öffentlichen Angestellten, und als solche war sie vergleichsweise privilegiert: Jeden Monat erhielt sie ein festes Einkommen über 51 Yuan sowie Lebensmittelmarken, mit denen sie bei der Getreidevergabestelle monatlich 34 Pfund Reis pro Haushaltsmitglied einkaufen durfte. Finanziell war sie damit auf jeden Fall

abgesicherter als die Bauern, die immer wieder großen Ernte-
schwankungen ausgesetzt waren.

Anders als die Bauern hatte Großmutter also Bargeld zur Verfügung – eine Seltenheit auf dem Land. Mit dem Geld konnte sie zur Versorgungsgenossenschaft gehen und etwas kaufen.
1970 investierte sie beispielsweise 120 Yuan, zweieinhalb Monatsgehälter, in eine Armbanduhr, ein filigranes Frauenmodell
der Marke »Shanghai«: silbernes Metallarmband und goldfar-
benes Zifferblatt. Die Uhr blieb der einzige Luxus, den sie sich
je leistete – als Lehrerin, sagte sie, könne sie es sich schließlich
nicht erlauben, zu spät zu kommen. Bald wurde das Haus meiner Familie zum beliebten Treffpunkt im Dorf. Ständig steckte
jemand den Kopf zur Tür herein und fragte: »Lehrerin Peng, wie
viel Uhr ist es?« Dass Großmutter penibel pünktlich war, sprach
sich herum. Trat sie vor die Tür und rief »Kinder – Frühstück ist
fertig!« über die Felder, konnten die Nachbarn sicher sein, dass
es 7.30 Uhr war. Nach Lehrerin Peng konnte man buchstäblich
die Uhr stellen: Schon damals gab es bei unserer Familie Mittagessen immer um Punkt 12.00 Uhr, Abendessen um 18.00 Uhr.

Trotz kleiner Luxusgegenstände wie der Uhr war die Grund-
versorgung mit Lebensmitteln zehn Jahre nach der großen
Hungersnot immer noch schlecht. China zählte zu den ärmsten Ländern der Welt: Das durchschnittliche Jahreseinkommen
betrug um 1970 gerade mal 200 Dollar und lag damit niedriger
als das in Uganda, Malawi oder Afghanistan. In ernteschwachen
Jahren hatte die Bevölkerung weniger zu essen als in den fünfziger Jahren. Immerhin durften Bauern anders als zu Zeiten des
Großen Sprungs wie bereits erwähnt zusätzlich zum kollekti-
ven Getreideanbau Gemüsebeete für den Eigenbedarf bestellen. Im Fall meiner Familie waren das etwa 100 Quadratmeter,
allerdings über das Dorf verteilt: ein Flecken lag am Fluss, ein
anderer am Berg, der dritte neben dem Ahnentempel.

Fleisch und Eier waren so gut wie unbezahlbar. Meine Familie hielt ein halbes Dutzend Hühner und Gänse; jedes Jahr mästete Großmutter außerdem ein Schwein, das zum Frühlingsfest geschlachtet wurde. Die Hälfte des Tiers verarbeitete sie zu Räucherschinken, indem sie kiloschwere Beine und Lendenstücke über der Feuerstelle in der Küche aufhängte. Die andere Hälfte verkaufte sie auf dem Markt. Am ersten Tag des neuen Jahres bereitete sie ihren berühmten Schweinefleischeintopf mit Sellerie, Zwiebeln, roten und grünen Chilischoten zu.

Die Feierlichkeiten zum Frühlingsfest ziehen sich in China traditionell über eine ganze Woche hin. Am letzten Tag des alten und am ersten Tag des neuen Jahres feiert man üblicherweise mit den engsten Verwandten. Mit jedem Tag, der folgt, kommen dann entferntere Familienangehörige zu Besuch: An Tag zwei etwa schauen Cousins und Cousinen zweiten Grades zum Essen vorbei und am dritten Tag die Großonkel und Großtanten des Schwagers. Viele Dorfbewohner schlenderten auch einfach von Haus zu Haus, um einen Blick auf die Festtagsgerichte der anderen zu werfen. Da sie als gute Gastgeberin auftreten und sich trotzdem nicht in den Ruin stürzen wollte, musste Großmutter mit dem einen Topf Schweinefleisch haushalten. Ihr Trick bestand darin, das Fleisch in besonders große Stücke zu schneiden und den Topf in der Mitte des Tisches auf eine Art Podest aus übereinandergestapelten Untersetzern zu stellen. So erzielte sie den gewünschten Abschreckungseffekt: Die Gäste begnügten sich damit, höflich zwischen dem Sellerie und den Chilischoten herumzupicken. An die Fleischstücke traute sich keiner heran. Den folgenden Besuchern tischte Großmutter denselben Topf wieder und wieder auf. Rechtzeitig, bevor das Fleisch verdarb, endete zum Glück die Festwoche. Waren alle Besucher verschwunden, konnten meine Mutter und ihre Geschwister sich endlich über die Kostbarkeit hermachen. Ohnehin gab es oft Streit um Essen, erinnert sich meine Mutter. Onkel Songhe war der Jüngste und wurde von Urgroßmutter bei jeder Mahlzeit bevorzugt. Manchmal durfte er zur Empörung der anderen die einzigen zwei Eier am Tag essen, die der Hühnerstall hergab. Es kam vor, dass meine Mutter ins Rührei spuckte, um sich ihren Anteil zu sichern.

*

Von 1970 an durfte Großvater über die Frühlingsfesttage nach Hause fahren. Inzwischen gab es Busse nach Pingxiang, auch wenn die 50 Kilometer lange Fahrt über die holprige Schotterpiste mindestens fünf Stunden dauerte. Meine Mutter hatte mittlerweile begriffen, dass Großvater nicht freiwillig auf dem Berg geblieben war. Aber sie bohrte nicht weiter nach. Dass der Vater fernab von zu Hause lebte, war gar nicht so unüblich unter ihren Klassenkameraden. Meist schaffte Großvater es gerade noch rechtzeitig am Vorabend des Frühlingsfests nach Hause. Für meine Mutter war sein Besuch der Höhepunkt des Jahres. Großvater war guter Laune, brachte Bonbons und seine *erhu* mit, auf der er den Geschwistern vorspielte wie sein Großvater einst ihm. Und er verteilte Taschengeld: Jedes Kind bekam ein, zwei Mao, also ein Zehntel Yuan.

Zu Beginn des Frühlingsfests von 1972 fuhr Großvater überraschend mit einem Holzlaster vor. Auf der Ladefläche lagen hundert Kiefernstämme gestapelt. »Hast du dir nicht ein neues Haus gewünscht?«, begrüßte er Großmutter mit einem Grinsen. Vor seiner Rückkehr nach Wanlongshan heuerte er eine Gruppe von Arbeitern an. Innerhalb weniger Wochen bauten sie den linken Teil des Hauses wieder auf. Endlich musste Großmutter nicht mehr befürchten, von einstürzenden Dachbalken begraben zu werden. Das Haus bekam einen neuen Anstrich und sogar Fenster aus Glas, damals etwas Besonderes (die meisten Häuser hatten nur Papierfenster), dazu hölzerne, grün-gestrichene Fensterrahmen. Onkel Xungui, meine Mutter und meine Tante verlegten einen Estrichboden aus Kalk, Schlamm und Sand. Mit einem pfannenheberähnlichen Werkzeug klopf-ten sie das Ganze glatt, anschließend sammelten sie von den Nachbarn kaputtes Porzellan ein. Aus den kleingeschlagenen Scherben legte Onkel Xungui ein Mosaik in Form eines chine-sischen Schachbrettmusters in den Boden.

In Wanlongshan hatte die öffentliche Hetzjagd aufgehört. Doch Großvater lebte weiterhin das Leben eines Sklavenarbeiters. Mit der Produktionsbrigade, allesamt »Konterrevolutionäre«, zog er über die Berge, von Baracke zu Baracke. Seine Arbeits-tage dauerten 14 Stunden. Gut 360 Tage im Jahr fällte er Bäume und spaltete Holz, er rührte Lehm an, brannte Ziegel und er-richtete Häuser. Seiner Brigade war sogar der Bau eines neuen Staudamms samt angeschlossenem Stromwerk zu verdanken. So bekamen die Bewohner in Lashi 1973 endlich Strom, wenn-gleich nur unregelmäßig und stundenweise. Und mit der Elek-trizität erreichte noch eine andere Neuerung den Ort: das Kino. Madame Mao hatte 1970 damit angefangen, ihre selbstinsze-nierten Modellopern, inzwischen die einzige geduldete Kunst-form in China, auf Zelluloid zu bringen.

Die Verfilmungen sollten nun auch in den entlegensten Pro-vinzkäffern über die Leinwand flimmern. In Lashi fanden die Aufführungen ein- bis zweimal im Monat unter freiem Him-mel statt, je nach Stromversorgung mal auf dem Hofplatz dieses oder jenes Kollektivs. Meine Tante und meine Mutter verpass-ten keine einzige. Die Kinoabende waren eine willkommene Abwechslung, schon Tage vorher sprachen die Jugendlichen über nichts anderes. Meist nahm meine Mutter eine Holzbank mit, ihre Schwester trug Onkel Songhe huckepack; Onkel Xungui war ein Eigenbrötler und ging lieber alleine. Auf dem Weg zum Vorführungsort, der manchmal viele Kilometer weit entfernt war, bildete sich jedes Mal ein langer Zug von frohgelaunten Kinogängern mit Fackeln in der Hand.

Jede Modelloper, auf der die Filme basierten, war nach demselben Muster gestrickt: Es gab den proletarischen Helden, also einen Arbeiter, Bauern oder Soldaten; daneben den wechselhaften Charakter, der zwar Fehler begeht, aber von der Hauptperson auf den rechten Weg gebracht wird, sowie den kapitalistischen Bösewicht. Die Plots waren mitunter absurd: In einem der populärsten Stücke, *Das weißhaarige Mädchen*, verliert die Protagonistin ihre schwarze Haarfarbe, weil sie sich mit einem Grundbesitzer angefreundet hat. Die Gesichter der Helden waren mit Rouge und Kajalstift zugekleistert, ihre Haare stets perfekt geföhnt, die Schurken dagegen trugen schlecht verklebte Schnurrbärte und natürlich eine durchweg schurkenhafte Miene zur Schau.

Handwerklich waren die Modellopern durchaus gelungen. Clever, wie sie war, bediente sich Madame Mao der Stile, die sie eigentlich verboten hatte – westliche und chinesische Musik, Ballett und Pekingoper –, und rührte sie zu einer neuartigen Propagandakunstform zusammen. Dazu rekrutierte sie die talentiertesten Musiker und Schauspieler des Landes – die Stars einer ganzen Generation. Während Jugendliche im Westen die Beatles und die Rolling Stones hörten, himmelten meine Mutter und ihre Schwester den grell geschminkten Hauptdarsteller in *Mit Geschick den Tigerberg erobern* an und bewunderten die Kämpferinnen in *Das rote Frauenbataillon*.

Meine Mutter und meine Tante liebten die Modellopern so sehr, dass sie mit der Zeit alle acht Drehbücher auswendig konnten. Einmal gerieten sie nach einer Kinovorführung so ins Schwärmen, dass sie erst zu Hause merkten, dass etwas nicht stimmte. »Fehlt da nicht jemand?«, fragte Großmutter entsetzt. Onkel Songhe war verschwunden. Voller Panik rannten die Mädchen den ganzen weiten Weg zurück. Sie suchten und suchten. Schließlich hörten sie hinter der Leinwand ein leises Schnarchen – Onkel Songhe war während der Vorführung eingeschlafen.

*

Unbemerkt von den Geschwistern spielte sich in diesen Jahren eine Ehekrise zwischen Großmutter und Großvater ab, was nicht nur an ihrer anhaltenden räumlichen Trennung lag. Großmutter fühlte sich von ihren Schwiegereltern nicht akzeptiert. Deren Ton ihr gegenüber war schroff, selten herzlich; Urgroßvater hatte sich geweigert, bei der Renovierung des Hauses mitzuhelfen, seine Frau wiederum störte sich an der Anwesenheit der Mutter von Großmutter, die ihr angeblich ihre Enkel »wegnahm«. Selten war Großvaters Familie bereit zu helfen, und so kümmerte sich Großmutter um alles alleine: Geld verdienen, Haushalt, Erziehung. In diesen Jahren, sagt meine Mutter, bekam Großmutter jenes Resolute und Abgehärtete, das ihr in der Nachbarschaft so viel Respekt einbrachte. Tüchtig und selbständig war sie schon immer gewesen. Jedenfalls fühlte sie sich einsam und im Stich gelassen, und irgendwann erzählte ihr irgendjemand, dass er Großvater in Wanlongshan mit einer Frau gesehen habe – war es nicht eine der Sängerinnen aus der Propagandagruppe? Monatelang rumorte es in ihr, vielleicht auch länger; Großvater, der es wissen müsste, spricht nicht darüber. Dann, an einem der Frühlingsfeste, platzte es schließlich aus ihr heraus.

»Ich will mich scheiden lassen!«, hörte meine Mutter eines Abends hinter der Wohnzimmertür. Für eine chinesische Frau war das zu der Zeit ein ungeheurer Satz. Kaum jemand ließ sich scheiden, schon gar nicht auf dem Land. Großvater, der sich in Wanlongshan gewiss ebenfalls einsam und im Stich gelassen fühlte, sagte darauf nichts und stritt die Vorwürfe auch nicht ab.

»Du nimmst Xungui und Xiaomei, ich nehme Xiaowen und Songhe!«, hörte meine Mutter Großmutter schluchzen. Ihre Drohung machte sie dann doch nicht wahr, aber sie muss in dieser Zeit sehr unglücklich gewesen sein.

Großvater hörte auf, Tage, Wochen, Monate und Jahre zu zählen. Er habe in Wanlongshan in einem schwarzen Loch gelebt, erzählt er mir, einem Loch aus Isolation, Furcht und Resignation. Der einzige Grund, warum er nicht depressiv wurde, waren seine Lieder. In Herrn Sommerbambus, seinem künstlerischen Alter Ego, fand er in der Wildnis einen Verbündeten. »Das Leben geht weiter, Brille Peng«, sagte Herr Sommerbambus immer, »es werden bessere Tage kommen.« Herr Sommerbambus dachte sich neue Melodien und Strophen aus, er sang leise vor sich hin und laut in sich hinein, unter der Dusche, bei der Arbeit, abends auf den langen Spaziergängen durchs Dorf. Beim Stallausmisten sang er einmal so laut, dass eine Sau aus ihrem Gehege sprang. Herr Sommerbambus sah sich als eine Art menschgewordene Wiedergeburt von Sun Wukong, dem Affenkönig aus der chinesischen Mythologie: ein cleverer, ehrgeiziger Himmelsstürmer mit Zauberkräften, der, weil er die Götter herausgefordert hatte, für seine Streiche schließlich 500 Jahre unter einem Berg schmoren musste.

Herr Sommerbambus schrieb jede Melodie auf, die ihm durch den Kopf schoss. Er kritzelte sie auf Papier, auf Zigarettenschachteln, auf Laubblätter, an Zäune und Wände, und war kein Stift zur Hand, kratzte er die Noten mit einem Stock in die Erde. Eines der Lieder fing so an: »Es gibt eine Welt, versteckt in meiner Brust, eine Welt, in der die Sonne scheint …«

1974 eröffnete sich Großvater endlich eine Chance, seine Talente zu zeigen. »Brille, wir brauchen noch jemanden«, sagte der Propagandaleiter des Agrarbetriebs. »Nächstes Jahr steht ein großes Fest an. Du wolltest doch unbedingt Musik machen. Stell etwas auf die Beine.«

Die fünfzehnköpfige Truppe, die Großvater daraufhin zusammentrommelte, bestand aus Sängern, Tänzern und einem Orchester, in dem außer der *erhu* und der *sanxian*, einer dreisaitigen, mit Schlangenhaut bespannten Laute, noch Bambusflöte, Posaune, Waldhorn, Gong und Trommel vertreten waren. Großvater war Dirigent und Chorleiter.

Er rekrutierte seine Leute – alle zwischen 16 und 25 Jahre alt – unter den Hunderten von Jugendlichen, die Wanlongshan inzwischen bevölkerten. Die meisten waren nicht freiwillig da, sondern die Leidtragenden des Programms »Hinunter ins Dorf, hinauf in die Berge«. Nachdem Mao 1969 die Roten Garden aufgelöst hatte, hatte er dreißig Millionen »intellektuelle Jugendliche«, also junge, gebildete Städter, in dünnbesiedelte Landstriche verschickt. Viele dieser Jugendlichen waren tatsächlich Rotgardisten gewesen; Mao wollte sich mit Hilfe des Programms der lästig gewordenen Chaosstifter entledigen, die er einst selbst auf den Plan gerufen hatte. Die Kulturrevolution hatte ihre Kinder gefressen: Aus Tätern waren Opfer geworden. Andere Jugendliche wiederum hatten nichts verbrochen, außer im falschen Jahrgang geboren worden zu sein: Da die Universitäten nach wie vor geschlossen blieben, musste man irgendwie des Problems der Jugendarbeitslosigkeit Herr werden. Also schickte Mao die Jugendlichen zur »Reformierung durch die Massen« aufs Land.

Die Jugendlichen in Wanlongshan kamen aus Pingxiang, Nanchang, einige sogar aus Shanghai. Sie waren frustriert, oft kam es zu Schlägereien. Die Jungen und Mädchen in Großvaters

Musiktruppe waren daher froh, endlich etwas anderes tun zu dürfen, als Schweine zu füttern und Erde zu pflügen. Einer von ihnen war ein ehemaliger Mittelschüler von Großmutter – ausgerechnet jener, der Großvater 1966 abgeführt hatte. Inzwischen war er ziemlich kleinlaut geworden und hatte sich unzählige Male bei ihm entschuldigt. Dass sie Verbrechen begangen hatten, war vielen einstigen Rotgardisten nun bewusst. Nur laut aussprechen konnten sie es nicht. Mao lebte ja noch.

Großvater erhielt die Erlaubnis, Eigenkompositionen aufzuführen, die allerdings sorgfältig geprüft werden sollten. Nach einer Reihe von Probeauftritten in umliegenden Agrarbetrieben war es so weit: Im Mai 1975 stieg Großvater mit seinem »Arbeiterkulturregiment von Wanlongshan« in den Zug und fuhr zur »Großen Abendvorstellung der Arbeiterkulturregimente der Landkultivierungsbetriebe von Jiangxi« in die Provinzhauptstadt Nanchang. Gefeiert wurde das 15-jährige Bestehen der Großkollektive. Die 300 Zuhörer in der Versammlungshalle der Eisenbahnbehörde bekamen Lieder zu hören, in denen die Neuerungen der siebziger Jahre besungen wurden: der Anschluss der Dörfer ans Stromnetz, neue Fabriken und Bergwerke. Als vorletzter Programmpunkt trat Großvaters Gruppe mit seinem Lied »Zuhause« auf:

Geliebte Partei, du bist meine Mutter
Sozialistisches Vaterland, du bist mein Zuhause
Ich höre auf meine Mutter
Und sorge für mein Zuhause
Ich höre auf meine Mutter
Und sorge für mein Zuhause.

Mao wurde mit keinem Wort erwähnt. Wer wollte, konnte in dem Text eine versteckte Kritik erkennen. Das sozialistische Vaterland, das »Zuhause«, wollte Großvater sagen, war in einem

besorgniserregenden Zustand. So genau hörten die Verantwortlichen aber nicht hin. Nach der Aufführung klopfte der Propagandaleiter von Wanlongshan Großvater auf die Schulter:
»Schönes Lied, Brille. Wer hätte das gedacht – ein alter Schandhaubenträger wie du.«

*

Im Sommer 1976 beendete Onkel Xungui die Mittelschule. Ein
neues Gesetz sah vor, dass alle Jugendlichen, die vor 1973 geboren und mindestens siebzehn Jahre alt waren, am schon erwähnten »Hinunter ins Dorf, hinauf in die Berge«-Programm
teilnehmen mussten. Als einen der Letzten seiner Generation
traf es auch ihn, und so wurde er nach Wanlongshan in einen
»Jugendstützpunkt« verschickt, 50 Minuten Fußweg von Großvaters Agrarbetrieb entfernt.

Bei seiner Ankunft war es schon dunkel. Im Wald hörte er Affen und Wildschweine, außerdem gab es, wie er wusste, Schlangen; unterwegs umklammerte er mit jeder Hand einen Stein,
gegen die Angst. Der »Jugendstützpunkt« war ein scheunenarti-
ges, längliches Bauernhaus mit morschen Fensterläden. Jungen
und Mädchen schliefen getrennt, jeweils zu viert in einem Zimmer. In der Mitte des Hauses gab es einen »Konferenzraum«, in
dem jeden Morgen die Aufgaben verteilt wurden. Auf einem
Banner an der Wand stand geschrieben: »An vergangenes Leid
denken, die Süße der Gegenwart wertschätzen«.

Das Tagessoll lautete: 50 Kilo Feuerholz pro Kopf. Onkel Xungui und seine Kameraden machten sich das Leben so einfach
wie möglich. Anstatt großen, ausgewachsenen Bambus zu fällen, wie vorgeschrieben, rodeten sie junge Stämme, die leichter
zu finden waren. Diese vergruben sie in der Erde und ließen sie
sieben Tage trocknen, bis das saftige Holz am Ende aussah wie
altes. Ihr Tagessoll erfüllten die Jugendlichen auf diese Weise

schon am Vormittag. Bis zum Abendessen konnten sie sich auf die großen Steine am Bach legen und dösen.

Die Einheimischen waren nicht gerade begeistert von den pubertierenden Stadtgewächsen, die nicht zupacken konnten, aber trotzdem mitversorgt werden mussten. In der Kantine der Holzproduktionsbrigade, erzählt Onkel Xungui, habe der Koch ihnen absichtlich kleinere Portionen gegeben. Wie schon als Kleinkind ging er jeden Abend mit hungrigem Magen ins Bett. Die Jugendlichen rächten sich an den geizigen Einheimischen, indem sie nachts auf die Höfe der Bauern schlichen und Hühner klauten. Mit Dynamitstangen, die einer von ihnen aus einer Mine gestohlen hatte, sprengten sie im Fluss die Fische tot. Im Wald gingen die Jungs ab und zu mit der Schrotflinte auf Wildkatzenjagd. Einmal aßen Onkel Xungui und seine Freunde sogar eine Hauskatze. Gelegentlich stahl er sich zur Brigade von Großvater davon und schlug sich in dessen Kantine den Bauch voll. Andere Kameraden gingen im Dorf betteln.

Später würde man rückblickend von der »Verlorenen Generation« sprechen, wenn von den Jugendlichen die Rede war, die von 1969 bis 1978 in die Provinz verschickt wurden. Viele hatten es weitaus schlimmer als Onkel Xungui, wurden Tausende Kilometer weit in die Gobi-Wüste abgeschoben oder in den tiefsten Dschungel auf der südlichen Insel Hainan, von der ich später noch erzählen werde. Getrennt von ihren Familien und ohne Bildung, kämpften sie in der Einöde ums nackte Überleben. Manche flüchteten heimlich in die Städte zurück, so wie eine 15-jährige Kameradin, an die Onkel Xungui sich erinnert. Auf eigene Faust machte sie sich eines Tages nach Nanchang davon, wo sie sich ohne Zuzugsgenehmigung und ohne Lebensmittelmarken als »Illegale« mit Gelegenheitsjobs und Ladendiebstählen durchschlug.

*

Am 28. Juli 1976 bebte unweit von Peking die Erde. Die Industriestadt Tangshan in der Provinz Hebei wurde dem Erdboden gleichgemacht: 240 000 Menschen starben, Häuser und Brücken stürzten ein, Großbrände verwüsteten ganze Straßenzüge. Wie immer nach furchtbaren Naturkatastrophen sahen die Menschen in China das Unglück als Zeichen, dass bald ein Herrscherwechsel bevorstand.

Sechs Wochen später starb Mao im Alter von 82 Jahren. Während seiner letzten Lebensjahre hatte der greise Steuermann das Land hauptsächlich im Bademantel regiert – vom Bett oder vom Rand seines Schwimmbeckens im Regierungsviertel Zhongnanhai aus. Fünf Leibärzte und sechs Schwestern kümmerten sich rund um die Uhr um seine Gesundheit. Von 1974 an hatte sich sein Zustand rapide verschlechtert. Mao litt an Muskellähmung, er konnte nicht mehr richtig essen und gab nun nur noch unverständliche Laute von sich. Am 9. September, zehn Minuten nach Mitternacht, verlor er endgültig das Bewusstsein und starb.

Meine Mutter, gerade vierzehn geworden, erfuhr erst am Nachmittag von seinem Tod. In der Schule hielt die Chinesischlehrerin gerade einen Vortrag über die berühmten Worte des Revolutionsidols Lei Feng, als die Direktorin alle Schüler auf den Sportplatz rief. Um 15 Uhr ertönte über Lautsprecher die Stimme des Sprechers der Zentralen Radiostation in Peking: In einer Stunde gebe es eine wichtige Ankündigung. Was mochte so wichtig sein, dass man es nicht gleich sagen konnte, fragte sich meine Mutter. Um Punkt 16 Uhr meldete sich die Stimme zurück. Im Hintergrund lief nun Trauermusik. »Genosse Mao Zedong, unser geliebter Führer des chinesischen Volkes«, fing der Sprecher an, »der außergewöhnlichste aller proletarischen Kämpfer …«

Meine Mutter sank zu Boden. Neben ihr brachen Klassenkameraden in lautes Schluchzen aus. Sie selbst war so erschüttert, dass sie nicht einmal weinen konnte. Der erste Gedanke, der ihr durch den Kopf schoss, war: »Das ist das Ende der Welt.« Um sie herum schienen alle dasselbe zu denken. Was sollte nun aus China werden? Welche Hoffnung gab es jetzt noch?

Großvater hörte die Durchsage auf dem Marktplatz in Wanlongshan. Auch er war überwältigt. Er spürte Hass und Trauer zugleich. »Hass, weil seine endlosen Kampagnen, seine Kulturrevolution mein Leben ruiniert hatten, und das Leben von Millionen anderer Menschen«, sagt er. »Trauer, weil er trotz allem ein großer Staatsmann war, der China vom Imperialismus befreit und geeint hatte.« In der Versammlungshalle des Agrarbetriebs, dort, wo Großvater unzählige Male hatte niederknien müssen, sollte ein Gedenkaltar aufgebaut werden, und ausgerechnet ihm, dem »Kulturfeudalherrn« mit Sinn fürs Schöne, wurde die Gestaltung übertragen. Er entwarf eine Art offenes Zelt: ein einfaches Holzgestell, drei Meter breit, zwei Meter hoch, darüber spannte er schwarzen Leinenstoff. Ein Mao-Porträt wurde aufgestellt, dazu Spruchbänder und Blumenkränze in Weiß, der traditionellen chinesischen Trauerfarbe. Um gedämpftes Licht auf das Porträt zu werfen, installierte Großvater eine Glühlampe mit dunklem Reispapier als Lampenschirm.

Der Staat verordnete eine Trauerzeit von einer Woche. Nach und nach reisten alle 3000 Arbeiter des Agrarbetriebs von Wanlongshan aus den umliegenden Farmen und Produktionsbrigaden an. Grüppchenweise marschierten sie mit schwarzen Armbinden in die Versammlungshalle, angeführt vom jeweiligen Produktionsleiter. Es gab eine feste Choreographie: Jeder musste vor das Mao-Porträt treten und drei Kotaus machen, danach drei Minuten mit gesenktem Kopf stehenbleiben. So ging es von morgens bis abends. Manche heulten Rotz und Wasser und brachen auf der Bühne zusammen. Nicht alle Tränen waren echt. Großvater stellte sich vor, dass seine Liebsten gestorben seien – irgendwann kamen tatsächlich auch ihm die Tränen. Das war empfehlenswert, denn wer mit trockenen Augen dastand, machte sich verdächtig. Schlimmer noch war es, gar nicht zu erscheinen, so wie der Buchhalter Yi, der eines Morgens Durchfall bekam. Am Abend zeigte der Parteisekretär von Wanlongshan vor versammelter Menge mit dem Finger auf ihn: »Ist dir der Tod des Großen Vorsitzenden keine Träne wert?« Herr Yi erwiderte sarkastisch: »Soll ich meinen Darm vor dem Gedenkaltar entleeren?« Ein andermal schrie ein kleiner Junge, der Sohn eines verfolgten »Rechtsabweichlers«: »Nieder mit Mao Zedong!« Der Vater erschrak zu Tode und wusste sich nicht anders zu helfen, als seinem Sohn vor den Augen der Dorfgemeinschaft den Hintern zu versohlen.

Noch in derselben Woche begann die Staatspresse eine Medienkampagne gegen die Viererbande. Einen Monat nach Maos Tod verhaftete die Palastgarde in Peking Maos Witwe Jiang Qing und ihre drei Komplizen. In einem Schauprozess, der live im Fernsehen übertragen wurde, verurteilte man die Viererbande zu lebenslanger Haft. Auf den Straßen Pekings und in anderen Städten feierten die Menschen das Ende der Kulturrevolution.

Großvater schrieb zu diesem Anlass ein neues Lied mit dem Titel »Frühling«:

Unter dem Winterhimmel steht ein Mann mit Papierhaube
Unter der Haube sieht man ihn singen
Er singt ohne Pause
Er singt:
Der Frühling ist da
Der Frühling ist da

In Wanlongshan kehrte der alte Parteisekretär Zen, der Großvater während der öffentlichen Anfeindungen in Schutz genommen hatte, in sein Amt zurück. »Bevor du nach Hause zurückkehrst, möchte ich dir noch eine Aufgabe geben«, ließ er Großvater wissen. »Schick die Jugendlichen nach Hause. Am besten innerhalb der nächsten drei Jahre. Je schneller, desto besser.« Rund 200 »intellektuelle Jugendliche« aus den Städten waren noch in Wanlongshan stationiert, darunter auch Onkel Xungui. Die meisten Heimatgemeinden zögerten, sie wieder aufzunehmen – man wusste einfach nicht, wohin mit ihnen.

Herr Zen gab Großvater ein Budget, um die »Rücksendung« der Jugendlichen zu organisieren, und der hatte bald einen Trick gefunden, wie er es bewerkstelligen konnte: Er freundete sich mit den Ärzten im nächstgelegenen Krankenhaus im Tal an. Die meisten waren gerne bereit, ihm gegen eine »Schenkung« zu helfen. Als »Dank« übergaben sie Großvater dutzendweise Krankenakten: Aus den darin enthaltenen Röntgenaufnahmen von Toten und Diagnoseprotokollen von Schwerkranken bastelte er neue Krankenakten mit den Namen der Jugendlichen. Jeder gefälschten Akte verpassten die Ärzte den Vermerk »unheilbar krank« oder »schwer behindert«. Dem einen Arzt zahlte Großvater dafür ein neues Sofa, dem anderen ein Bett, dem dritten einen Schrank. Besonders hilfsbereite Ärzte handelten mit Großvater sogar eine komplett neue Wohnungseinrichtung aus. Offiziell als krank gemeldete Kandidaten konnten die Heimatgemeinden nicht mehr ablehnen. Um dem Ganzen noch weiter nachzuhelfen, fuhr Großvater selbst in die Gemeinden und erkundigte sich bei den Behörden nach Arbeitsstellen für die potentiellen Rückkehrer. Dutzende Jugendliche konnte er so in Fabriken, Druckereien und Kantinen unterbringen. Ein Kreisbeamter in Pingxiang konnte es kaum glauben: »Wie schaffst du es, die Jugendlichen so schnell loszuwerden?« Großvater schmunzelte. »Es gibt eine Abkürzung. Aber das bleibt bitte unter uns.«

Im Herbst 1979 hatte er seine Aufgabe erfüllt und durfte selbst nach Hause zurückkehren – nach zwanzig Jahren Verbannung. Beim Abschied schenkten ihm die letzten verbliebenen Jugendlichen zum Dank eine Thermoskanne, einen Reiskocher und eine Matratze.

1980 wurde Großvater offiziell rehabilitiert, und noch im selben Jahr versetzte die Partei ihn als Sachbearbeiter in die Abteilung Arbeitsfront beim Zentralkomitee nach Xiangdong, einem Vorort von Pingxiang. Sein erster Auftrag im öffentlichen Dienst bestand ausgerechnet darin, Opfer der Kulturrevolution zu entschädigen. Mindestens zwei Millionen Menschen waren zwischen 1966 und 1976 in China umgebracht worden, manche Historiker gehen von weit höheren Zahlen aus. Viele weitere Millionen hatte man gefoltert, eingesperrt und enteignet. Großvater ackerte sich durch Aktenberge und fuhr durch die Dörfer des Landkreises, um sich ein Bild zu machen. Überall traf er auf betroffene, traumatisierte Familien, auf Menschen, die trauerten oder, noch schlimmer, zynisch und gleichgültig geworden waren. In einer Gemeinde waren vierzehn Menschen zu Tode geprügelt worden, nur weil sie Verwandte gehabt hatten, die nach Taiwan geflohen waren. Die Entschädigung, die Großvater den Überlebenden bieten konnte, war kaum mehr als eine symbolische Geste. Auf eine wirkliche Aufarbeitung der Kulturrevolution warten die Opfer bis heute vergebens.

Und was Mao angeht, der doch das Chaos und die Opfer dieser Jahre zu verantworten hatte, so formulierte die Partei 1981 eine Neubewertung seiner Ära: 70 Prozent seiner Politik seien gut gewesen, 30 Prozent schlecht. Bei dieser Formel beließ man es bis heute.

8

EINE VON 197

Als Kind träumte meine Mutter davon, Schneiderin zu werden. Als Schneiderin, dachte sie, würde sie immerhin nicht auf dem Feld arbeiten müssen. Sie liebte die seltenen Nachmittage, an denen sie Großmutter zur Versorgungsgenossenschaft begleiten und Stoffe anfassen durfte: Denn wie alles in den siebziger Jahren wurden auch Textilien rationiert. Die meisten Menschen hatten zwei, drei Garnituren Kleidung zum Wechseln, die immer gleich aussahen und aus demselben sackartigen Gewebe geschnitten waren, das Männer plump aussehen ließ und Frauen alt. Eine neue Kleidergarnitur gab es höchstens ein Mal im Jahr. Schneider waren darum hoch angesehene Dienstleister: Nur zu besonderen Anlässen wie nach Hochzeiten oder nach der Geburt eines Kindes wurden sie ins Haus gerufen. Die Kunden waren also bester Laune. Meist sollte gleich die gesamte Großfamilie neu eingekleidet werden. Mit 3 Yuan am Tag verdienten Schneider außerdem, auf den Monat gerechnet, doppelt so viel wie Großmutter als Lehrerin. Und schließlich galt die Arbeit als angenehm: Als Schneiderin würde meine Mutter regelmäßig zum Essen eingeladen werden (bei Hochzeitsfeiern gab es Fleisch), und man konnte mit den Kunden tratschen. Waren sie zufrieden, durfte man am Ende sogar die Stoffreste behalten.

Es kam dann, wie meistens im Leben, anders.

Die letzte Oktoberwoche 1977. »Telegramm aus Peking!«, rief der Postbote aufgeregt. Das passierte in Lashi nicht alle Tage. Großmutter kam sofort aus der Küche geeilt. Peking – das konnte nur ihr Schwager, Großonkel Fangyou, sein. Sie lag richtig. Offenbar war dieser durch seine Amtsbeziehungen in der Hauptstadt frühzeitig an eine Information gelangt, die bald im ganzen Land einschlagen würde wie eine Bombe. Der Wortlaut seines Telegramms: »Deng Xiaoping ist zurück. Uniaufnahmeprüfungen im Dezember. Bereitet euch vor.«

Das war die beste, die ungeheuerlichste Nachricht seit Ausbruch der Kulturrevolution: Deng zurück an der Macht! Das bedeutete Wandel, den Beginn einer neuen Zeitrechnung. Seit 1966, also seit nunmehr elf Jahren, waren sämtliche Hochschulen und Forschungsinstitutionen des Landes geschlossen – bis auf sogenannte Bauern- und Arbeiteruniversitäten, an denen der Unterricht für die Studenten vor allem darin bestand, Propagandaaufsätze gegen Maos Feinde zu schreiben. Die Folgen des Bildungsnotstands waren verheerend – politisch, ökonomisch, intellektuell. Deng Xiaoping, der einst mächtige und dann geschasste ehemalige Generalsekretär der Partei, machte es sich nun zur Aufgabe, das heruntergewirtschaftete Land wiederaufzubauen. Die Partei müsse sich von Utopien trennen, sagte er und meinte damit die Dogmen der Mao-Ära. Künftig müsse China die »Wahrheit in den Fakten suchen«.

Mit der Chance auf eine Uniausbildung eröffneten sich der jungen Generation endlich wieder Aussichten auf eine bessere Zukunft. Meine Mutter und ihre jüngeren Geschwister hatten dank der Gnade ihrer Geburtsjahre zum Glück keine Zeit verloren. Nur Onkel Xungui zählte zu jenen »intellektuellen Jugendlichen«, die zur Arbeit aufs Land »hinabgesandt« worden waren. Als ihn in Wanlongshan die Eilbotschaft von Großonkel Fangyou erreichte, fing sein Herz an zu rasen. Zwei Tage lang überlegte er hin und her, schließlich konnte er nicht einfach abhauen. Am dritten Tag suchte er seinen Betreuer auf und erzählte ihm mit belegter Stimme von einem vermeintlichen Unfall seiner Großmutter: Beim Putzen habe sie sich das Bein gebrochen. Da besagte Großmutter, meine Urgroßmutter, bereits 76 Jahre alt war, genehmigte der Betreuer ihm ausnahmsweise, nach Hause zu fahren.

Eine Woche nach Großonkel Fangyous Telegramm wurde die Nachricht von den Aufnahmeprüfungen auch über offizielle Kanäle verbreitet. Zeitungen und Radiosender verkündeten, dass am 10. Dezember die nationalen Examen zur Hochschulimmatrikulation stattfänden. An der Mittelschule von Lashi, an der Großmutter unterrichtete, meldeten sich binnen Stunden Hunderte Prüfungskandidaten: Schüler des Abschlussjahrgangs von 1977 ebenso wie Familienväter und -mütter über dreißig. Letztere zählten zu den Pechvögeln, die in den sechziger Jahren ihren Mittelschulabschluss gemacht hatten – kurz bevor die Kulturrevolution das Bildungssystem für ein ganzes Jahrzehnt lahmlegte. In einigen Fällen, erinnert sich Onkel Xungui, schrieben sich sogar Mütter und Töchter gemeinsam ein.

Jahrelang hatte sich kaum einer in der Schule Mühe gegeben. Bildung führte schließlich, wie viele leidvoll erfahren mussten, nur zu Problemen. Nun fieberten alle einem historischen Ereignis entgegen: Nicht das Alter, nicht der Familienhintergrund, sondern nur die Leistung sollte ausschlaggebend sein, hatte Deng Xiaoping vorgegeben. Ein Studium war die einzige Möglichkeit, in eine Großstadt zu ziehen. Es bot die Chance, Angestellter des öffentlichen Dienstes zu werden und somit staatliche Lebensmittelmarken zu beziehen. Nicht zuletzt bedeutete es die Chance auf Gerechtigkeit: Während der Kulturrevolution waren viele Jobs »vererbt« worden – beispielsweise wurde oftmals jemand nur deshalb Lehrer, weil auch seine Eltern Lehrer waren.

Onkel Xungui zählte zu den Ersten, die sich in die Liste

eintrugen. Auch meine Mutter schrieb sich ein, obwohl sie erst die zehnte Klasse besuchte und dem normalen Curriculum zufolge – die Schulzeit dauerte damals nur zehn Jahre – erst im Sommer 1978 ihren Abschluss machen sollte. Doch sie war die Vorzeigeschülerin ihres Jahrgangs: In allen Fächern schrieb sie die besten Noten, sie war Klassensprecherin, spielte Handball und knackte reihenweise Rekordmarken in Laufen, Weitsprung und Kugelstoßen. Die Klassenlehrerin meiner Mutter war jedenfalls der Meinung, ein Versuch könne nicht schaden. »Wer weiß, ob du nächstes Jahr noch einmal die Gelegenheit hast«, sagte sie ihr.

Keine zwei Monate blieben den Schülern zur Vorbereitung. Niemand wusste, was genau gefordert war. Da es weder geeignete Schulbücher noch Unterrichtsmaterialien gab, entwarfen Großmutter und ihre Kollegen hektisch Übungsaufgaben und ließen sie per Siebdruck vervielfältigen. In den Familien wurden ältere Verwandte konsultiert, die noch vor der Kulturrevolution an Uniaufnahmeprüfungen teilgenommen hatten. Versteckte Bücherkammern wurden aufgebrochen. Nach Anbruch der Dunkelheit, wenn die erwachsenen Prüfungsanwärter vom Reisfeld in die Schule strömten, waren viele Klassenzimmer so überfüllt, dass die Leute draußen vor dem Fenster lauschten.

Wie schwer die Prüfung tatsächlich werden würde, konnte allerdings keiner ahnen. In Lashi fielen am 10. Dezember alle durch, auch Onkel Xungui und meine Mutter. Es dauerte Wochen, bis sie ihre Ergebnisse bekamen. Wie viele Punkte ihnen am Ende gefehlt hatten, erfuhren sie nicht. Nur einer aus dem ganzen Landkreis Pingxiang hatte bestanden: ein 19-Jähriger an der Mittelschule Nr. 3. Seine Eltern waren so außer sich vor Freude, dass sie zur Feier ein Schwein schlachteten.

Glücklicherweise wurde für den Juli 1978 schon die nächste Aufnahmeprüfung anberaumt. Im Frühjahr trat Onkel Xungui der Abschlussklasse meiner Mutter bei. Eigentlich zählte er zu den talentiertesten Anwärtern seines Jahrgangs: Onkel Xungui konnte schon als Zehnjähriger seine jüngeren Geschwister mit Geschichten fesseln, wie Großvater sang er mit Leidenschaft und er war ein begnadeter Zeichner – so suchte er oft das einzige Fotostudio in Pingxiang auf, um nach übriggebliebenen Abzügen zu fragen, die er dann Strich für Strich mit Bleistift abzeichnete. Doch seine Ausgangssituation war vergleichsweise ungünstig: Seit drei Jahren hatte er keinen Unterrichtsraum mehr betreten, den Stoff aus seiner Schulzeit hatte er längst wieder vergessen. Zudem war er wohl schludrig, wenn es um Details ging. Nach den ersten Testprüfungen erstattete die Klassenlehrerin Großmutter Bericht. »Bei deiner Tochter sehe ich gute Chancen«, sagte sie. »Aber dein Sohn ... Deinem Sohn würde ich raten, sich lieber für eine Fachschule zu bewerben. Diese Prüfung besteht er in jedem Fall.« Nach einer Pause fuhr sie fort: »Es reicht doch, wenn eines deiner Kinder zur Uni geht.« Großmutter legte die Stirn in Falten. Sie war ratlos. Einerseits wollte sie natürlich auch für Onkel Xungui nur das Beste. Andererseits änderten sich die Gesetze fast täglich. Niemand wusste, was das Land erwartete. Deng konnte schon im nächsten Jahr wieder abtreten. Und dann? Was, wenn Onkel Xungui wie Großvater für Jahrzehnte in Wanlongshan bleiben müsste?

Die Uniaufnahmeprüfungen zu bestehen sei so schwer, wie für einen Karpfen über ein Drachentor zu springen, sagte der Volksmund. Das Sprichwort stammt aus der Region am Gelben Fluss. Jeden dritten Frühlingsmonat schwimmen die Fische dort flussaufwärts, bis sie den Fuß eines Wasserfalls erreichen – das »Drachentor«. Die wenigen Fische, die es schaffen, diese Hürde zu überspringen, verwandeln sich der Legende nach in Drachen. Das Überspringen des Drachentors steht in

China seit Jahrhunderten als Symbol für einen plötzlichen sozialen Aufstieg: früher durch das erfolgreiche Absolvieren der berüchtigten Beamtenprüfungen am kaiserlichen Hof, heute durch Bestehen der Uniaufnahmetests. Und die waren Ende der siebziger Jahre kein Kinderspiel.

Nach langer Grübelei kam Großmutter zu dem Schluss: Sicher ist sicher. Nimm ein kleineres Drachentor ins Visier, so muss sie ihren Vorschlag Onkel Xungui unterbreitet haben. Auf jeden Fall wirst du nach der Fachschule eine Arbeit finden können. Onkel Xungui war selbst etwas unschlüssig. Schließlich stimmte er ihr zu.

Der zweite Anlauf war besser organisiert. Diesmal dauerten die Prüfungen drei Tage: vom 7. bis zum 9. Juli, fünf Tests à 120 Minuten. Sie fanden in einer Mittelschule in Xiangdong statt, einem Vorort von Pingxiang. Am Abend des 6. Juli fuhr meine Mutter gemeinsam mit Großmutter, die ihre eigene Klasse beaufsichtigen sollte, mit einem Minibus nach Xiangdong. Nach einer schlaflosen Nacht im Schulwohnheim trat meine Mutter um neun Uhr die erste Prüfung an. Eigentlich ihr bestes Fach: Mathematik.

Ein halbes Jahr lang hatte sie jeden Abend bis 21 Uhr in der Schule gesessen und anschließend bis Mitternacht im Schein der Gaslampe im Bett gelernt. Sämtliche Fingernägel hatte sie sich kaputtgekaut. Großmutter hatte ihr sogar das Geschirrwaschen und das Wasserholen erlassen. In Mathematik schnitt meine Mutter normalerweise zwischen 80 und 100 Punkten ab (die Höchstpunktzahl war 100), während die zweitbeste Schülerin ihrer Klasse meistens 20 Punkte dahinter folgte. Als ich zur Schule ging, machte meine Mutter sich gerne über die deutschen Mathelehrpläne lustig, die ihrer Meinung nach zu einfach waren, außerdem amüsierte sie es, dass kaum einer ihrer studierten Langnasenkollegen in der Lage war, simple

Kopfrechnungen zu bewältigen. Jedenfalls war sie schon immer ein Matheass gewesen und fühlte sich vor der Prüfung gerüstet.

Als das Aufgabenblatt vor ihr lag, zitterten ihr auf einmal die Hände. Es kam ihr vor, als hätte sich ihr Kopf von einem Moment auf den nächsten geleert. Vielleicht war es die Aufregung, vielleicht die Müdigkeit. Jedenfalls wollte ihr, sosehr sie sich auch anstrengte, eine der einfachsten Aufgaben nicht mehr gelingen. Irgendetwas mit Logarithmen. Erst als die Zeit schon abgelaufen war und sie gerade ihre Prüfungsbögen abgeben sollte, fiel ihr die Lösung ein. Großmutter wartete draußen vor der Tür. »Ach, dann schaffst du eben die nächsten Tests«, versuchte sie zu trösten. Am Nachmittag, in Physik, war meine Mutter aber genauso blockiert. Danach brach sie in Tränen aus. »Ach, morgen wird es bestimmt besser«, sagte Großmutter und tätschelte ihr den Kopf.

Wochenlang ging meine Mutter im Kopf das Bewertungssystem durch: Maximal 500 Punkte waren möglich. Um zu bestehen, musste sie mindestens 300 erzielen, und in keinem Fach durften es weniger als 60 sein.

Anfang August kamen die Ergebnisse. Das Zeugnis meiner Mutter sah so aus:

Chinesisch: 80 Punkte
Chemie: 95 Punkte
Politik: 93 Punkte
Physik: 65 Punkte
Mathe: 62 Punkte

_____

Gesamtpunktzahl: 395

Sie hatte es geschafft! In Lashi war sie damit die Einzige: Alle anderen 196 Mittelschüler ihres Jahrgangs scheiterten. Außer ihr setzten sich im Landkreis Pingxiang noch drei Jungen durch. Sie war also das einzige Mädchen und mit sechzehn Jahren die Jüngste der vier erfolgreichen Kandidaten. In Lashi, erzählt man sich in meiner Familie stolz, gilt sie deswegen bis heute als »lebende Legende«.

Wie viel die Zulassung zu einem Studium bedeutete, zeigen auch die Erfahrungen meiner Großmutter. Während der Kulturrevolution noch als »stinkende Neunte« verunglimpft, wurde sie in den achtziger Jahren schließlich als »Fortschrittliche Mitarbeiterin« ausgezeichnet, weil aus ihren Klassen besonders viele Schüler die Hürde zum Studium nahmen. Großmutter gab, was damals nicht selbstverständlich war, auch Sitzenbleibern eine Chance. Einer ihrer ehemals schlechtesten Schüler brachte es in Peking später zum Doktor der Angewandten Physik. Bis zu ihrem Tod schickte er seiner alten Lehrerin zu jedem Neujahr ein Paket mit Geschenken.

Meine Mutter hatte die Prüfung bestanden. Nun stellte sich die Frage: Was studieren? Eigentlich hätte sie sich gerne für Literatur eingeschrieben. Als Großmutter davon Wind bekam, schlug sie die Hände über dem Kopf zusammen und mahnte: Bloß keine Geisteswissenschaften! »Schau doch deinen Vater an«, sagte sie zu ihrer Tochter. »Geisteswissenschaften bringen nur Ärger.« Umso populärer war dagegen Ende der siebziger Jahre ein Spruch, der sinngemäß lautete: »Lernst du Mathe, Physik oder Chemie, gehört dir die ganze Welt.« In Chemie hatte meine Mutter ihre Bestnote, 95 Punkte, erzielt. Also entschied sie sich für dieses Fach. Für eine Eliteuniversität in Peking oder Shanghai reichten ihre Zensuren zu ihrem Bedauern zwar nicht, aber immerhin für die ebenfalls angesehene Zentrale Süduniversität in Changsha, der Hauptstadt der Nachbarprovinz Hunan. Großmutter nahm diese Nachricht mit Erleichterung auf: Die Zugtickets in das nur 130 Kilometer entfernte Changsha waren günstiger als in jede andere Universitätsstadt. Meine Mutter würde also oft nach Hause fahren können.

Ende September packte sie ihren Koffer. Sie versprach, einmal die Woche einen Brief zu schreiben. Zum Abschied sagte Großvater, der eigens aus Wanlongshan gekommen war, um sie zum Bahnhof zu bringen, ihr im Pingxiang-Dialekt einen Reimspruch auf: »Zu Hause bist du die Nummer eins. Auf dem Weg bist du die Nummer sieben. Und wenn du angekommen bist, bist du ein Niemand.« Hüte dich vor Arroganz, wollte er damit sagen.

*

Hätte er sich doch bloß dem Rat von Großmutter widersetzt!, ärgerte sich Onkel Xungui nach seiner bestandenen Fachschulprüfung. Auch diese war kein Spaziergang gewesen, die Erfolgsquote lag bei eins zu fünfzig. Onkel Xungui konnte sich darüber nicht freuen. Er war sich sicher: Hätte Großmutter ihn nicht überredet, seinen Traum vom Studium aufzugeben, säße er jetzt ebenfalls im Zug in eine Universitätsstadt. Noch Jahrzehnte später machte er ihr auf Familienfesten Vorwürfe, ihretwegen die Chance seines Lebens vertan zu haben. Warum in unserer Familie Mädchen gegenüber Jungen bevorzugt würden, wo es doch überall andersherum sei, zeterte er immer wieder. Einmal beklagte er sich bei mir: »Jemand wie ich hätte studieren müssen. Deine Großmutter hatte keinen Weitblick.« Er selbst aber hatte offenbar auch nicht den Mut, seine eigene Entscheidung zu treffen. Trotzdem erging es ihm besser als vielen Kameraden aus Wanlongshan, die sich später aus Mangel an Alternativen dafür entschieden, auf dem Berg zu bleiben. Die meisten heirateten einheimische Bauerntöchter und blieben ein Leben lang Bauern. Onkel Xungui aber schrieb sich in der

Pädagogikschule für Mathematik ein. (Mehr aus Faulheit denn aus Neigung: Lieber hätte er Chinesisch unterrichtet, denn er schrieb gerne Aufsätze. Sie zu korrigieren erschien ihm aber zu anstrengend, sagt er.)

Mit zwanzig Jahren wurde er schließlich Mittelschullehrer. Nach einer zweijährigen Weiterbildung ernannte man ihn mit 24 Jahren zum Schuldirektor an der Mittelschule von Xiangdong – eine Sensation. Viele der Lehrer, die ihm nun untergeben waren, waren mehr als doppelt so alt wie er. Die Ernennung folgte auf seinen ersten Platz bei einem Rhetorikwettbewerb der Stadt Pingxiang. Onkel Xungui hatte mit einem selbstgeschriebenen Essay – Titel: »Ich liebe mein China« – alle Konkurrenten aus dem Feld geschlagen. Der Text war anschließend sogar von der Tageszeitung der Provinz Jiangxi veröffentlicht worden. Außerdem hatte Onkel Xungui erfolgreich an einem Mathematikwettbewerb teilgenommen. Er muss der jüngste Direktor seit Menschengedenken gewesen sein. Dass man ihn so schnell befördert hatte, lag auch an einem Paradigmenwechsel in den Behörden: Während der Kulturrevolution, sagt Onkel Xungui, seien viele Lehrer nur infolge ihres Klassenhintergrunds und politischer Beziehungen in ihr Amt gekommen. Die Fähigen wurden oftmals verfolgt und verbannt. An der Mittelschule von Xiangdong waren vor allem die Mittelmäßigen übrig geblieben, die nicht aufmuckten. Von ihnen konnte es wohl niemand fachlich mit ihm aufnehmen.

*

Zwei Jahre nachdem meine Mutter ihr Heimatdorf Richtung Changsha verlassen hatte, schaffte auch ihre Schwester den Sprung an die Universität. Tante Xiaomei bestand die Uniaufnahmeprüfung als eine der zehn Besten in Pingxiang, mit 358 von diesmal 400 möglichen Punkten (die Gesamtpunktzahl änderte sich von Jahr zu Jahr). Genau wie Onkel Xungui war auch meine Tante eher nach Großvater geraten: verträumt, ein wenig sprunghaft und mit reichlich Phantasie ausgestattet. Anders als meine Mutter blieb sie lieber eine Stunde länger im Freien, als sich über Schulbücher zu beugen. (Meine Mutter und Onkel Songhe kommen dagegen eher nach Großmutter: Sie sind die Fleißigen, Gewissenhaften, analytisch Veranlagten unter den vier Geschwistern.) Im Unterricht las meine Tante heimlich die Romane, die Großmutter nach der Rückkehr nach Lashi in einem Regal auf dem Dachboden untergebracht hatte, um sie während der Kulturrevolution vor den Blicken der Nachbarn zu verbergen; im Sommer verkroch sie sich nach der Schule zum Lesen auf einen Schattenplatz hinter dem Haus (ihr Lieblingsbuch war *Eugenie Grandet* von Balzac); abends drückte sie sich vor dem Wäschewaschen und las auf dem Bett kauernd weiter. Ihre Schmutzwäsche versteckte sie dabei unter der Bettdecke. Großmutter durchschaute natürlich diese Masche: Wenn sie das Zimmer betrat, marschierte sie meist schnurstracks auf das Bett zu und holte, ohne ein Wort des Vorwurfs, den muffelnden Kleiderhaufen aus seinem Versteck, während ihre Tochter mit schlechtem Gewissen weiterlas, als wäre nichts. Obwohl sie selten Hausaufgaben machte, schnitt auch meine Tante in der Schule immer mit Bravour ab, sogar in Mathematik, Physik und Chemie. Wie meine Mutter wollte sie dennoch lieber Literatur studieren.

»Um Himmels willen, bloß keine Geisteswissenschaften!«, warnte Großmutter wieder. »Wenn sie unbedingt will, dann lass sie doch«, seufzte Großvater, der inzwischen wieder zu Hause wohnte. »Und was sagt deine Klassenlehrerin dazu?«, fragte Großmutter. Am nächsten Tag suchten sie diese zu dritt in der Schule auf. »In Naturwissenschaften hat sie die besten Noten des Jahrgangs«, berichtete die Lehrerin. Großmutter nickte,

Großvater sagte nichts, meiner Tante rutschte das Herz in die Hose. »Aber …«, fuhr die Lehrerin fort. »Aber: Als Geisteswissenschaftlerin sehe ich eine glänzende Zukunft für Xiaomei. Dort schlummern ihre wahren Talente.« Meine Tante hüpfte vor Freude in die Luft.

Wenige Wochen später schrieb sie sich an der Jiangxi Normal University in der Provinzhauptstadt Nanchang für Chinesische Literatur ein. Sie kam zur rechten Zeit: An den Universitäten blühte das Leben wieder auf. Zum ersten Mal nach Ende der Kulturrevolution machten sich dort ausländische Einflüsse bemerkbar: Nach den Vorlesungen eilte meine Tante in die Sporthalle – neben Tischtennis und Federball war Rollschuhlaufen *der* neue Trend unter den Studenten. Auch die unter Mao so verpönte Welt der Kultur war wieder angesagt. Der Seitenraum der Bibliothek, in dem die Studenten auf Poetry-Slam-ähnlichen Lesungen Gedichte von Goethe und Sophokles zitierten, war abends brechend voll.

Auch einheimische Lyrik fand immer mehr Anhänger. Meine Tante fing an, selbst Gedichte zu schreiben: Die sogenannte Nebeldichtung (*menlongshi*) war dabei, das Lebensgefühl einer ganzen Generation zu prägen: jener verlorenen, unter Mao großgewordenen Generation, die vom kommunistischen Glauben abgefallen und deren Weltbild zusammengebrochen war und die nun mit inneren Zweifeln kämpfte. Während Maos Propagandalyriker aus der Sicht eines Massen-Wirs gesprochen hatten, verliehen junge Dichter nun dem Ich eine Stimme. Die Sprache der Nebeldichtung war, wie der Name schon andeutet, kryptisch, die Botschaft offen und mehrdeutig, oft düster und skeptisch wie im französischen Existentialismus. Ideologie war passé. Auch mangels traditioneller Schulbildung aufgrund der Kulturrevolution griffen viele *Menlong*-Dichter auf Kindheitserlebnisse und Naturerfahrungen aus der Zeit der Landverschi-

Im Uhrzeigersinn: Onkel Songhe, Tante Xiaomei, meine Mutter,
Onkel Xungui, Großvater, Urgroßmutter, Großmutter, 1983

ckungen zurück: Der Begründer des Genres, Bei Dao, Jahrgang
1949, wuchs als Mao-Enthusiast auf und wurde zum radikalen
Rotgardisten, bis er 1969 aufs Land verbannt wurde, um als Bauarbeiter »umerzogen« zu werden. Kurz vor Maos Tod 1976, während eines ersten demokratischen Aufbäumens auf dem Pekinger Platz des Himmlischen Friedens gegen die KP-Regierung,
schrieb er das Gedicht »Die Antwort«, das später, während der
Proteste von 1989, Hunderttausende Demonstranten auf dem
Tiananmen-Platz skandierten und das seinem Verfasser den
Beinamen »das Gewissen von China« einbrachte:

(...)
In diese Welt
Habe ich nur Papier, einen Strick und meinen Schatten mit-
gebracht,
Um vor den Richtern
Die Stimme der Verurteilten zu verkünden:

Ich sage dir, Welt,
Ich – glaube – nicht!
Selbst wenn zu deinen Füßen tausend Herausforderer liegen,
Zähle mich als tausendundeins.

Ich glaube nicht an die Bläue des Himmels,
Ich glaube nicht an die Stimme des Donners,
Ich glaube nicht an die Falschheit von Träumen,
Ich glaube nicht an die Sühnelosigkeit des Todes
(...)

Der Staat beobachtete den kulturellen Aufbruch mit Argwohn. *Jintian* (»Heute«), die Untergrundzeitschrift, die Bei Dao von 1978 bis 1980 herausgab, hatte das Propagandaministerium bereits verboten, als meine Tante ihr Studium begann. Dennoch versuchte sie, alte Ausgaben aufzutreiben. Sie suchte alle Buchhändler der Stadt auf oder bettelte ältere Kommilitonen um Exemplare an. In den folgenden Jahren versuchten manche in der Regierung regelmäßig, die neuen Freigeister zum Verstummen zu bringen. Doch erstmals gab es innerhalb der KP auch eine liberale Fraktion, die die Intellektuellen gewähren ließ. Wie viele bekannte *Menlong*-Dichter flüchtete Bei Dao Ende der achtziger Jahre schließlich ins Ausland, unterrichtete eine Weile in England, Deutschland, Frankreich und den USA, bevor er sich in Norwegen niederließ, wo er in den neunziger Jahren *Jintian* für eine Leserschaft von Exilchinesen wiederbelebte. Der andere große Lyriker dieser Zeit, Gu Cheng, ein Exzentriker, der ein abgeschnittenes Hosenbein als Hut trug, ging ins Exil nach Australien und erhängte sich 1993 in Auckland.

Die Gedichte, die meine Tante schrieb, handelten von einer romantisch-naiven Idee von Liebe, von der Natur, ihrer Jugend zwischen Reisfeldern – und sie zeigten einen vagen Optimismus in einer Zeit, als ein regelrechtes »Kulturfieber« in China ausbrach: Überall – an Schulen, Universitäten und sogar in den

Fabriken – sprossen die Literaturclubs aus dem Boden, in denen die Studenten sich mit Thermosflaschen voll Grüntee in der Hand bis spät in die Nacht aus Büchern vorlasen. Im Jahr 1980 schrieb in der *China Youth Daily* ein Mädchen unter dem Pseudonym Pan Xiao einen Essay über die Desillusionierung ihrer Generation nach der Mao-Zeit. Er gipfelte in der Frage »Was ist der Sinn des Lebens?« und brach eine neun Monate andauernde Debatte los, an der sich Hunderttausende junge Leser aus ganz China beteiligten. In Peking formten Künstler der radikalen »Stars Group«, zu deren Gründungsmitgliedern ein junger, zotteliger Konzeptkünstler namens Ai Weiwei gehörte, ein berühmt gewordenes Manifest. Es fing an mit den Sätzen: »Seit der Eroberung Amerikas durch Kolumbus hat die Menschheit alle Kontinente entdeckt. Was wir jetzt entdecken wollen, sind wir selbst.«

»Wir glaubten, mit Gedichten und Romanen könnten wir die Welt verbessern«, erzählt mir meine Tante über ihre Studienzeit. »Jeder wollte Schriftsteller werden. Ans Geldverdienen dachten wir nicht.« Noch nicht. Die Universitätsbibliothek in Nanchang hatte die Kulturrevolution glücklicherweise unbeschadet überstanden: Hier fanden sich zahllose Bände mit Übersetzungen internationaler Klassiker von Platon über Hegel bis Victor Hugo. Als Geisteswissenschaftlerin hatte meine Tante Zugang zu einer Fülle von ausländischen Werken – etwas, das für normale Bürger noch unmöglich war. In den Hörsälen wurden die chinesischen Ausgaben von *Reader's Digest* mit Beiträgen zu westlicher Literatur und Philosophie herumgereicht; besonders beliebt war eine Zeitlang das große Kapitalismuswerk von Adam Smith, *Der Wohlstand der Nationen*. Nachrichten aus dem Ausland sickerten ein, und es wurde Mode, heimlich auf dem Zimmer »Voice of America« zu hören.

An den Wochenenden organisierten die Studenten Kinovorführungen mit Filmen von Hitchcock und Godard, mit Klassikern wie *Vom Winde verweht* und *Waterloo Bridge* – auch das war außerhalb der Campusmauern vorerst undenkbar. Auf öffentlichen Leinwänden wurden zwar nun auch Filme aus dem Ausland gezeigt, dabei handelte es sich aber vor allem um plumpe Propagandaproduktionen aus der Sowjetunion und den sozialistischen »Brüderstaaten« vom Balkan, Albanien, Rumänien und Jugoslawien.

Auf Universitätsversammlungen übten die Studenten dagegen, wenn auch zaghaft, Kritik an Staat und Partei. Darüber hinaus initiierten sie die ersten Demokratieübungen des Landes: die Wahlen der Studentensprecher. Die Kandidaten schwangen öffentliche Reden und verteilten Flyer. Meine Tante und andere Campusdichter trugen zu diesen Anlässen ihre Gedichte vor.

Auch meine beiden Onkel waren Fans der *Menlong*-Bewegung und feilten in Pingxiang an den gelungensten Sprachbildern und einfallsreichsten Formulierungen. Keines der Geschwister aber brachte es dabei so weit wie meine Tante. Wegen ihrer vielgelobten Gedichte, Kurzgeschichten und Essays wurde sie schon mit neunzehn Jahren zur Vorsitzenden des Literaturclubs ihrer Universität gewählt und gefeiert wie ein kleiner Popstar. Gleichaltrige Studienkollegen nannten sie »Lehrerin Peng«.

Später, ab 1982, flatterten Monat für Monat Gehaltszettel für sie ins Wohnheim: Meine Tante war inzwischen eine prämierte Dichterin und schrieb für die Unizeitungen in Jiangxi und über die Provinzgrenzen hinaus. Manchmal erschienen in ein und demselben Magazin auf einer der vorderen Seiten ein Gedicht von ihr und weiter hinten einer ihrer Essays oder eine ihrer Kurzgeschichten. Pro Zeile zahlten die Redaktionen 1 Yuan, in manchen Monaten verdiente meine Tante bis zu 100 Yuan, für eine Studentin damals eine ungeheure Summe. Von dem

Tante Xiaomei hält einen Literaturvortrag vor Verlagskollegen,
Ende der achtziger Jahre.

Geld leistete sie sich ein Fahrrad der Marke »Phoenix«, und,
le dernier cri, bunte Polyesterstoffe, aus denen sie sich, inspiriert
von Ingrid Bergman in *Casablanca*, Kleider und Röcke schnei-
dern ließ. Keine sackartigen Hosen mehr. Röcke! Für so etwas
war Großmutter der Stoff immer zu schade gewesen. Sie saßen
dann zwar nicht so gut wie jene im Film, die Schneider hatten nun mal jahrzehntelang nur Mao-Uniformen genäht, doch
meine Tante trug sie mit Grandezza. Auf dem Campus blickten
ihr alle nach: Mode, figurbetont und feminin – das hatte es seit
Jahrzehnten nicht gegeben.

1984 verliebte sich meine Tante während einer Lesung in
einen fünf Jahre älteren ehemaligen Kommilitonen, den aufstrebenden Schriftsteller Zhang Pincheng und späteren Vater
meiner Cousine Haohao. Heute ist er ein bekannter Roman-
und Drehbuchautor, der Werke wie *Die Chroniken des silbernen
Hahns*, *Die letzten zwei Katastrophenopfer* und *Grünes Auge* veröffentlicht hat. Baidu Baike, das chinesische Wikipedia, listet

Großmutter hält eine Rede vor Schülern,
Ende der achtziger Jahre.

ihn als »Erste-Klasse-Schriftsteller«. Als er und meine Tante sich
vor dreißig Jahren kennenlernten, hatte er gerade einen äußerst
begehrten Job ergattert: »Professioneller Kreativschreiber« bei
der staatlichen Kultur- und Kunstvereinigung. Verglichen mit
den Drehbuchautoren in seiner Abteilung, die immer noch
»Modellopern« verfassen mussten, hatte er es gut. Er durfte
über alles schreiben außer über Politik. Selbst wenn er nichts
zu Papier gebracht hätte, hätte der Staat ihm sein Gehalt weiter-
gezahlt – Arbeitsbedingungen, von denen Autoren heute nur
träumen können.

*

In den Sommer- und Winterferien, wenn meine Tante und meine Mutter nach Hause fuhren, kam es am Esstisch zu hitzigen
politischen Diskussionen. Großmutter hatte inzwischen eine
neue Stelle an der Mittelschule von Xiangdong, wo ihre beiden Töchter die Uniaufnahmeprüfung absolviert hatten. Meine

Großeltern waren auf den Campus gezogen, das Haus in Lashi hatten sie für 5000 Yuan Großvaters jüngerem Bruder überlassen.

Großvater, nun bei der Abteilung Einheitsfront beim nationalen Zentralkomitee beschäftigt, war guter Dinge und fühlte sich wie ein »Vulkan, der kurz vor dem Ausbruch steht«, wie er mir sagte. Deng Xiaopings Reformen gaben ihm Auftrieb.

Mit Verve hatte er sich der Aufgabe gewidmet, die neuen Parteigesetze umzusetzen: Er hatte Opfer der Kulturrevolution entschädigt und junge Menschen in Lohn und Brot gebracht. Seine Arbeit erfüllte ihn mit Sinn. Besonders freute ihn die Gehaltserhöhung auf 60,50 Yuan, die ihm die Partei 1982 gewährt hatte – 27 Jahre lang, seit Beginn seines Arbeitslebens, war sein Monatslohn bei 48 Yuan verharrt. Nun ging es auch finanziell aufwärts. Onkel Xungui ritt als jüngster Schuldirektor Pingxiangs auf seiner eigenen Erfolgswelle und sah inzwischen aus wie ein chinesischer Beatnik: Er trug spitze Lederstiefel zu enggeschnittenen Anzügen mit Schlaghose, dazu eine Armbanduhr der Marke »Shanghai«. Auch er hatte sich ein »Phoenix«-Fahrrad geleistet: Auf den Straßen Xiangdongs war das in etwa so, als besäße er einen Porsche. Zum Stolz der Familie stand in der Wohnung außerdem ein nagelneuer, vierzehn Zoll großer Farbfernseher von Sony. Fünf Monatsgehälter hatten meine Großeltern dafür bei der Versorgungsgenossenschaft hingeblättert.

Gleich nach dem Einzug hatte Großvater eine seiner Kalligraphien über der Tür angebracht: In Goldschrift standen dort die vier Schriftzeichen *huayang gaozhao*. Die Zeichen bezogen sich auf die Reformer innerhalb der Partei, den kurzzeitigen KP-Vorsitzenden Hua Guofeng und Generalsekretär Zhao Ziyang. Sie, die Politiker einer neuen Ära, sollten China zum Strahlen bringen, drückte Großvater mit seiner Kalligraphie aus. Der Wandel beflügelte seine Gedanken: Da er auf seiner

Großvater singt bei einem Treffen in Pingxiang mit Auslandschinesen,
die er Anfang der achtziger Jahre auf seiner Behörde betreute.

Behörde für die Belange der Auslandschinesen zuständig war –
ehemaligen Bewohnern von Pingxiang, die geflohen oder ausgewandert waren –, bekam er oft Briefe aus Taiwan, Hongkong
und aus Übersee. Mit einem Arzt aus Taipeh unterhielt er sogar
eine jahrelange Brieffreundschaft: Doktor Peng Gaoming war
mit seiner Familie kurz vor der Revolution im Jahr 1949 auf
die Insel geflüchtet. Nun, da die politische Lage sich zu ent-
spannen begann, durfte er wieder für Verwandtenbesuche in
die alte Heimat zurückreisen. Nachdem er Großvater in einer
Erbangelegenheit in seiner Behörde aufgesucht hatte, waren sie
beim Teetrinken ins Plaudern gekommen und hatten Interesse an den Ansichten des anderen gefunden. Zurück in Taiwan,
schickte Doktor Peng Großvater von da an regelmäßig Umschläge mit ausgeschnittenen Zeitungsartikeln aus taiwanesi-
schen Medien. Ich habe sie auf meiner Spurensuche in Pingxiang in einer alten Schreibtischkiste gefunden: Es sind Texte

über die damals aufziehende Demokratisierung innerhalb der Guomindang. Die Überschriften lauten »Eine Partei kann nicht durch eine Einzelperson gerettet werden« und »Warum sollten wir nicht unsere Herrscher austauschen dürfen?«. Großvater las die Briefe von Doktor Peng mit großer Aufmerksamkeit.

Sobald abends alle bei Tisch saßen und Großmutter ihre scharfen Gerichte aufgetragen hatte, wurde über den Umbruch in China debattiert, der allerorten zu spüren war. Großvater hoffte auf den Wandel, gleichzeitig war seine Haltung zur Partei mehr als ambivalent: Meine Mutter erinnert sich an hasserfüllte Ausbrüche und bittere Tiraden gegen Mao; im nächsten Moment, wenn meine Tante in die Kritik einstimmte, schlug er sich wieder auf die Seite der Partei. Er war innerlich zwiegespalten, und ebenso zwiegespalten war, Gehaltserhöhung hin oder her, auch die Partei in ihrem Umgang mit ihm: Mit seinen Leistungen auf der Behörde zeigte man sich zufrieden, und dennoch verwehrte man ihm den weiteren Aufstieg. Als sein Abteilungsleiter ihn zu seinem Stellvertreter machen wollte, lehnte das Parteikomitee von Xiandong den Antrag ab. Ohne Begründung. Vermutlich traute man einem alten Querulanten wie Großvater immer noch nicht über den Weg.

Die Partei hatte ihn tief verletzt, und die Wunde war noch lange nicht verheilt. Lossagen konnte er sich von ihr trotzdem nicht. Er sprach von den Selbstreinigungskräften der Partei, von ihrer Fähigkeit zur Einsicht. Dengs Öffnungspolitik empfand er als Meilenstein. Fehler mache jede Regierung, sagte er. Er blieb dabei: Ohne die Kommunistische Partei kein neues China.

So sah es im Grunde auch meine Mutter, die als Studentin an einer naturwissenschaftlichen Universität erst später mit westlichen Ideen in Berührung kam als meine Tante. 1982 trat sie der Partei bei.

Großvater (zweite Reihe, dritter von links)
mit Behördenkollegen, ca. 1985

»Warum?«, habe ich sie einmal gefragt.

»Du kennst doch den Spruch von Churchill?«, antwortete sie. »›Wer mit zwanzig kein Kommunist ist, hat kein Herz. Wer mit dreißig noch Kommunist ist, hat keinen Verstand.‹ Ich war jung. Natürlich hatten wir in der Kulturrevolution gelitten. Aber das änderte nichts daran, dass ich fest an die kommunistische Utopie glaubte. Wir hatten unser Ziel eben noch nicht erreicht, dachte ich.«

Ihre Zeit an der Uni hat sie als glücklich in Erinnerung, trotz Drill und Disziplin. Mit neun Kommilitoninnen hauste sie in einem 20-Quadratmeter-Zimmer mit fünf Stockbetten. Die Koffer unterm Bett, im Regal eine Waschschüssel, eine Reisschale und ein paar Essstäbchen. Um 5.30 Uhr klingelte der Wecker, um 6 Uhr war Morgenappell, danach eine halbe Stunde laufen, anschließend Vorlesungen und Seminare bis 18 Uhr. Um 22 Uhr wurde der Strom abgestellt. An den Wochenenden feierte man im Wohnheim »Partys« mit abgekochtem Wasser und

Meine Mutter (dritte von links) nach einem gewonnenen
Staffelwettlauf an ihrer Universität, ca. 1984

Süßigkeiten, dazu liefen Heimatschlager von Peng Liyuan, die
damals *der* junge Shooting-Star des Gesangs- und Tanzensem-
bles der Volksbefreiungsarmee war (heute ist sie die Ehefrau
von Staatspräsident Xi Jinping). In ihrer Freizeit verausgabte
meine Mutter sich ansonsten auf dem Sportplatz. Dank ihrer
Schnelligkeit heimste sie Dutzende Medaillen bei Laufwett-
bewerben ein. Bis in die neunziger Jahre hinein hielt sie unter
den Masterstudenten der Provinz Hunan die Rekorde über 200,
800 und 1500 Meter.

Einmal in der Woche fand abends eine Versammlung für
Parteimitglieder statt. Besprochen wurden die neuen Erlasse
des Nationalen Volkskongresses ebenso wie Privatangelegen-
heiten innerhalb der Studentenschaft. Gab es nicht Gerüchte, dass X mit Y eine sexuelle Beziehung unterhielt? Skandal!
Sex vor der Ehe war ein Tabu, Ehe vor Abschluss des Studi-
ums verboten. Auf dem Campus sah man Paare nicht einmal
Händchen halten. Wem »unsittliches Verhalten« nachgewiesen

wurde, der musste später bei der Jobsuche mit Nachteilen rechnen.

Meine Mutter war brav und wartete mit der Partnersuche bis zum letzten Semester. Ihr Blick fiel auf einen Kommilitonen in ihrer Leichtathletikgruppe: Er erinnerte sie ein wenig an ihren Jugendschwarm, den Sohn einer Physikprofessorin, den sie zwei Jahre lang erfolglos angehimmelt hatte. Er war 1,78 Meter groß, ein stiller Typ mit markantem Gesicht, meistens trug er eine etwas zu große Armeejacke aus schwerer, dunkelblauer Baumwolle, selbst an warmen Tagen. Wie sie studierte er Chemie. Im März 1982 nahm meine Mutter ihren ganzen Mut zusammen und schob ihm in der Bibliothek einen Zettel zu. Darauf die knappe Zeile: »Ich möchte dich kennenlernen.« Zwei Monate vergingen ohne eine Antwort. Dann trafen sie sich in der Bibliothek wieder. Er schlug meiner Mutter einen Spaziergang vor. Im Sommer wurden sie ein Paar.

Mein Vater heißt Yang Jianjun. Jianjun bedeutet »Der Aufbau der Armee«, ein Name, über den er nach dem 4. Juni 1989 nicht mehr sonderlich glücklich war. Die Jacke, die er immer trug, hatte er von seinem Vater geerbt. Sie stammte noch aus den fünfziger Jahren, aus der Zeit, als Großvater Yang als Feldoffizier bei den Kommunisten diente. Mein Vater trug sie wie einen Glücksbringer: Großvater Yang, ein 1,89 Meter großer Hüne aus der Provinz Jiangsu bei Shanghai, seit 1937 in der Armee, war trotz dreier Kriege (gegen die Japaner, gegen die Guomindang und im Koreakrieg gegen die Amerikaner) und vierzehn Jahren Einsatz kein einziges Mal von einer Kugel getroffen worden, was ihm den Spitznamen »Der Mann, dem die Patronen ausweichen« eingebracht hatte. Irgendwann zwischen den Gefechten gegen die Japaner und gegen die Guomindang hatte er meine Großmutter geheiratet, eine geborene Fu – die beiden waren sich schon im Kleinkindalter versprochen worden. Nach dem Koreakrieg versetzte man ihn in den Norden Chinas. Weil sein Magen gegen die fettigen Mehlspeisen dort rebellierte, ließ man ihn Mitte der sechziger Jahre nach Changsha ziehen, wo er sich zunächst in der Parteihierarchie einer Eisenbahnbehörde hochdiente, bis auch er als »kapitalistischer Wegbeschreiter« der Kulturrevolution zum Opfer fiel. Zur Strafe musste er jahrelang achtzehn Stunden am Tag Wasser für die Duschen und Gemeinschaftsküchen eines Kohlewerks erhitzen. Großmutter Fu wiederum wurde monatelang in einem Kellerverschlag festgehalten, weil man ihr vorwarf, den Nationalisten im Bürgerkrieg Geheimnisse verraten zu haben. Mein Vater, das jüngste von sieben Kindern, wuchs in dieser Zeit unter der Obhut seiner älteren Geschwister auf. Kochen, Putzen, Schule, alles machten die Kinder alleine. Früher waren sie als Sprösslinge eines verdienten Armeeveteranen hoch angesehen gewesen (die beiden Brüder meines Vaters heißen Yaojun, »funkelnder Soldat«, und Minjun, »Soldat des Volkes«). Nun aber lief mein Vater seiner Eltern wegen auf der Straße mit gesenktem Kopf herum.

1975 wurde die Familie in die Stahlstadt Henyang beordert, 200 Kilometer südlich von Changsha, ein Niemandsort wie Pingxiang. Nach der Kulturrevolution brachte Großvater Yang es schließlich zum geachteten Vizeparteisekretär des staatlichen Stahlkonzerns Yejin, wo er Chef von 20 000 Arbeitern war (heute gehört Yejin zur Sinosteel-Gruppe, einem der größten Stahlunternehmen weltweit).

Im zweiten Stock des Arbeiterkrankenhauses auf dem Yejin-Gelände sollte ich im Februar 1988 geboren werden. Wenige Krankenzimmer weiter und 23 Jahre später sollte Großvater Yang mir kurz vor seinem Tod im November 2011 mit keuchender Stimme und Infusion im Arm seine Lebensgeschichte erzählen. Wie mein Großvater mütterlicherseits stammte auch er aus einfachen Bauernverhältnissen und hatte sich in der Par-

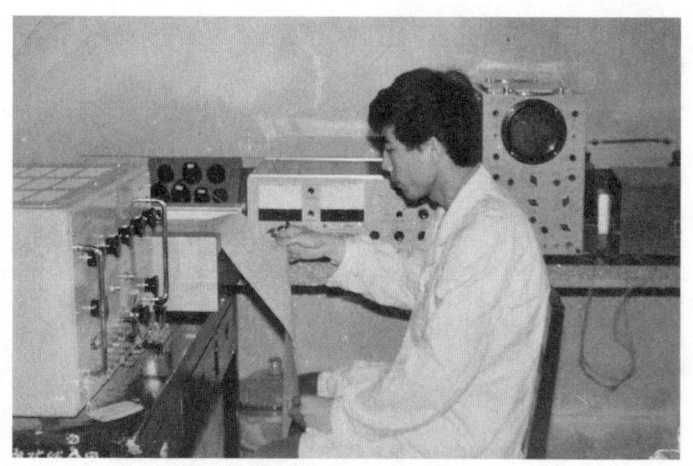

Mein Vater im Chemielabor in Changsha, ca. 1982

teihierarchie hochgearbeitet, nur um später enttäuscht zu werden. Doch auch er hielt ein Leben lang zum Kommunismus. Auch ihm war die Bildung seiner Kinder das Allerwichtigste. Als mein Vater zu Beginn der achtziger Jahre seinen Eltern meine Mutter vorstellte, waren sie hellauf begeistert: so ein kluges Mädchen, immer die besten Noten! Und so tüchtig! Nur die älteste Schwester meines Vaters meldete Bedenken an: Ob meine Mutter wegen ihrer ungewöhnlich hellen Haare nicht Albinos in die Welt setzen würde? Daraufhin trennte sich mein Vater tatsächlich von meiner Mutter. Sie kamen aber bald wieder zusammen.

*

In einer Schublade in Pingxiang habe ich Schwarzweißfotos aus dem Sommer 1982 gefunden: Meine Mutter trägt auf den Bildern geflochtene Zöpfe, mein Vater hält meist eine stümperhaft gerollte Zigarette in der Hand. Sie sind vor dem Rathaus zu sehen, unter Palmen, mal neben einer Pagode am See – auf

Meine Eltern als junges Paar vor einem Behördengebäude
in Changsha, Herbst 1982

allen Fotos stehen sie züchtig mit einer Handbreit Abstand nebeneinander und lachen, nein, kichern etwas verschämt. Ein-, zweimal im Jahr nur konnten sie solche Erinnerungsfotos knipsen, nämlich immer dann, wenn ein Unifreund meines Vaters so nett war, ihm seine Seemöwe 4BI, eine zwei Kilo schwere Spiegelreflexkamera, für einige Tage auszuborgen. Der Freund wurde dafür ständig mit Geschenken eingedeckt und war dementsprechend überaus beliebt im Jahrgang.

Am 6. Juni 1985 heirateten meine Eltern, wenige Tage nach dem Drachenbootfest. Das Hochzeitsfoto ist das erste Farbbild, das es von ihnen gibt. Bei der standesamtlichen Feier trug meine Mutter eine weiße Bluse und einen blauen Rock, es gab Erdnüsse und ein kleines Essen. Meine Großeltern mütterlicherseits schenkten eine Möbelgarnitur, meine Großeltern väterlicherseits ein Fahrrad und einen Hitachi-Fernseher, auf dem ich als kleines Kind die ersten Cartoons sehen sollte.

Nach der Feier begab sich das Brautpaar ins Fotostudio. Das

Shooting, Paket »Märchenhochzeit«, dauerte eine knappe Stunde. Auf dem Foto stehen meine Eltern auf einer Treppe aus falschem Marmor, rechts und links eingerahmt von Stucksäulen aus Plastik oder Gips. Das Ganze soll eine Art Schlossbalkon darstellen: Die Wand hinter ihnen ist mit Fichtenwald unter blauem Himmel tapeziert, pastellfarben, in der Ferne thront eine Burg, die an Neuschwanstein erinnert. Vor dieser traumhaften Kitschkulisse also steht mein Vater in einem etwas zu kurzen grauen Einreiher mit rot-violett gestreifter Krawatte. Meine Mutter hatte sich am Tag vor dem Fototermin eine Dauerwelle machen lassen, das Hochzeitskleid lieh sie sich aus der Requisite des Studios: ein züchtiges Modell mit langen Ärmeln, eine Nummer zu weit, mit Spitze am Kragen und tellerartiger Prinzessinnenschleppe. Der Stoff war stumpf und verblichen wie ein alter Vorhang, vermutlich hatten das Kleid schon Hunderte Bräute vor ihr getragen. Um das Bild noch festlicher aussehen zu lassen, streuten die Studiomitarbeiter rosafarbene Blüten über die Schleppe. In der Hand hält meine Mutter einen Strauß roter Plastikrosen. Dazu trägt sie eine doppelreihige Kette aus falschen Perlen und zeigt das fröhlichste Lachen ihres Lebens.

9

TEEEIER STATT ATOMBOMBEN

Als meine Eltern heirateten, eroberten in den Städten die ersten Reklametafeln die Straßenzüge. Zügig wandelten Deng Xiaoping und seine Führungskollegen, auch gegen Widerstände innerhalb der Partei, die Plan- in eine Marktwirtschaft um: Sie hatten die Landwirtschaft kollektiviert, Privatfirmen waren neuerdings erlaubt, Löhne wurden nun nach Leistung gezahlt. Als Zeichen des Umbruchs, erinnert sich meine Mutter, wurde ein Leitartikel in der *Volkszeitung* gedeutet, dem Sprachrohr der Partei. Der Text rechtfertigte die 180-Grad-Wendung hin zum Kapitalismus mit lapidaren Sätzen: Marx' Kapital sei vor mehr als hundert Jahren geschrieben worden, seitdem aber habe sich einiges getan. Punkt.

Vor allem der alte Generalsekretär Hu Yaobang, dem der Ruf als liberalster Kopf der Partei anhaftete, galt unter jungen Chinesen als Hoffnungsträger. Hu propagierte ganz offen den Konsum: Geldausgeben, so der Generalsekretär, gehöre zu einem »modernen Lebensstil«. Zur selben Zeit hob der Westen nach drei Jahrzehnten sein Handelsembargo gegen China auf. An den Kiosken gab es plötzlich Coca-Cola-Flaschen zu kaufen. Und was chinesische Kinder heute nicht mehr wissen: Nicht McDonald's, sondern Kentucky Fried Chicken überzog die Großstädte mit den ersten amerikanischen Fastfoodfilialen.

*

Anfang 1987 zog mein Onkel Songhe, das Nesthäkchen unter den Geschwistern, im Alter von 22 Jahren nach Peking, um sich an der Pekinger Universität für Luft- und Raumfahrt einzuschreiben. Er war das dritte Kind der Familie, das die Uniaufnahmeprüfungen bestanden hatte – keine andere Familie in Lashi hatte das geschafft. An den Pekinger Universitäten diskutierten gerade alle über den Heldenmut von Fang Lizhi, einem Astrophysikprofessor aus der Provinz Anhui. Im Dezember 1986 hatte dieser mit seinen Studenten auf dem Campus der Universität in Hefei in der Provinz Anhui für Demokratie und ein Ende des Einparteiensystems demonstriert. Dabei hielten sie handgemalte Poster hoch, auf denen »Gebt uns Freiheit oder gebt uns den Tod« stand. Fang wagte es, öffentlich Sätze zu sagen wie »Es ist besser, den Sozialismus zu studieren, als ihn zu lieben« und »Demokratie ist ein Recht, kein Geschenk«. Der Fall schlug Wellen bis nach Zhongnanhai, dem Pekinger Regierungsviertel nahe der Verbotenen Stadt.

Der Einzug westlicher Ideen schlug sich auch im Campusleben nieder: Im Gemeinschaftssaal des Wohnheims hing seit neuestem eine Discokugel, zum großen Ärger der Univerwaltung, die die neumodischen Tanzpartys zu verbieten suchte, allerdings vergeblich. An den Wochenenden drängten die Studenten in die Kinos, wo auch das breite Publikum mittlerweile Hollywood-Filme zu sehen bekam. Ebenso beliebt waren die ersten einheimischen Arthouse-Produktionen: Der Filmemacher Chen Kaige, der die Kulturrevolution auf einer Kautschukplantage in Yunnan verbracht hatte, setzte 1984 mit *Gelbe Erde* einen Meilenstein für das moderne chinesische Kino. Sein damaliger Kameramann, Zhang Yimou, sollte drei Jahre später als Regisseur auf der Berlinale den Goldenen Bären für *Rotes Kornfeld* gewinnen.

Von dem Taschengeld, das meine Großeltern ihm schickten,

kaufte Onkel Songhe sich raubkopierte Musikkassetten von den Beatles, den Stones, U2 und von Wham!, die im Frühjahr 1985 als erste westliche Popband in China aufgetreten waren – mit Föhnfrisuren und Lederminis auf der Bühne und unbeholfen tanzenden Teenagern auf den Rängen des Pekinger Arbeiterstadions, bewacht von Tausenden Polizisten. Einer der 15 000 Konzertzuschauer war an diesem Abend der 24-jährige Cui Jian. Der Auftritt beeindruckte den Sohn eines Trompeters so sehr, dass er sich eine E-Gitarre zulegte und eine eigene Band gründete. Später würden seine Fans ihn als »Vater der chinesischen Rockmusik« anhimmeln. Cui Jian vereinte westliche Gitarrensounds mit den Klängen klassischer chinesischer Instrumente. Sein erster großer Hit hieß »Ich habe nichts« und brachte die Stimmung in der jungen Generation auf den Punkt. Cui Jian sang von Freiheit und Veränderung, Onkel Songhe spielte das Lied unzählige Male auf dem Kassettenrekorder ab, den er am Kopfende seines Stockbetts wie einen Schatz hütete – so lange, bis das Magnetband riss.

*

Der wirtschaftliche Aufschwung ging an meiner Familie zunächst weitgehend vorbei. »Reich werden ist glorreich«, hatte Deng Xiaoping gesagt. Vor allem aber: »Lasst einige zuerst reich werden.« In der Gesellschaft machte sich ein Bruch bemerkbar, auch in Pingxiang. Wenn Onkel Xungui mit seinem Phoenix-Fahrrad durch die Straßen fuhr, drängelten sich jetzt gelegentlich japanische Importautos an ihm vorbei. Manche der Fahrer sprachen in sogenannte *dagedas* hinein: riesengroße schwarze Telefone mit zehn Zentimeter langen Antennen – die ersten chinesischen Handys. Onkel Xungui hatte nicht mal einen Festnetzanschluss. Ein ehemaliger Rotgardist, der jahrelang mit ihm im »Jugendstützpunkt« in Wanlongshan gehaust

Onkel Songhe
(rechts) mit einem
Freund am Bahnhof
in Pingxiang
kurz vor Abfahrt
nach Peking,
Sommer 1987

hatte, machte in kurzer Zeit ein kleines Vermögen: Als Gewürz-
händler verdiente er mit Zimt, Sternanis und Chili Zehntausende von Yuan. Ein Schulfreund meiner Mutter, der die Mittelschule abgebrochen und anschließend als Tagelöhner auf dem
Bau geschuftet hatte, wurde nun mit einem Geschenkeladen
in bester Lage reich. Darin verkaufte er Importzigaretten, Edel-
porzellan und seidene Wandteppiche mit dem Motiv *Der Vorsitzende Mao geht nach Anyuan*. Viele seiner Kunden waren Un-
ternehmensgründer, die bei dem ein oder anderen Beamten im
Rathaus einen Gefallen erbitten wollten. Und diese ließen sich
ihre Hilfe immer häufiger mit Geschenken bezahlen, natürlich
auch mit Bargeld.

Onkel Xungui, der den Aufstieg der anderen mit einer Mischung aus Neid und Bewunderung beobachtete, wurde von einer seltsamen Unruhe erfasst. Früher war er es gewesen, der um seine »eiserne Reisschüssel« beneidet wurde (so bezeichnen Chinesen sichere Beamtengehälter) – inzwischen fühlte er sich abgehängt, und öffentliche Bedienstete wie er wurden belächelt. Sein mickriges Monatseinkommen von 60 Yuan wurde zunehmend von der Inflation aufgefressen, Aufstiegsmöglichkeiten gab es keine. Alle Akademiker, die für den Staat arbeiteten, waren von diesem Problem betroffen, ob Professoren, Ingenieure oder Forscher. Ein geläufiges Sprichwort dieser Zeit lautete: »Atombomben bauen ist weniger lukrativ als Teeeier verkaufen.«

1987 beschloss Onkel Xungui, sein Leben zu ändern: Er trat von seinem Schuldirektorposten in Xiangdong zurück und ließ sich als einfacher Lehrer an die Mittelschule Nr. 5 in Pingxiang versetzen. So war er wenigstens näher am Geschehen im Stadtzentrum. Im Unterricht schweiften seine Gedanken immer öfter in die Sonderwirtschaftszonen an der Küste ab, in die glitzernden, aufstrebenden Metropolen, in denen inzwischen Tag für Tag Millionen gescheffelt wurden. Zu kündigen, wie manche Kollegen es taten, traute er sich aber noch nicht, denn wer einmal die »eiserne Reisschüssel« wegwarf, hatte keine Chance, sie wiederzubekommen.

Anfang Februar 1988, die Winterferien waren gerade angebrochen, wagte Onkel Xungui dann doch einen ersten Schritt in die Privatwirtschaft. Er packte ein Hemd, eine Jacke und eine Zeitung in eine Stofftasche und kaufte sich am Bahnhof ein Kurzstreckenticket in die nächste Stadt. Dort angekommen, blieb er einfach sitzen. Vor dem Schaffner, der mit Rufen seinen nächsten Rundgang ankündigte, versteckte Onkel Xungui sich, indem er die Zeitung unter der Bank ausbreitete und sich unter den Sitz quetschte. Reglos verharrte er so die nächsten fünf Stunden bis nach Nanchang. Weitere dreißig Stunden und zweimal Umsteigen später erreichte er eine Küstenstadt in der Provinz Guangxi, wo er auf eine Fähre umstieg. Vor Freude hielt er die Luft an: Es war das erste Mal, dass er das Meer sah.

Sein eigentliches Ziel war Hainan, die Tropeninsel im äußersten Süden Chinas. Heute wird Hainan »das Hawaii Chinas« genannt und ist ein mit Bettenburgen und Strandliegen zugepflasterter Urlaubsort für smoggeplagte Großstädter aus dem Norden. In früheren Jahrhunderten galt die Insel dagegen als das »Ende der Welt«: Strände und Dschungel waren weitgehend menschenleer, bevölkert nur von wilden Eingeborenen und einigen ungeliebten Hofbeamten, die der Kaiser zur Strafe dorthin verbannt hatte. Mao nutzte Hainan ebenfalls als Strafexil. In den siebziger Jahren verschickte er Zehntausende Rotgardisten zur »Umerziehung« dorthin, darunter die älteste Schwester meines Vaters. Von 1972 bis 1978 schnitt Tante Jun (»Die Soldatin«) im Dschungel Bananenstauden und hielt sich mit nichts als Reis und getrocknetem Rettich am Leben. Noch bis Anfang der achtziger Jahre glaubten viele Menschen auf dem Festland, dass den Angehörigen der ethnischen Minderheiten auf Hainan Schwänze wuchsen. Am Ende des Jahrzehnts schließlich wurde die Insel ein Eldorado. 1988 erklärte die Regierung Hainan zur eigenständigen Provinz und auch gleich zur Sonderwirtschaftszone. Steuervergünstigungen und Subventionen sollten einen Boom auf der Insel auslösen. Hunderttausende Glücksritter aus allen Ecken Chinas strömten nach Hainan. Einer von ihnen war Onkel Xungui.

Bei seiner Ankunft kam er sich vor, als wäre er im Paradies gelandet – die Palmen, der Sandstrand, der Wind, die Sonne und vor allen Dingen: das Wasser. Haikou, die neue Provinzhauptstadt, lag verschlafen an der Küste. Die Einheimischen, Angehörige des Li-Volks, hausten in einfachen, ein- bis zweistöckigen

Häusern, die Straßen waren von Imbissbuden und Gemüse-ständen gesäumt. Das Zentrum aber verwandelte sich gerade in eine riesige Baustelle, und vereinzelt ragten schon Hochhäuser mit zwanzig Stockwerken und mehr in die Höhe. Die Bleibe, die Onkel Xungui fand, war ein Bett im stickigen Keller eines Gästehauses für 1 Yuan die Nacht. Es gab keine Fenster, dafür vier Mitbewohner im Zimmer und Kakerlaken. Dusche und Klo, die am Ende eines dunklen, feuchten Ganges lagen, muss-te er sich mit hundert anderen teilen. Trotzdem hatte er Glück, dass er überhaupt eine Unterkunft gefunden hatte, denn täg-lich spuckten die Fähren Tausende neue Abenteurer am Hafen aus. Viele mussten auf der Straße schlafen.

Einer von Onkel Xunguis Zimmerkameraden hatte eine 3000 Kilometer lange Reise hinter sich. Er kam aus Heilong-jiang, der nördlichsten Provinz Chinas, und hatte gehört, dass man auf Hainan zollfrei Toyotas importieren konnte. Darauf-hin war er an einem Schneetag in einem bodenlangen Win-termantel in den Zug gestiegen. Die Hitze setzte ihm nach sei-ner Ankunft so sehr zu, dass er sich die erste Woche im Keller verkroch. Ein anderer Mitbewohner besaß eine Plastikfabrik in Anhui und plante, in den Süden zu expandieren. Nachts tra-fen sich die Neuankömmlinge am Strand, wo es zuging wie auf einem Open-Air-Festival – man trank billigen Schnaps aus Literflaschen, Grillspieße und Weizenfladen wurden herum-gereicht, dazu wummerte Taiwan-Pop aus batteriebetriebenen Lautsprechern. Die Betrunkenen schüttelten Kokosnüsse von den Palmen oder schwammen nackt im Meer.

Morgens ging Onkel Xungui übernächtigt auf Arbeitssuche. An jeder Ecke schossen neue Firmen aus dem Boden: Reise-büros, Bauunternehmen, Stahl- oder Nudelfabriken. »Fällt eine Kokosnuss vom Baum, trifft sie drei Firmengründer«, lautete ein geläufiger Kommentar zum Boom. In manchen Neubauten drängten sich Dutzende Start-ups auf einem Stockwerk. Zeitweilig kursierte sogar das Gerücht, dass Hainan wie Taiwan abgespalten werden sollte: ein unabhängiges, freies Reich unter Palmen!

Zunächst fand Onkel Xungui einen Job als Ziegelsteinträger auf einer Baustelle. Später stellte er sich als Zeitungsverkäufer an die Straße und warb für das neugegründete Blatt *Entwicklungszeitung von Hainan*. Für 500 verkaufte Exemplare am Tag bekam er 10 Yuan. Dann versuchte er es als freier Autor bei der örtlichen *Bauernzeitung*, schrieb über seine Reise in den Süden und die allgegenwärtige Euphorie, aber auch über die Kehrseiten des »Hainan-Fiebers«: Tausende streunten arbeitslos und hungrig durch die Straßen. An manchen Tagen versammelten sie sich vor dem Rathaus in Haikou und skandierten: »Wir sind junge Talente! Wir wollen etwas zu essen!«

An Neujahr lief Onkel Xungui auf dem Kellerflur einem Mädchen mit einem blauen Rucksack über den Weg. Chen Si, 23, groß gewachsen und hübsch, war gerade mit dem Bus angekommen und wie er auf der Suche nach dem großen Glück. Nach ihrer Ausbildung als Gymnasiallehrerin hatte die Regierung sie auf eine Mittelschule in ein weit abgelegenes Dorf in der Westprovinz Sichuan versetzt. Weil sie sich weigerte, dort den Rest ihres Lebens zu verbringen, hatte sie sich allein auf den Weg nach Hainan gemacht. Sobald Onkel Xungui seinen Lohn erhielt, führte er Chen Si ins Restaurant im nagelneuen Hochhaus der Bank of China aus. In mondhellen Nächten saßen sie dort auf dem Balkon im 24. Stock, tranken Saft und blickten in die Ferne.

Die Winterferien waren längst vorbei. Ein Monat verstrich. Und noch einer. Onkel Xungui spielte ernsthaft mit dem Gedanken, sich dauerhaft auf Hainan niederzulassen. Anfang Mai ging er in eine Telefonzelle und wählte die Nummer von Großmutters Grundschule.

»Mutter, ich habe vor, hierzu…«, setzte er an, kam aber nicht dazu, den Satz zu beenden.

»Dein Schuldirektor ist stinksauer! Komm sofort nach Hause! Sonst wirst du entlassen!«, hörte er Großmutter am anderen Ende klagen.

Wie es schien, hatte er keine Wahl, als nach Hause zu fahren. Nach seiner Rückkehr legte er dem Leiter der Erziehungsbehörde einen Antrag auf Versetzung vor. Die Mittelschule Nr. 6 in Haikou hatte Interesse gezeigt, ihn zu übernehmen. »Hainan?«, meinte der Direktor spöttisch. »Träum weiter. Wir brauchen dich hier.« Das war das Ende von Onkel Xunguis Inselträumen.

Monate später stand plötzlich Chen Si vor der Tür. Onkel Xungui mietete eine Bruchbude auf dem Gelände des Stromwerks, wo die beiden fortan ein Jahr in »wilder Ehe« lebten, bevor sie zum Standesamt gingen. Großmutter schimpfte: Lieber hätte sie es gesehen, wenn er ein Mädchen aus der Gegend geheiratet hätte. Meiner Cousine, die 1990 auf die Welt kam, gaben Onkel Xungui und Tante Chen Si den wohl außergewöhnlichsten Namen, den die Geburtsbehörde bis dahin je verzeichnet hatte: Peng Siluya, mit vier Zeichen statt wie üblich zwei oder drei. Das klang japanisch und schick, fanden die beiden. *Ya* steht für *tianyahaijiao*, den Namen des Strandes am südlichsten Zipfel Hainans.

*

Auch Großvater träumte in dieser Zeit davon, reich zu werden. Einmal, es muss 1987 oder 1988 gewesen sein, kam er mit leuchtenden Augen nach Hause. Noch bevor er sich die Schuhe abstreifte, rief er: »Peng Liwen, ich muss dir etwas erzählen!« Dann schwärmte er Großmutter vor: Der älteste Sohn der

Onkel Xungui am Strand auf Hainan, Februar 1988

Wus, denen man während der Kulturrevolution das Haus weggenommen habe, erinnere sie sich noch? Jedenfalls habe der in Guangzhou an der Küste gerade eine Schuhfabrik eröffnet und suche noch Investoren ... Der Kleine der Lis wiederum, die Anfang der sechziger Jahre nach Hongkong geflohen seien, sei mittlerweile ein erfolgreicher Geschäftsmann in den USA. Bald wolle er zurück nach China kommen und sich nach lukrativen Projekten umsehen ...

»Und was hat das mit uns zu tun, Peng Fangcong?«, fragte Großmutter. Dabei brachte sie es fertig, die Augenbrauen hochzuziehen *und* gleichzeitig mit den Augen zu rollen.

»Da sind Millionen im Spiel, Peng Liwen! Das ist das große Geschäft!«, jubelte Großvater. »Ich mache den Mittelsmann und nehme fünf Prozent!«

»Na, dann werden wir ja bald in Geld schwimmen«, erwiderte Großmutter trocken und ging wieder in die Küche.

»Du wirst schon sehen!«, rief Großvater ihr hinterher. Seine jahrelange Aktenwälzerei schien sich endlich auszuzahlen:

Fast täglich hörte er auf seiner Behörde von neuen Investitionsprojekten, denn viele von den Auslandschinesen, für deren Belange er zuständig war, kamen inzwischen zurück, um in den Küstenprovinzen Guangzhou und Fujian zu investieren. Andere Bewohner aus Pingxiang waren ebenfalls in Meeresnähe gezogen, um Fabriken aufzubauen – und suchten händeringend nach Geldgebern. Hier, so dachte Großvater, käme nun er ins Spiel. Mehrmals fuhr er mit einem kleinen Reisekoffer an die Küste, besichtigte Fabriken, sammelte Informationsbroschüren und gab diese an potentielle Investoren weiter. Leider kam kein einziges Geschäft zustande. Es stellte sich nämlich heraus, dass die vermeintlich zahlungskräftigen Investoren aus Übersee ihrerseits Mittelsmänner waren; mit den Informationen, die Großvater ihnen beschafft hatte, suchten sie anschließend selbst nach Investoren. Großvater ließ sich offenbar leicht austricksen: Die Prozente kassierten die anderen.

*

Und meine Eltern? Sie träumten vom Ausland.

1986 begann mein Vater Englisch zu lernen. Ein Jahr nach der Hochzeit schrieb er sich an der Fremdsprachenuni in Wuhan ein, eine Nachtzugfahrt von Changsha entfernt. Meine Mutter war mittlerweile Assistenzdozentin für organische Chemie und gab Vorlesungen an ihrer alten Universität.

Das »Auswanderungsfieber« unter jungen Akademikern hatte Anfang der achtziger Jahre eingesetzt, ausgelöst durch Deng Xiaopings Politik der Öffnung. Ende der siebziger Jahre war der Nachfolger Maos während seiner Auslandsreisen aus dem Staunen gar nicht mehr herausgekommen. In Japan fuhr er mit dem Schnellzug Shinkansen, in den USA besichtigte er die Werke von Coca-Cola und Boeing. Kurz darauf fiel seine Entscheidung, jedes Jahr 3000 junge Talente an ausländische Univer sitäten zu schicken. Er wusste: Ohne ausländisches Know-how würde die chinesische Wirtschaft nicht an Fahrt gewinnen. Obwohl er das stolze Alter von achtzig überschritten hatte, war ihm noch aus eigener Erfahrung bewusst, welchen Wert ein Auslandsaufenthalt haben konnte: In den zwanziger Jahren hatte Deng fünf Jahre in Marseille verbracht; in Frankreich und später in Moskau war seine Begeisterung für den Marxismus geweckt worden. Der Weg in Chinas Zukunft, sagte Deng nun, führe über die Ausbildung einer akademischen Elite in Übersee – koste es, was es wolle.

Sogar das Risiko, dass viele nicht mehr zurückkommen würden, nahm er in Kauf. Kritikern eines potentiellen »Brain Drain« entgegnete er: Selbst wenn von tausend Studenten hundert nicht wiederkämen, wäre seine »Politik der offenen Tür« immer noch ein großer Erfolg. Damit unterschätzte er die Anziehungskraft des Westens bei weitem: Mitte der achtziger Jahre waren einige Zehntausend chinesische Studenten nach Europa, in die USA, nach Australien, Neuseeland und Japan gegangen. Gerade mal ein Drittel kam zurück. Unter jenen, die nicht mit Stipendium ins Ausland gegangen waren, sondern ihr Studium selbst finanziert hatten, kehrten sogar nur vier von hundert zurück.

Wer mit einem westlichen Studienabschluss wiederkam, wurde mit Kusshand empfangen und konnte damit rechnen, im Handumdrehen zum Professor berufen zu werden, wenn nicht gar zum Fakultätsleiter. In ein Staatsunternehmen konnte man sofort in leitender Funktion einsteigen. Die Rückkehrer wurden mit hohen Gehältern und großen Wohnungen belohnt. Mein Vater und die meisten seiner Kommilitonen belächelten sie trotzdem. Man war zwar neugierig auf die neumodischen Elektrogeräte und exotischen Süßigkeiten, die sie mitbrachten – insgeheim aber, erzählt er heute, spottete man über sie: Wer war schon so dumm, nach China zurückzukommen, wo doch auf der anderen Seite des Globus Wohlstand und Freiheit warteten?

Schon als Jugendlicher hatte mein Vater heimlich davon geträumt, nach Taiwan auszuwandern, zu seinem Onkel, einem ehemaligen Guomindang-Soldaten, von dem es hieß, er habe sich 1949 auf die Insel davongemacht. Die Lügen der Propagandamaschinerie – in China sei alles gut, anderswo alles schlecht – glaubte mein Vater schon seit Kindestagen nicht mehr. Trotz des Aufschwungs sah er in China keine Zukunft für sich: Ihn störte, dass die Regierung ihm nach Belieben eine Arbeitsstelle zuweisen konnte, die er gezwungenermaßen annehmen musste. Wer aufsteigen wollte, egal ob in einer Behörde, einer Staatsfirma oder an der Universität, brauchte Beziehungen – und musste »Pferdehintern streicheln«. Ihm missfiel, dass in der chinesischen Wissenschaft Daten gefälscht und Ergebnisse aufgebauscht wurden. Und schließlich hatte er einfach die Schnauze voll davon, arm zu sein. Jetzt, da er es als einziger Sohn der Familie auf eine Uni geschafft hatte, schien der Traum vom Ausland zum Greifen nah.

Die Kandidaten für ein Auslandsstudium wurden nach einem streng geregelten Verfahren ausgesucht. Jedes Jahr rekrutierte das Bildungsministerium in Peking Tausende Studenten aus dem ganzen Land, wobei jede bessere Universität ein festes Kontingent zugewiesen bekam. An der Uni meines Vaters konnten sich pro Jahrgang nur drei bis vier Bewerber qualifizieren.

Meine Mutter unterstützte seinen Plan, auch sie wollte in ihrem Leben etwas von der Welt sehen. Gemeinsam betrachteten sie den Globus, der auf dem Schreibtisch im Wohnheimzimmer meiner Mutter stand.

»Nach Amerika fliegt man fünfzehn Stunden, nach England zwölf«, sagte mein Vater und maß die Abstände mit den Fingern nach. »Falls ich es schaffen sollte, hol ich dich nach.«

»Ja, gut – aber was machen wir, wenn du nicht dort bleiben kannst?«

»Das Auslandsstipendium gilt für ein Jahr. In diesem Jahr muss ich mindestens ein, zwei wissenschaftliche Artikel veröffentlichen – falls ich zurückkommen muss, habe ich dann Chancen auf eine bessere Stelle. Auf jeden Fall, da mach dir mal keine Sorgen, bringe ich die sechs großen Sachen nach Hause.«

Zu den »sechs großen Sachen« zählten Ende der achtziger Jahre: Farbfernseher, Kühlschrank, Kassettenrekorder, Waschmaschine, Fotokamera und Ventilator. Wer diese Dinge besaß, hatte es geschafft. Besonders begehrt waren Fabrikate japanischer oder westlicher Marken, die in normalen chinesischen Kaufhäusern nicht zu bekommen waren. Für die speziellen Devisengeschäfte, die diese Produkte im Angebot führten, brauchte man Sondergenehmigungen – und die waren hohen Parteikadern vorbehalten oder Rückkehrern aus dem Ausland, welche in Dollar, D-Mark, Pfund oder Yen bezahlen konnten. Für Normalsterbliche waren die Importgeräte sowieso unerschwinglich. Mein Vater kann die damaligen Preise heute noch im Schlaf aufsagen: Ein Kühlschrank *made in Japan* kostete zum Beispiel um die 2000 Yuan, das 25-Fache seines Monatsgehalts als wissenschaftlicher Mitarbeiter. Die Frage, wie es ihm gelingen würde, nach seinem Auslandsstudium alle sechs Geräte vollzählig zu haben, ging ihm pausenlos durch den Kopf. Denn auch dafür hatte die Regierung feste Kontingente vorgeschrieben: Wer drei Monate im Ausland war, durfte ein Gerät erwerben, bei sechs Monaten Aufenthalt zwei Geräte und so weiter.

Mein Vater fing an zu nachzurechnen. »Für alle sechs Sachen muss ich …«

»… musst du mindestens eineinhalb Jahre im Ausland bleiben«, führte meine Mutter den Satz zu Ende.

Nach einem Jahr Intensivkurs Englisch in Wuhan kehrte mein Vater im Sommer 1987 nach Changsha zurück. Glücklicherweise wurde das Kontingent für Auslandsstudenten in diesem Jahr von vier auf dreizehn Kandidaten erweitert. Dreißig Kommilitonen schafften es in die Vorauswahl. Um die letzte Runde zu bestehen, musste man im Aufnahmetest mindestens 100 Punkte erreichen. Mein Vater schaffte 101. Am nächsten Tag rief ihn der Direktor der Chemie-Fakultät in sein Büro. »Du hast der Abteilung Ehre erwiesen, Kleiner Yang«, sagte er erfreut. Dann übergab er ihm seine Urkunde: Ein einjähriges Auslandsstipendium im Wert von 30 000 Yuan. So viel Geld hätte mein Vater nach damaligem Stand in dreißig Jahren nicht verdient.

Vier Länder kamen in jenem Jahr als Ziele in Frage: die USA, Kanada, Australien und Deutschland. Als mein Vater seinen Bescheid erhielt, stampfte er vor Enttäuschung mit den Füßen auf. Auf dem Papier stand: Deutschland. »So ein Pech!«, fluchte er. Von diesem *deguo* hatte er keinerlei Vorstellung, er wusste nicht einmal, wo es lag. Zwölf Monate Englisch-Paukerei umsonst! Eine Begründung, warum man ihn ausgerechnet nach Deutschland schickte, bekam er nicht. Er selbst vermutet heute, es habe damit zu tun gehabt, dass der Direktor der Chemie-Fakultät hausintern eher als Leichtgewicht galt. Wahrscheinlich hätten sich alle Professoren in einer Runde getroffen und diskutiert, welcher Student in welches Land gehen solle. Sein Chef habe wohl den Kürzeren gezogen und von den Kollegen etwas zu hören bekommen wie: »Deiner muss eben nach Deutschland.«

Im Herbst 1987 zog mein Vater nach Shanghai, um an der Tongji-Universität Deutsch zu lernen. Kurz darauf entdeckte meine Mutter, dass sie schwanger war.

Meine Geburt fiel auf den 16. Februar 1988, den letzten Tag

im Jahr des Hasen. Zwei Wochen vor dem chinesischen Frühlingsfest quartierte sich meine Mutter bei ihren Schwiegereltern in Henyang ein, wie es traditionell üblich war. Draußen lag eine Schneedecke, unter den Fenstern des Krankenhauses wurde schon kräftig geböllert, dann, nach endlosen 26 Stunden Wehen, hob mich der Arzt gegen 20 Uhr per Kaiserschnitt aus dem Bauch meiner Mutter. Mein Vater, der nach Henyang geeilt war, wartete draußen auf dem Gang. Meine Eltern gaben mir den Namen Xifan: *xi* wie Hoffnung – was genauso klingt wie das Wort für »Westen« – und *fan* nach einer seltenen, weißen Jadesorte, inspiriert vom Schnee. Am siebten Tag des neuen Jahres – das Jahr des Drachens – setzte mein Vater sich wieder in den Zug nach Shanghai. Meine Mutter erholte sich bei ihren Schwiegereltern: Wochenlang verwöhnte Großmutter Fu sie mit Dattelsuppe, Knochenbrühe und blanchierten Yamswurzeln, bis sie Anfang Mai nach Changsha an die Universität zurückkehrte.

Im September 1988 fuhr mein Vater ein letztes Mal nach Hause, um sich von uns zu verabschieden. In diesen Wochen wurden die einzigen Familienfotos geschossen, die es von uns dreien in China gibt: Meine Eltern stehen in Sommershorts im Park, die Hände meines Vaters stemmen mich in die Höhe. Statt Windeln trage ich *kaidangku*, Hosen mit offenem Schlitz, auf meinen Pobacken klebt weißes Babypuder gegen die Hitze.

Meine Eltern waren es bereits gewohnt, eine Fernbeziehung zu führen. Nach ihrer Hochzeit war mein Vater nach Wuhan gegangen, später, nach seiner erfolgreichen Aufnahmeprüfung, nach Shanghai. Diesmal aber hatte der Abschied etwas Endgültiges: Wann sie sich wiedersehen würden, war ungewiss. Vielleicht würde mein Vater ein Jahr fortbleiben, wahrscheinlich aber, das hofften sie beide, länger. Dass er alles dafür tun wollte,

Mit meinen Eltern im Universitätspark, Sommer 1988

in Deutschland bleiben zu können, wusste außer meiner Mutter und seinen engsten Freunden niemand. Nicht einmal seinen Eltern erzählte er davon.

Die letzte Station vor dem Abflug war Peking. In einem eintägigen Crashkurs lernte mein Vater dort die wichtigsten Verhaltensregeln für Europa: Dass es sich nicht schickt, auf den Boden zu spucken; dass man in Deutschland seine Straßenbahn-Tickets nicht beim Schaffner, sondern am Automaten kauft; dass man tunlichst das Thema Politik vermeiden sollte, um nicht von den Ausländern belehrt zu werden. Zum Schluss drückte der Referent des Bildungsministeriums jedem Studenten 150 D-Mark für die erste Zugfahrt in die Hand. Der Rest des Stipendiums sollte in Deutschland überwiesen werden.

Die Stimmung an Bord des Flugzeugs von Air China war aufgekratzt: Viele der Passagiere flogen zum ersten Mal in ihrem Leben. Die eine Hälfte waren Auslandsstudenten wie mein Vater, die andere Hälfte gehörte zu Wirtschaftsdelegationen, die nach Deutschland flogen, um Investoren nach China zu locken. Den ganzen Flug über wurde geraucht und laut gelacht. Am 9. November 1988 um 14.30 Uhr Ortszeit landete die Maschine auf dem Flughafen Frankfurt am Main. Am Abend kam mein Vater schließlich in Bonn an.

Der erste Brief, den er meiner Mutter schrieb, datiert auf den 16. November 1988:

Meine liebste Xiaowen,

in den ersten fünf Tagen in Westdeutschland habe ich mehr gelernt als im ganzen letzten Jahr in China. In einem Studentenwohnheim in Bonn habe ich ein Zimmer gefunden, für 163,50 D-Mark im Monat, mit Toilette, Dusche und Küche. Die Suche war nicht einfach, sag ich Dir. Am Tag meiner Ankunft hatte das Flugzeug Verspätung, und als ich in Bonn ankam, war es schon sechs Uhr abends, der Professor nicht mehr in seinem Büro. Also nahm ich den kürzesten Weg zur Botschaft. Dort habe ich für zwei Tage auf einem Stockbett neben dem Büro des Wirtschaftsattachés übernachtet. Danach habe ich drei Nächte bei einer alten deutschen Dame verbracht. Heute habe ich endlich ein Wohnheimzimmer gefunden. Die anderen Chinesen sagen, dass ich Glück gehabt habe.

(…)

Den Wok habe ich umsonst hierhergeschleppt, die Deutschen kochen nämlich nicht mit Gas. Und Seife hätte ich auch nicht mitnehmen müssen, das haben sie hier auch. Morgens trinke ich ein Glas Milch und esse ein gekochtes Ei, ein Stück Wurst und Brot. Das westliche Essen in der Mensa schmeckt fürchterlich, ist aber günstig für hiesige Verhältnisse. 1,90 bis 2,50 D-Mark reichen für eine Mahlzeit. Ich habe mein Monatsbudget durchgerechnet: 163,50 DM für Miete, 150 für Essen, 64 für Krankenversicherung, 45 für Monatskarte, übrig bleiben noch 300 DM.

Die Bonner Universität hat an die 40 000 Studenten und ist ähnlich renommiert wie die Peking-Universität bei uns.

Heute habe ich den Professor kennengelernt, er hat sich meine

Diplomarbeit angeschaut und mir vorgeschlagen, im nächsten Monat den anderen Studenten mein Doktorthema vorzustellen – auf Deutsch. Das ist eine schwere Aufgabe, ich habe noch einiges an Vorbereitung vor mir.

(…)

Westdeutschland ist wirklich ein sehr entwickeltes Land, überall fahren Autos, die Gesellschaft ist sicher. Am Straßenrand wachsen Bäume und Blumen, man sieht viele moderne Geschäfte. Am meisten beeindruckt mich die Sauberkeit. Draußen ist es genauso sauber wie drinnen, es liegt kaum Erde auf der Straße. Ich kann eine Woche lang draußen herumlaufen und meine Lederschuhe glänzen immer noch, der Jackenkragen bleibt sauber. Das wäre zu Hause undenkbar. Die meisten Menschen sind freundlich und hilfsbereit, das allgemeine Bildungsniveau ist sehr hoch.

(…)

Gestern bin ich nach dem Abendessen spazieren gegangen. Vor einem Hauseingang lagen ein altes Fahrrad und ein Schwarzweißfernseher, 21 Zoll, herum. Ich dachte, ich sehe nicht recht! Natürlich habe ich beides sofort mitgenommen. In China wären das Fahrrad und der Fernseher zusammen bestimmt mehr als 500 Yuan wert. Hier liegen Wertgegenstände einfach auf der Straße. Das gibt es anscheinend häufiger. Zu bestimmten Zeiten stellen die Leute alte Möbel, Kühlschränke, Fernseher und Fahrräder, sogar ganze Sofagarnituren einfach so auf den Bürgersteig. Um sie mitzunehmen, muss man nur am Abend, bevor der Müllwagen kommt, die Straßen ablaufen. Die meisten Sachen sind noch halbwegs gut erhalten, manche so gut wie neu. Die Einheimischen schmeißen sie einfach weg. Kannst Du Dir das vorstellen?

(…)

Vieles ist gewöhnungsbedürftig hier, in den Kalendern ist nicht einmal Chinesisch Neujahr verzeichnet.

Wie geht es Fanfan? Ich schaue mir jeden Tag Eure Fotos an.

So viel für heute, ich küsse Dich

Jianjun

10

TIANANMEN

An einem Sommertag 1988 saß Onkel Songhe mit einer Tüte Sonnenblumenkerne vor dem Fernseher. »Kommt mal alle her, so was habt ihr noch nie gesehen!«, hatte sein Freund Luo aus dem Gemeinschaftsraum gerufen. Alle Studenten des Stockwerks sammelten sich um den Bildschirm. Gebannt verfolgten sie eine Kamerafahrt über den Gelben Fluss, die Anfangsszene der Dokumentation *Flusselegie*. Eine ernste, bedrohlich klingende Stimme ertönte. Schnitt. Schwarzweißszenen: fahnenschwenkende Massen unter dem Mao-Porträt am Tor des Himmlischen Friedens in Peking, malochende Bergwerksarbeiter, von Elend gezeichnete Kinder. »Unsere Zivilisation befindet sich im Niedergang«, sagte die Stimme. »Wir haben Jahre des Wahnsinns hinter uns. Wir wandeln am Abgrund.« Ein Raunen ging durch den Raum. »Die Geschichte des Landes ist die einer Tragödie«, fuhr der Sprecher mit seiner vernichtenden Analyse fort: China sei isoliert, rückständig und intellektuell ausgezehrt, das Volk träge, fatalistisch und unkultiviert. Dazu sah man immer wieder suggestive Bilder aus der Mao-Ära. »China steht am Scheideweg. Wir müssen uns reformieren!«, appellierte der Sprecher. »Reformen bedeuten aber nicht, endlich mit Fleisch gefüllte Teigtaschen statt Süßkartoffeln zu essen, Reformen bedeuten nicht Kühlschränke oder Fernseher oder ein Jahreseinkommen von 1000 Dollar. Was wir brauchen, sind Demokratie und Wissenschaft!« Abspann.

Onkel Songhe fielen die Sonnenblumenkerne aus der Hand. Seine Kommilitonen schauten, als wäre ein Meteorit vom Himmel gefallen. War das ein Traum? Ein Scherz? Hatten sie das wirklich gerade auf CCTV1, dem ersten Staatssender, gesehen? So etwas wie *Flusselegie* hatte es im chinesischen Fernsehen noch nie gegeben – und sollte es auch nie wieder geben.

Als Onkel Songhe mir diese Anekdote erzählt, ist es Januar 2014, wenige Monate vor dem 25. Jahrestag des Tiananmen-Massakers. Wir sitzen in seinem Arbeitszimmer in einer etwas trostlosen Vorortsiedlung von Jiujiang, einer kleinen Industriestadt im Norden Jiangxis. Onkel Songhe, Großmutter wie aus dem Gesicht geschnitten, ist charakterlich das Gegenteil von Großvater: Aus schönen Dingen macht er sich nichts, seine Wohnung sieht aus, als hätte seit Jahren keiner mehr aufgeräumt. Zu Hause trägt er Blaumann. Seine Frau und er sind Ingenieure bei Suzuki, der japanische Autohersteller besitzt am Stadtrand ein Joint-Venture-Werk mit mehreren Tausend Arbeitern.

Im Frühjahr 1989 war Onkel Songhe einer der Hunderttausenden Studenten, die in Peking den Platz des Himmlischen Friedens besetzten. Von den Protesten spricht er mit regloser Stimme. Er redet diffus von »dieser Sache«, als ginge es um etwas, das er mal flüchtig im Fernsehen gesehen hat. Seit 25 Jahren tut die Regierung alles, um sämtliche Erinnerungen an den 4. Juni aus dem Gedächtnis der Menschen zu löschen. Dieses Jahr, kurz vor dem 25. Jahrestag, zeigt sie besonders großen Einsatz: Im Onlinelexikon Baidu Baike kann man nicht einmal den Eintrag für das Jahr 1989 aufrufen. Ein ganzes Jahr aus der Geschichte getilgt, einfach so. Wer nicht vergessen will, bleibt mit seinen Erinnerungen alleine.

Onkel Songhe zeigt mir an seinem Computer die *Flusselegie*-Doku, danach holt er ein vergilbtes Fotoalbum aus dem Regal, darin Schnappschüsse vom Pekinger Campus. Auf den Bildern sehen Onkel Songhe und seine Freunde nicht viel anders aus, als Clubkids im Westen damals aussahen: Karohemden, Jogginghosen, Pilotenbrillen. Onkel Songhe trug eine afroartige Föhnfrisur, und in der Hand hielt er seinen Panasonic-Kassettenrekorder oder die Zeitschrift *Musikwelt*. Die Jungs blicken nachdenklich, melancholisch und hoffnungsfroh zugleich.

An seiner Universität trug damals jeder seinen Sartre, seinen Hegel und seinen Freud spazieren, erzählt er mir. Die Nietzsche-Fans in seinem Jahrgang erkannte man an ihren bodenlangen schwarzen Kluften und an ihrem übellaunigen Gesichtsausdruck. Nicht jeder verstand, was der deutsche Philosoph in seinen Büchern schreibt, aber sie machten sich gut auf der Regalablage über dem Bett. Nietzsche-Übersetzungen waren so begehrt, dass jede neue Lieferung in der Unibuchhandlung binnen Stunden ausverkauft war. Auch Erich Fromms *Haben und Sein* und Karl Poppers *Die offene Gesellschaft* waren ständig vergriffen. Am laufenden Band grassierte irgendein literarisches »Fieber« auf dem Campus: Erst war es das Hemingway-Fieber, dann die Fitzgerald-Manie, die bald von einer Gabriel-García-Márquez-Welle abgelöst wurde. Im Hörsaal hielten die Professoren Vorträge über Marx, aber kaum jemand hörte noch zu.

Onkel Songhe nutzte die Propagandavorlesungen, um zu schlafen. Dafür war er hellwach, wenn abends die Debattierclubs stattfanden. Zu den am meisten diskutierten Themen gehörte der im vorigen Kapitel erwähnte Fall des Astrophysikprofessors Fang Lizhi. Nachdem die von ihm angeführten Proteste für Furore gesorgt hatten, hatte Deng Xiaoping gefordert, Fang aus der Partei auszuschließen. Hu Yaobang, der Anführer des Reformflügels, stemmte sich dagegen. Anfang 1987 musste Hu deswegen seinen Platz räumen. Der Sturz ihres Hoffnungsträgers erfüllte die Studenten in Peking mit Sorge.

Außerdem wuchs der Unmut über den Wirtschaftskurs der Regierung. Die Wirtschaft boomte zwar, aber wie Deng gefordert hatte, wurden dabei nur wenige reich. Diese Wenigen waren entweder Unternehmer oder Parteikader, die sich an den Bestechungsgeldern der Unternehmer bereicherten. Einer zunehmend als gierig und maßlos angesehenen kleinen Elite standen Angestellte und Akademiker gegenüber, deren Löhne stagnierten. Die Aussichten für Studenten waren düster.

Am 15. April 1989 schließlich erlag der geschasste Generalsekretär Hu Yaobang einem Herzinfarkt. Sein Tod heizte die ohnehin schon gereizte Atmosphäre an den Universitäten weiter an, und wie so oft in der chinesischen Geschichte, schlug die Trauer über einen verstorbenen Politiker in Protest um. Bereits wenige Stunden nach der Nachricht von Hus Tod organisierten Pekinger Studenten eine spontane Trauerkundgebung. Neben Blumen wurden auch Protestbanner niedergelegt, die an Fang Lizhis gescheiterte Demokratiebewegung von 1986 erinnerten. Andere riefen zu einem stadtweiten Unterrichtsboykott auf.

Am Abend des 18. April stiegen Onkel Songhe und sein bester Freund Luo nach der letzten Vorlesung auf ihre Fahrräder. Als sie das Stadtzentrum erreichten, hatten Tausende Studenten auf der Nordseite des Tiananmen-Platzes bereits einen Sitzstreik begonnen. In einer dichten Traube saßen sie um das Denkmal der Volkshelden herum, einen 38 Meter hohen Granitblock, fassten sich an den Händen und sangen die Internationale. Später folgten Sprechchöre gegen Korruption und Machtmissbrauch. An den unbeleuchteten Rändern des Platzes erspähte Onkel Songhe die Schatten von Polizisten. Sie waren mindestens so zahlreich wie die Demonstranten. Hinter den Straßensperren, die sie aufgestellt hatten, war die sonst stark befahrene Chang'an-Promenade so leer, dass man dort problemlos hätte Fußball spielen können. Während die Uniformierten reglos Wache standen, schrien sich die Studenten die Seele aus dem Leib. Die Vorahnung eines Abenteuers lag in der Luft. Als

Onkel Songhe im Morgengrauen wieder zurück zu seinem Studentenwohnheim radelte, war er mehr als aufgewühlt.

In den folgenden Tagen schlossen sich immer mehr Kommilitonen den Protesten an. Am 21. April, dem Vorabend der Trauerfeier für den verstorbenen Hu Yaobang, marschierten hunderttausend Studenten aller Pekinger Universitäten in einer zwölf Kilometer langen Prozession Richtung Innenstadt. Hastig hatten die Behörden versucht, den Platz des Himmlischen Friedens abzusperren, doch vergeblich. Auf eine so große Zahl an Demonstranten waren sie nicht vorbereitet gewesen. Die Massen hielten Banner mit Aufschriften wie »Nieder mit der Diktatur« und »Lang lebe die Demokratie« hoch, dazu skandierten sie: »Wir wollen Dialog! Wir wollen Dialog!« Immer häufiger waren auch Rufe nach einem Rücktritt von Deng Xiaoping zu hören. Vom Straßenrand feuerten klatschende Passanten den Protestzug an. In der Nacht campierte Onkel Songhe zum ersten Mal auf dem Platz. Er legte sich auf den nackten Asphalt und starrte in den weiten schwarzen Pekinger Frühlingshimmel. Am nächsten Morgen begannen die Studenten sich zu organisieren. Anführer wurden gewählt, die »Autonome Studentenvereinigung von Peking« gegründet.

Mit jedem Tag strömten mehr Studenten aus dem nördlichen Univiertel Haidian auf den Platz: Sie kamen mit Bussen, auf Fahrrädern oder zu Fuß, trugen Schilder und schwenkten Fahnen. Die Campusse und Wohnheime leerten sich.

In Changsha verfolgte meine Mutter die Pekinger Proteste jeden Abend im Fernsehen. Mittlerweile war ich ein Jahr alt, ein speckiges Baby mit »Dampfnudelbacken«, wie alle sagten. Meine Mutter arbeitete wieder fast Vollzeit an der Universität. Vormittags hielt sie mehrmals in der Woche Vorlesungen, nachmittags forschte sie im Labor. Als Kindermädchen hatte sie ihre

Cousine Honghong, die 17-jährige Tochter von Großvaters jüngerem Bruder, nach Changsha geholt. Honghong hatte die Mittelschule abgebrochen und langweilte sich zu Hause. Als meine Mutter sie fragte, ob sie die Reisfelder nicht verlassen wolle, um zu ihr in die Großstadt zu ziehen, packte Honghong sofort ihre Sachen. Ein Foto, das mir von ihr geblieben ist, zeigt sie als etwas klein geratenes pummeliges Mädchen in klobiger Bauernkleidung, die mich in einem roten Plastikwägelchen durch den Park hinter dem Unicampus schiebt.

Die Fernsehsender berichteten erstaunlich offen über die Studenten und ihre Forderungen, woraus man schließen konnte, dass die Regierung ratlos war, wie man mit ihnen umgehen sollte. Selbst im Politbüro gab es einige, die mit den Demonstranten sympathisierten. Eine Woche nach dem Tod von Hu Yaobang sprang der Funke des Protests auch auf Changsha und andere Orte über: Am Abend des 21. April geriet eine ursprünglich friedliche Studentenkundgebung außer Kontrolle, als arbeitslose Teenager und Randalierer sich der Menge anschlossen. Wie eine wildgewordene Horde jagten sie durch die Innenstadt, warfen Fenster ein, zerstörten Straßenimbisse und plünderten Geschäfte. Einige rasten mit gekaperten Lastwagen eine der Hauptstraßen rauf und runter, streckten dabei die Köpfe aus dem Fenster und grölten »Der Osten ist rot«. Meine Mutter bekam von den Krawallen mit, als sie abends den Fernseher anschaltete. Als sie sah, was sich nur einige Kilometer entfernt angeblich im Namen der Demokratie abspielte, war sie außer sich. Sie unterstützte zwar die Studentenbewegung, aber was sollte dieser sinnlose Vandalismus?

Die unrühmliche Episode in Changsha und ähnlich verlaufende Proteste in weiteren Städten lieferten Deng Xiaoping die Steilvorlage für einen Leitartikel, der am 26. April in der *Volkszeitung* erschien. Die Überschrift lautete: »Eindeutig Stellung beziehen gegen die Anstiftung zum Aufruhr«. Der anonyme Autor spuckte Gift und Galle, beschuldigte die Studenten der »Verschwörung« und der »Sabotage«. Damit gossen die Hardliner in der Regierung jedoch nur Öl ins Feuer: Am Tag darauf strömten die Studenten erneut auf den Tiananmen-Platz. Diesmal waren es mehrere Hunderttausend. Auch normale Bürger mischten sich unter die Demonstranten. Die anderen Staatsmedien reagierten auf Dengs Artikel, indem sie nun offen und deutlich Position für die Studenten bezogen. Am 30. April berichtete das Fernsehen live von einem Treffen zwischen dem Pekinger Bürgermeister und einigen Studentenvertretern. Vor laufenden Kameras fragte einer der Studenten den Bürgermeister nach seinem Einkommen. In vierzig Jahren Volksrepublik war selten ein Politiker öffentlich so gedemütigt worden.

Inzwischen sah die ganze Welt zu. In Bonn verbrachte mein Vater jeden Abend im Gemeinschaftsraum vor dem Fernseher, um keinen *Tagesschau*- oder *Heute Journal*-Beitrag aus Peking zu verpassen. Andere chinesische Studenten, die schon länger in Deutschland waren als er, übersetzten ihm die Worte der Moderatoren. In seinen Briefen an meine Mutter wurden die Proteste zum beherrschenden Thema. »Gestern haben sie im Fernsehen gezeigt, wie in Changsha Schaufenster eingeworfen wurden«, schrieb er am 27. April 1989.

Der deutsche Journalist hat in Peking Professor Fang Lizhi interviewt. Er spricht überraschend gut Englisch. Heute stand in der Zeitung, dass es gestern wieder eine große Demonstration gab. Es heißt, dass das Militär bald eingreifen soll. Bekommt Ihr das mit? Letztes Jahr haben Wirtschaftsexperten bereits spekuliert, dass sich dieses Jahr etwas zusammenbrauen würde. Ich hätte nicht gedacht, dass Hu Yaobang zur Zündschnur des Ganzen werden würde. Manche glauben, dass eine zweite Kulturrevolution aufzieht. Ich hoffe, Ihr passt auf Euch auf. (…) Wegen Deiner Uhr

bin ich schon die ganze Zeit am Schauen. Was hältst Du davon,
wenn ich Dir erst mal eine Digitaluhr kaufe? (…)
Küsse, Jianjun

Anfang Mai sah es so aus, als würde die gesamte Pekinger Bevölkerung die Studenten unterstützen: Angestellte, Arbeiter, Lehrer, selbst Polizeibeamte und Behördenmitarbeiter marschierten
nun demonstrativ unter Bannern mit den Namen ihrer *danwei*,
ihrer Arbeitseinheit, auf den Platz. Journalisten der *Volkszeitung*,
die zehn Tage zuvor den hetzerischen Leitartikel veröffentlicht
hatte, hielten Schilder hoch mit den Worten: »Zwingt uns nicht,
Gerüchte zu verbreiten«. Reporter und Kamerateams aus dem
Ausland eilten herbei, was einen regelrechten Wettbewerb um
Aufmerksamkeit bei den Studenten entfachte.

Onkel Songhe, der sich als Helfer gemeldet hatte, wurde für
das Bedrucken von Bannern eingeteilt. Jede Uni und jede Fakultät habe Transparente und Fahnen mit dem eigenen Namen angefragt, erzählte er mir. »Wir wollen Reformen! Die
Ingenieursstudenten Jahrgang zwei der Beihang-Universität«
und dergleichen. Immer wenn eine TV-Kamera über den Platz
schwenkte, ging ein Johlen durch die Menge, und jede Gruppe versuchte, sich so prominent wie möglich ins Bild zu drängen. Neben der hastig ins Leben gerufenen Siebdruckerei stand
das sogenannte Medienzentrum: ein löchriges Zelt mit ein paar
Fernsehern drin. Flimmerte der Name der eigenen Uni über
den Bildschirm, wurde das von den Anwesenden mit großem
Jubel quittiert. Onkel Songhe selbst schwenkte tagtäglich ein
Banner über dem Kopf mit seinem Lieblingszitat von Karl Pop-
per: »Die Wahrheit liegt jenseits der menschlichen Macht.«

Als die Temperaturen auf über dreißig Grad kletterten, lich-
teten sich die Reihen. Auch Onkel Songhe genehmigte sich
ein paar Tage hitzefrei. Mit seinem Freund Luo brach er in

die 130 Kilometer östlich gelegene Großstadt Tianjin auf. Eine Begegnung dort geht ihm noch heute durch den Kopf: Eines Nachmittags liefen sie durch die Straßen und klebten Protestposter an die Wände, als sich ihnen von hinten ein älterer Mann mit weißen Haaren näherte. Sie beschleunigten ihre Schritte. Ihr Verfolger ebenso. Als die Situation langsam unheimlich wurde, rief ihnen der Mann zu: »Seid ihr Studenten aus Peking?« Onkel Songhe drehte sich um und sah, dass dem Mann Tränen über das Gesicht liefen. Er stellte sich als Buchhalter einer Möbelfabrik vor und zückte zwei 100-Yuan-Scheine aus seiner Tasche. Es müssen mehrere Monatsgehälter für ihn gewesen sein. »Ich würde gerne mit euch demonstrieren«, sagte er. »Aber ich habe keine Zeit. Hier, nehmt das Geld. Alles Gute.«

Gerade als Onkel Songhe zurück nach Peking kam, gewann die Bewegung wieder an Fahrt. Der Besuch von Michael Gorbatschow stand vor der Tür, zum ersten Mal seit dreißig Jahren war ein sowjetischer Präsident in China angekündigt. Tausend ausländische Journalisten wurden zu diesem politischen Megaevent erwartet – eine einmalige Gelegenheit für die Studenten, ihre Forderungen der Weltöffentlichkeit zu präsentieren.

Gorbatschow sollte am 15. Mai in Peking eintreffen. Zwei Tage davor starteten die Demonstranten ihre bis dahin medienwirksamste Kampagne: Tausend Studenten traten in den Hungerstreik. Drei der sechs Zimmerkameraden von Onkel Songhe schlossen sich an, und auch er brannte darauf, mitzumachen. Zu seiner Enttäuschung wurde er jedoch aussortiert. »Peng, du bist zu klein und zu dünn«, sagte man ihm. Seine Kameraden schlugen sich noch ein letztes Mal den Bauch mit gebratenen Nudeln voll, dann banden sie sich weiße Stirnbänder um und zogen in einen abgesperrten Bereich auf dem Platz. Onkel Songhe blieb zurück und verfolgte fasziniert das Schauspiel, das sich nun dort vollzog: Dutzende Fernsehteams, Fotografen und Radioleute richteten ihre Kameras und Mikrofone auf die Hungerstreikenden. Diese brüllten im Chor: »Ich liebe meine Heimat mehr als Reis! Ich liebe die Wahrheit mehr als Reis!« und »Nieder mit Deng Xiaoping! Nieder mit Li Peng!«. Sie wurden gefeiert wie Helden.

Die Staatsvisite von Gorbatschow endete für die chinesische Regierung in einem Desaster. Da die Studenten alle Eingänge zur Großen Halle des Volkes blockiert hatten, wo das Gipfeltreffen stattfinden sollte, musste der Staatsgast durch einen Hintereingang geschleust werden. Der Rest seines öffentlichen Besuchsprogramms wurde gezwungenermaßen gestrichen. Gorbatschow wurde aus den Schlagzeilen verdrängt, stattdessen berichteten die Journalisten lieber seitenlang über in Ohnmacht gefallene Studenten, die von Ärzten mit Glukosespritzen am Leben gehalten werden mussten. »Rettet die Studenten, rettet die Kinder«, forderte eine chinesische Zeitung auf der Titelseite. Im Fernsehen wie im Radio war pausenlos das Sirenengeheul von Krankenwagen zu hören.

Nicht alle Hungerstreikenden standen wirklich vor dem Kollaps: Onkel Songhes Kameraden schütteten literweise Milch in sich hinein und naschten heimlich Kekse. Einer der prominenten Studentenanführer, der pausbäckige Wu'er Kaixi, wurde von Journalisten dabei beobachtet, wie er heimlich auf der Rückbank eines Autos Nudeln verdrückte. Darauf angesprochen, sagte Wu, er müsse bei Kräften bleiben, schließlich sei er der Anführer. Mehr als das blieb aber sein legendärer Fernsehauftritt vom 18. Mai in Erinnerung, bei dem Wu, im Krankenhauskittel während eines Streitgesprächs Premierminister Li Peng vor den Augen der Nation dafür anherrschte, zu spät gekommen zu sein.

Die Reformer plädierten für eine friedliche Lösung. Den Hardlinern Li Peng und Deng Xiaoping aber wurde es zu bunt:

Am 20. Mai verhängten sie das Kriegsrecht. Die Studenten spornte das erst recht an: Wieder gingen in Dutzenden chinesischen Städten Hunderttausende auf die Straße. Auch meine Mutter mischte sich unter die Demonstranten in Changsha. Diesmal war der dortige Protest deutlich besser organisiert als einen Monat zuvor. In geordneten Reihen marschierten 20 000 Studenten zum Sitz der Provinzregierung, wo der Platz vor dem Eingang bereits seit Wochen von streikenden Studenten besetzt war. Jeden Morgen, erinnert sich meine Mutter, fuhren die Mitarbeiter der Universitätskantinen mit Minibussen vor, um warmes Essen zu bringen. Am 20. Mai demonstrierten nicht nur die Studenten, sondern auch Dozenten und Professoren. Der Vizeabteilungsleiter meiner Mutter war in Nebenfunktion Parteisekretär der Chemie-Fakultät und marschierte in vorderster Reihe mit.

»Danke für die Neuigkeiten aus Changsha«, schrieb mein Vater ihr am 22. Mai.

Wahnsinn, was gerade passiert: Der Hungerstreik der Studenten, die Ausrufung des Kriegsrechts. Wenn man sich auf die Quellen der deutschen Journalisten verlassen kann, sind die Truppen bereits im Anmarsch. Die chinesischen Studenten in Westdeutschland haben zu Solidaritätskundgebungen aufgerufen. Gestern war ich auf einer Demo vor der chinesischen Botschaft in Bonn. Wir waren dreißig bis vierzig. Einige haben weiße Stirnbänder getragen wie in Peking und haben Protestplakate auf Chinesisch und Deutsch mitgebracht. Ich gehe davon aus, dass Deng und Li abtreten müssen. Sonst kommt das Land nicht mehr zur Ruhe. Wenn Euer Parteikomitee [das Parteikomitee der Fakultät meiner Mutter in Changsha] die Studenten am Protestieren hindert, wird es den Leuten dort genauso ergehen wie Deng und Li. (…)
Übrigens habe ich mir diese Woche eine Nikon F301 gekauft, für 598 Mark. Falls ich Ende des Jahres nach China zurückkommen muss, ist der Punkt Fotokamera auf unserer Liste jedenfalls schon

abgehakt. Bleiben noch Farbfernseher, Kühlschrank und Waschmaschine.

Tatsächlich trafen noch am selben Tag die ersten Panzer in Peking ein. Eine Million Bewohner blockierten daraufhin die
gesamte Innenstadt mit Müllcontainern, Planierraupen, Ze-
mentmischern, Omnibussen, Lastwagen und Baukränen. Onkel Songhe und seine Kameraden eilten nach Muxidi, eine
strategisch wichtige Kreuzung acht Kilometer östlich vom Tiananmen-Platz. Dort hatten die umliegenden Anwohner das
Vorrücken der Armee bereits gestoppt: Großmütter und Familienväter bildeten menschliche Straßensperren, Schulkinder
tanzten um die Panzer herum. Den Soldaten wurden *baozi*, ge-
dämpfte Teigtaschen, und Wasserflaschen gereicht. Ein Sprech-
chor rief: »Die Armee liebt das Volk! Das Volk liebt die Armee!«
Die Soldaten, viele noch Teenager, wirkten sichtlich verstört.
Sie entstammten einer Einheit unweit von Peking. Ihnen war
eingebläut worden, dass sie gegen gewalttätige Chaosstifter
zu Felde zögen. Stattdessen stellten sich ihnen nun 70-jährige
Frauen in den Weg und boten ihnen Snacks an. Als Militär-
hubschrauber Flugblätter mit einer Rede von Li Peng über der
Stadt abwarfen, zerrissen die Menschen die Zettel und trampelten lachend auf ihnen herum. Am 24. Mai blieb der Armee
nichts anderes übrig, als wieder abzuziehen. Vorerst.

Onkel Songhe verbrachte mittlerweile Tag und Nacht auf
dem Tiananmen-Platz und schlief in Zelten, die Unterstützer
aus Hongkong gespendet hatten. Die Wohnheime im Univiertel waren vollends verwaist. Von überallher traf Hilfe ein:
Restaurantbesitzer gaben kostenlos Essen aus, Privatunterneh-
mer spendeten Decken und Getränke. Einmal fuhr jemand in
einem Lastwagen mit fünf Tonnen Wassermelonen vor. Selbst
die Kommunistische Jugendliga verteilte zwanzig Kisten Saft.

Eine Art Demokratie-Tourismus setzte ein, gefördert von der staatlichen Eisenbahnbehörde: Studenten, die von außerhalb nach Peking reisten, mussten für das Zugticket nichts bezahlen, ebenso wenig Pekinger Studenten, die in die Provinzen fuhren, um dort lokale Protestgruppen zu unterstützen.

Drei Neulinge aus einem Vorort von Changsha schleuderten mit Tinte gefüllte Eier gegen das riesige Mao-Porträt, das über dem Tor des Himmlischen Friedens hing. Der Große Vorsitzende sah nun aus, als würde er weinen.

Studenten der Pekinger Kunstakademie errichteten eine neun Meter hohe Gipsstatue, die sie »Göttin der Demokratie« tauften: Mit ihrem wehenden Umhang und der Fackel in der Hand erinnerte sie an die amerikanische Freiheitsstatue. Cui Jian, das Rockidol seiner Generation, gab ein Konzert mit verbundenen Augen. Das Lied »Ich habe nichts« wurde in dieser Nacht zur Hymne vom Tiananmen.

Auf dem Platz ging es inzwischen zu wie auf einem Musikfestival, das kein Ende findet: Gnadenlos knallte die Sonne vom Himmel, Müllberge moderten vor sich hin. Als Toiletten wurden Busse zweckentfremdet, aus denen man die Sitze entfernt hatte. Es stank nach Urin und Scheiße.

Ende Mai begann die flirrende Festivalstimmung in Anspannung umzuschlagen. Der Presse war in der Zwischenzeit ein Maulkorb verpasst worden: Statt von friedlichen Demonstranten berichtete sie nun von »Aufständischen«. Die Nachricht eines erneuten Armeeeinmarschs sickerte durch. Übermüdet kehrten manche Studenten wieder an ihre Universitäten zurück. Einige schlugen vor, den Platz zu räumen, andere forderten, ihn um jeden Preis »bis zum Ende« besetzt zu halten. Der Streit wurde über einen Lautsprecher in der Mitte des Platzes ausgetragen, den jede Fraktion an sich zu reißen zu versuchte.

Onkel Songhe verlor zunehmend die Lust an der Sache.

Auch er war müde von den wochenlangen Protesten. Und er wollte einfach mal wieder an die frische Luft. Als ein Freund aus Changsha vorschlug, ein paar Tage zurück nach Hause zu fahren, sagte er zu. Wer wusste schon, wie lange die Bahn noch kostenlose Studententickets spendierte. Am Morgen des 1. Juni kam Onkel Songhe mit dem Nachtzug an. Meine Mutter holte ihn vom Bahnhof ab und bezog für ihn das Sofa im Wohnzimmer. Er wollte ein paar Tage bei uns in Changsha bleiben, einen Abstecher nach Pingxiang machen und anschließend wieder nach Peking zurückkehren.

Die Studenten meiner Mutter bestreikten inzwischen sämtliche Vorlesungen. Die Labore waren geschlossen. Der Sommer in Changsha war wie jedes Jahr unerträglich heiß und schwül, schon um neun Uhr vormittags zeigte das Thermometer 40 Grad im Schatten an. Meine Mutter und ich blieben den ganzen Tag daheim und hielten uns in der Nähe unseres kleinen Standventilators auf. Ich war 15 Monate alt und machte im Wohnzimmer gerade meine ersten Schritte. Wenn sie nicht den Haushalt erledigte, spielte meine Mutter mit den Nachbarn Mahjong oder saß vor dem Fernseher. Was sie dort sah, verhieß nichts Gutes: Der Ton der Staatssender wurde immer schriller – inzwischen bezeichneten sie die Studenten als »Banditen«.

*

Am Morgen des 4. Juni glühte die Luft. Kurz nach Sonnenaufgang gegen sechs Uhr konnte meine Mutter nicht mehr schlafen. Wie schon in den vorherigen Tagen schaltete sie als Erstes den Fernseher an. Es lief eine Sondersendung. Das erste Bild: die Panzer der 38. Armee. Schnitt. Plünderungen. Schnitt. Studenten, die Soldaten in Brand setzen. Ein Soldat mit aufgeschnittenem Bauch. Schnitt. Weinende Soldaten unterlegt mit Heldenmusik.

Meiner Mutter wurde schwarz vor Augen. Der CCTV-Sprecher faselte etwas von »konterrevolutionärem Umsturzversuch«, »Befriedung«, »Stabilität« und »Einheit«. Onkel Songhe schrie im Hintergrund: »Das kann nicht sein! Das kann nicht sein!«, und schlug mit den Fäusten gegen die Wand. Als meine Mutter wieder die Augen öffnete, waren auf dem Fernsehschirm noch immer dieselben Bilder zu sehen. Den ganzen Tag lang sollten sie in einer Endlosschleife laufen.

Die Nachbarn, Fakultätskollegen meiner Mutter, versammelten sich im Hof. Jeder kannte jemanden in Peking, direkt oder über Ecken. Ein Gerücht jagte das nächste. Hatte die Armee Dutzende Menschen getötet? Hunderte? Tausende? Onkel Songhe versuchte seine Kameraden von der Uni zu erreichen, aber die Telefonverbindungen ins Wohnheim schienen gekappt worden zu sein. Am 7. Juni rief Großonkel Fangyou mit atemloser Stimme aus Peking an. Tagelang hatte er nach Onkel Songhe gesucht und schon das Schlimmste befürchtet. »Viele sind tot«, sagte er leise, »sehr viele, Weihong.« Wie viele, wusste aber auch er nicht.

Mein Vater berichtete in einem Brief vom 4. Juni: »Das deutsche Fernsehen spricht von mindestens 3000 Toten, davon 1000 Arbeiter und Bürger und 2000 Studenten. Außerdem hat es offenbar 10 000 Verletzte gegeben. Die Nachricht hat mir das Herz gebrochen. Die USA und Westdeutschland haben bereits Position bezogen, Bush will die Beziehungen zu China einfrieren.«

Auch diese Zahlen stimmten nicht, wie man heute weiß. Von den tatsächlichen Ausmaßen des Massakers* erfuhr die Weltöffentlichkeit erst Jahre später.

---

* Wie viele Menschen in der Nacht vom 3. auf den 4. Juni 1989 ums Leben kamen, ist bis heute umstritten. Historiker und Menschenrechtsorganisationen schätzen die Zahl der Toten auf einige Hundert.

Eine Woche lang brüteten die Kollegen im Hof verschiedenste Szenarien aus. Dann verstummte der Kreis innerhalb weniger Stunden. Die Säuberungen hatten begonnen.

Der Vizeabteilungsleiter meiner Mutter, der zu den Protestführern in Changsha zählte, wurde umgehend aus seinem Amt gejagt. Seine Universitätskarriere war zu Ende. Die Partei bestellte meine Mutter zu einer vierzehn Tage andauernden Mitgliedersitzung ein. Dort wurden Vorträge gehalten mit Titeln wie »Wichtige Worte des Genossen Deng Xiaoping«, »Die Wahrheit über den Pekinger Aufstand« und »Prüfung durch Schnee und Feuer«. In den Selbstkritiken, die sie verfassen musste, gab meine Mutter zu Protokoll, von den Lügen »antichinesischer Kräfte aus dem In- und Ausland reingelegt« worden zu sein, deren Ziel es gewesen sei, »die kommunistische Führung zu stürzen und China zu einem Vasallenstaat zu machen«. Sie bereue, jemals an den Demonstrationen teilgenommen zu haben, und sehe, dass der Patriotismus der Studenten »ausgenutzt« worden sei. »Das entschlossene Eingreifen der Partei hat das Volk, den Sozialismus und unsere Jugend gerettet.« Jetzt, da sie wieder wisse, »was falsch ist und was richtig«, gelobte meine Mutter, werde sie »bis ans Ende meines Lebens an Seite der Partei kämpfen«.

In den Briefen, die mein Vater ihr nach dem 4. Juni schickte, las meine Mutter kein Wort mehr über das Massaker. Zunächst war sie erstaunt darüber, dass sein Interesse offenbar schlagartig abgeklungen war. Dann fiel ihr auf, dass die Umschläge aus Deutschland aussahen, als hätte sie bereits jemand geöffnet. Mein Vater erzählte später, dass er in der Woche nach dem 4. Juni jeden Tag einen Brief an sie verfasst habe. Die Mehrzahl davon kam nie an. Die chinesischen Behörden müssen sie abgefangen haben.

*

In Nanchang verlor Tante Xiaomei ihren Job als Lektorin. Nach der Geburt meiner Cousine Haohao 1986 hatte sie eine Anstellung beim Kinder- und Jugendbuchverlag »21. Jahrhundert« gefunden. Als die Demokratiebewegung drei Jahre später auch Nanchang ansteckte, ging die Belegschaft geschlossen auf die Straße. Die meisten Kollegen waren noch keine dreißig Jahre alt. Am engagiertesten gebärdete sich ausgerechnet der alte Verlagsleiter, der Mitte Mai nach Peking zu einem Treffen mit einer deutschen Verlagsdelegation gereist war, um über Buchrechte zu verhandeln. Nachdem er in der Hauptstadt das Fahnenmeer und die Sprechchöre auf dem Tiananmen-Platz mit eigenen Augen gesehen hatte, verwandelte er nach seiner Rückkehr die Verlagsräume in Nanchang in ein Protestlager. Wann immer meine Tante einen Brief ihres jüngeren Bruders aus Peking vorlas, hörte das ganze Büro zu.

Der Verlagsleiter wurde nur wenige Tage nach dem 4. Juni gefeuert. Der neue Chef ließ täglich Sitzungen abhalten, auf denen die Mitarbeiter seinen Vorgänger denunzieren und Selbstkritiken schreiben mussten. Meine Tante weigerte sich, seinem Befehl zu folgen. Ob der alte Verlagsleiter die Belegschaft nicht dazu angestiftet habe, an den Demonstrationen teilzunehmen, fragte der Neue. »Nein, das war meine Entscheidung«, antwortete meine Tante. »Ich bin auf die Straße gegangen, weil ich mein Land liebe, nicht um Chaos anzuzetteln.« – »Mal sehen, ob du deine Meinung änderst, wenn wir dein Gehalt streichen«, bekam sie zur Antwort. Die Kollegen aus der Buchhaltung zeigten sich allerdings solidarisch und fälschten heimlich die Bücher, so dass sie am Ende des Monats meiner Tante ihren Lohn auszahlen konnten. Als der Chef Wind davon bekam, strich er auch ihren Kollegen das Gehalt. Meine Tante reichte die Kündigung ein. Haohaos Vater, der ebenfalls demonstriert hatte, verlor seine Stelle als Schriftsteller bei der Kulturvereinigung. Da sie in Nanchang keine Arbeit mehr fanden, zogen die beiden im Herbst 1989 so weit weg wie in ihren Augen möglich, nämlich auf die Tropeninsel Hainan. Ein Jahr später ließen sie sich scheiden.

*

Onkel Songhe kehrte erst Anfang Oktober wieder nach Peking zurück. Wenige Tage nach dem 4. Juni hatte er sich von uns verabschiedet und war weiter nach Pingxiang gefahren. Dort verbrachte er den ganzen Sommer mit seinen alten Schulfreunden. Dass sein bester Freund Luo am Nachmittag des 4. Juni mit Hunderten Postern in der Tasche verhaftet und zu 81 Tagen Gefängnis verurteilt worden war, erfuhr er erst später. Die schon erwähnten drei Demonstranten aus Changsha, die die Tinteneier gegen das große Mao-Porträt geschleudert hatten, bekamen lebenslänglich. Ein Nachbar meiner Großeltern in Pingxiang, der blinde Herr Wang, hatte einen Sohn, der ebenfalls in Peking studierte. Er hörte nie wieder von ihm – nicht einmal eine offizielle Bestätigung von dessen Tod bekam er.

Während Onkel Songhe mir im Januar 2014 davon erzählt, klingt seine Stimme gefasst, als wäre das alles inzwischen sehr weit weg für ihn. Plötzlich bricht er in Tränen aus. Er schluchzt nicht, er klagt nicht. Stattdessen keucht er leise und verhalten vor sich hin, wie jemand, der selten in seinem Leben Tränen vergossen hat.

Schließlich spricht er weiter, stoisch und nüchtern. Als im Herbst in Peking der Unterricht wieder begann, sei die Stimmung gespenstisch gewesen. »Keiner verlor ein Wort über das Massaker«, sagt er. Keiner sprach über die Proteste. Keiner redete mehr von Demokratie. Als ob nie etwas passiert wäre.

11

EIN LAND AUS GOLD

In der Nacht, als die Panzer über den Platz des Himmlischen Friedens rollten, saß mein Vater im Zug nach Freiburg. Monatelang hatte er um seine Zukunft gebangt. Zu seinem Bedauern hatte der ihn betreuende Professor in Bonn ihm nämlich bereits kurz nach seiner Ankunft mitgeteilt, dass er für einen Lehrauftrag in die USA ziehen werde. Seitdem hatte sich keiner mehr richtig um meinen Vater gekümmert. Er war auf sich allein gestellt, fühlte sich fremd und sprach gebrochen Deutsch. Stellte er Fragen im Labor, kam es ihm vor, als rollten die Kollegen mit den Augen. Sein Stipendium war vom chinesischen Staat auf ein Jahr begrenzt. Um in Deutschland bleiben zu können, brauchte er eine Stelle. Zwei Dutzend erfolglose Bewerbungen später erhielt er im Mai die ersehnte Nachricht: Ein Professor Heinz aus Freiburg bot ihm eine Hiwi-Stelle an.

Nach knapp neun Stunden Fahrt mit dem Gruppenticket der Deutschen Bahn und viermal Umsteigen kam mein Vater am Abend des 3. Juni in Freiburg an. Als er das Studentenwohnheim in der Lehener Straße erreichte, war es 22 Uhr – und vier Uhr morgens in China. Der 4. Juni.

Schon in den Stunden vor Mitternacht hatten Schützenpanzer in den Straßen rund um den Platz des Himmlischen Friedens wahllos in die Menge geschossen. Die Demonstranten versuchten nun ihrerseits, jeden Panzer in Brand zu stecken, der ihnen in die Quere kam. Anwohner warfen Molotowcocktails, woraufhin die Soldaten das Feuer auf die umliegenden Wohnhäuser eröffneten. Viele Menschen starben in den eigenen vier

Wänden. Fahrradfahrer, die den Panzern nicht rechtzeitig ausweichen konnten, wurden einfach niedergewalzt. Anders als die meisten heute glauben, ereignete sich das Massaker nicht auf dem Tiananmen-Platz, sondern in den angrenzenden Straßen. Als die Panzer um ein Uhr nachts auf den Platz rollten, war die Zahl der Studenten, die ihn besetzt hielten, bereits auf 5000 geschrumpft. Nach mehrstündigen Verhandlungen verließen die letzten Demonstranten den Platz in den frühen Morgenstunden.

Mein Vater, der auf der Zugfahrt nichts von alldem mitbekommen hatte, eilte nach der Ankunft im Studentenwohnheim als Erstes in den Gemeinschaftsraum, wo gerade eine Live-Übertragung im Ersten lief. Die deutschen Studenten drehten sich zu ihm um und schwiegen. Einige gingen auf ihn zu und nahmen ihn in die Arme. In dieser Nacht beschloss mein Vater, China den Rücken zu kehren. Umso ehrgeiziger verfolgte er von da an das Ziel, meine Mutter und mich nach Deutschland zu holen.

Am 2. Juli 1989 schrieb er an meine Mutter:

Ich habe einen Sommerjob in einer Schokoladenfabrik an der Schweizer Grenze bekommen. Am 15. Juli geht es los. Es gibt einen Shuttlebus zur Fabrik. Die Busse sind besser als die Dienstwagen, die Provinzgouverneure in China fahren. Auch die Chefs müssen für ihr Ticket zahlen – dass die Großen sich Vorteile erschleichen, gibt es hier nicht. Der Tageslohn liegt bei 120 D-Mark. Wenn ich bis Mitte Oktober durcharbeite, könnte das zusammen mit meinen Ersparnissen reichen, um für eine Verlängerung meines Visums zu bürgen. Klappt das, kannst Du nächstes Jahr mit Fanfan nachkommen. Fang schon mal an, Deutsch zu lernen.

25. August 1989:

Heute habe ich meinen ersten Gehaltszettel bekommen. Letzten Monat habe ich elf Tage gearbeitet, insgesamt 99 Stunden, brutto macht das 1926,22 D-Mark, davon werden mir 162,60 D-Mark Steuern abgezogen. Minus 130 D-Mark für Unterkunft und Fahrt bleiben mir etwa 1600 D-Mark. (…) Es gibt eine wichtige Neuerung in Westdeutschland: Seit dem 16. August können chinesische Studenten mit finanziellen Schwierigkeiten beim DAAD Unterstützung beantragen. Das würde viele Probleme lösen. Ich werde einen Antrag nach Changsha schicken, damit Du ins Ausland reisen darfst. Als Grund können wir Familienbesuch angeben. Wenn Du dann eine Unizulassung in Deutschland hast, bleibst Du einfach hier.

12. Oktober 1989:

Es kann natürlich immer noch sein, dass wir nach China zurückmüssen. Falls wir wirklich nicht in Deutschland bleiben können, habe ich eine schlechte Nachricht: Der chinesische Zoll hat offenbar wieder eine neue Regel eingeführt. Sie besagt, dass Leute, die ins Ausland gehen, nach ihrer Rückkehr nur eine große Anschaffung für jedes dort verbrachte halbe Jahr tätigen können. *Eine* Anschaffung alle sechs Monate. Wie viele halbe Jahre kann man realistisch gesehen im Ausland bleiben? Da ist man bereit, sich zwei Jahre totzuschuften, um den Haushalt auszustatten, und auf einmal sind all unsere Pläne zunichte.

31. Oktober 1989:

Das Semester hat bereits angefangen, aber für die Wochenenden habe ich einen neuen Job gefunden. Eine Fensterrahmenfabrik in einer Kleinstadt namens Waldshut, mitten im Schwarzwald. Meine Kollegen sind Italiener, Polen und Jugoslawen, deutsch ist nur der Chef. Das Wohnheim ist karg, zu zweit schlafen wir in einem Zimmer. Um 4 Uhr klingelt der Wecker, nachmittags um 14 Uhr ist die Schicht zu Ende. Die zweite Schicht geht von 14 Uhr bis 22 Uhr, die Nachtschicht von 22 Uhr bis 6 Uhr morgens. Oft wird gewechselt, das ist ziemlich anstrengend. Nach der Arbeit falle ich sofort ins Bett. Wenn wir zurück nach China gehen müssen, sollten wir mindestens 20 000 D-Mark gespart haben. Die Hälfte davon ist für Fanfan, falls sie später im Ausland studieren möchte.

Der einzige Luxus, den mein Vater sich leistete, waren Kurztrips nach Paris, an den Vierwaldstätter See und den Rheinfall in Schaffhausen. In Paris übernachtete er in der Studentenunterkunft der Chinesischen Botschaft, in der Schweiz einmal im Warteraum am Bahnhof. Falls er nach China zurückkehren sollte, wollte er wenigstens ein paar schöne Erinnerungsbilder zum Vorzeigen haben. Im Herbst 1989, kurz nach der Maueröffnung, fuhr er nach Berlin.

3. Dezember 1989:

Vor einigen Tagen war ich im Osten. Die Grenzen sind jetzt offen, für beide Länder eine große Angelegenheit. Die Berliner Mauer erfüllt keinen Zweck mehr, ich habe mir sogar ein paar Brocken rausgeklopft (siehe Foto). Die Westdeutschen heißen jeden aus dem Osten mit 100 D-Mark willkommen. Das lassen sich die Ostdeutschen nicht zweimal sagen. Ich war erstaunt zu sehen, wie arm der Osten ist. Der Lebensstandard dort kann nicht mal mit Guangdong mithalten.

22. Dezember 1989:

Gestern hat die Regierung in Ostdeutschland wieder einen Mauerübergang am Brandenburger Tor geöffnet. Das Brandenburger Tor ist so etwas wie der Arc de Triomphe von Berlin. Zehntausende Berliner haben gejubelt und getanzt. Dass die ostdeutsche Regierung die Situation friedlich löst, gibt Anlass zur Hoffnung. In einem anderen Winkel Europas, in Rumänien, gab es allerdings am Wochenende ein ähnliches Massaker wie in Pe-

king: 2500 Menschen sind durch Panzer und Gewehrschüsse gestorben. So oder so glaube ich, dass alle sozialistischen Regierun-
gen früher oder später dem Untergang geweiht sind.

Weihnachten feierte mein Vater im Wohnheim mit den übriggebliebenen ausländischen Studenten. Einmal lud ihn Professor Heinz zu sich nach Hause ein.

3. Januar 1990:

Es gab gebackene Gans, für eine Deutsche kann die Frau von Professor Heinz erstaunlich gut kochen. Ich wusste nicht, dass alle
Geschäfte geschlossen sein würden, und habe nicht einmal Blumen mitbringen können. Dafür habe ich mich in Grund und Boden geschämt. Seine Frau war äußerst herzlich, zum Abschied hat
sie sogar gesagt, dass ich Dir Grüße ausrichten soll. Die Kassette,
die Du mir geschickt hast, habe ich mehrmals hintereinander
abgespielt. Es war schön, Eure Stimmen zu hören. Es scheint so,
als habe Fanfan keinerlei Erinnerungen an mich. Würdest Du ihr
nicht von mir erzählen, wüsste sie wohl gar nicht, dass sie einen
Vater hat. (…)
(Bewahre die Briefmarke gut auf, das ist eine Erinnerungsmarke
zum 500. Jubiläum der Europäischen Post.)

Einmal im Monat telefonierten meine Eltern zu verabredeten
Zeiten. Dazu suchte mein Vater eine Telefonzelle in der Straße
des Wohnheims auf.

März 1990:

Heute Morgen, als wir telefoniert haben und das Gespräch abgebrochen ist, das war meine Schuld. Die Zähluhr in der Leitung hatte bereits angefangen zu piepen, deswegen habe ich keine Münzen mehr nachgeworfen. Das Problem war, dass allein schon fünf
D-Mark dabei draufgegangen waren, mich mit Deiner Durchwahl

zu verbinden, sonst hätten wir noch eine Minute länger telefonieren können. Ich habe mich so auf unser Gespräch heute gefreut und die halbe Nacht nicht schlafen können deswegen.

17. März 1990:

In der Sowjetunion hat der Volksdeputiertenkongress per Verfassungsänderung ein Mehrparteiensystem zugelassen. Außerdem hat die Sowjetunion einer deutschen Wiedervereinigung zugestimmt, jetzt geht es nur noch um das Wie. Gute Nachrichten für den Westen.

Im Frühjahr 1990 wurden die Ausreisepläne meiner Mutter konkret.

26. April 1990:

Ursprünglich dachte ich, dass Du einen Reisepass bekommen kannst, wenn Du Familienbesuch als Grund angibst. Und anschließend bei der deutschen Botschaft aber ein Studentenvisum beantragst. Das geht nun anscheinend nicht mehr, denn die Angaben im Pass und im Visum müssen übereinstimmen, sonst lassen Dich die Grenzbeamten in Peking nicht durch. (...) Übrigens habe ich mich wegen des Kindergartens erkundigt. 1. Erst ab drei Jahren. 2. Kinderkrippen gibt es nicht. 3. Die meisten Kindergärten gehen sogar nur halbtags.

8. Mai 1990:

Bezüglich Deines Gepäcks: Es wird nicht nötig sein, für zwei, drei Jahre zu packen. Drei bis vier Pullover reichen, zehn Blusen, zwei dünnere Hosen, drei bis vier Wollhosen, eine Daunenjacke, ein Übergangsmantel, ein bis zwei Paar Lederschuhe, ein bis zwei Paar Turnschuhe, ein Paar Hausschuhe, ein paar leichte Sommersachen. Achte darauf, dass Du nur hochwertige Sachen mitnimmst. In den meisten Klamotten aus China kann man sich hier gar nicht auf der Straße blicken lassen. Bitte bring außerdem meine blaue

Sportjacke und einen Edelstahltopf mit. Auf gar keinen Fall Seife, Zahnpasta oder Klopapier, das gibt's hier an jeder Ecke. (…) Wenn Du kämst, wäre mir das eine große Hilfe. Ich forsche gerade in organischer Chemie, darin bist Du ja die Expertin schlechthin.

24. Mai 1990:

Viele chinesische Frauen, die mit Besuchsvisum gekommen sind, langweilen sich hier zu Tode. Ich kenne eine, die macht den ganzen Tag nichts anderes, als am Fenster zu sitzen und vorbeifahrenden Autos nachzuschauen. Falls Du kein anderes Visum kriegst, solltest Du wenigstens Lernmaterial für den TOEFL mitnehmen und hier die Prüfung ablegen. Dann können wir überlegen, in die USA weiterzuziehen. Wegen Fanfan: Da stimme ich Dir zu. Es ist das Beste, sie erst mal zu Hause bei Deinen Eltern zu lassen. Sonst kommen wir nicht über die Runden. Der schwerste Brocken ist die Miete. Wenn Fanfan mitkommt, brauchen wir eine richtige Wohnung. Das kostet mindestens 600 D-Mark im Monat. (…) Es tut mir leid zu hören, dass Dein Fahrrad geklaut wurde, ein echter Verlust. Solche Verbrechen sind dem Zustand unserer Gesellschaft zuzuschreiben. Diese Gesellschaft macht unser Volk kaputt.

14. Juni 1990:

Wegen Deiner Bürgschaft. Die Deutsche Bank hat sie auf 50 000 D-Mark erhöht. Das kriegen wir nicht hin. Aber womöglich gibt es einen Kollegen in meinem Labor, der dazu bereit wäre. (…) Bitte wirf mir nicht vor, dass ich Dir zu spät auf Deine Briefe antworte. Die Post braucht wirklich so lange. Glaub's mir: Jedes Mal, wenn Du ungeduldig wirst, ist der Brief schon fast vor Deiner Haustür.

12. Juli 1990:

Außer in politischen Dingen habe ich mich kaum verändert, finde ich. Inzwischen bin ich fast zwei Jahre hier und sehe es so: Wenn Du erst mal draußen bist, hast Du gewaltigen Spielraum, Dein Leben zu verändern. Bald beginnen die Semesterferien. Diesen Sommer habe ich einen Job in einem evangelischen Altenheim gefunden, als Küchenhilfe. Unser Ziel sollte es sein, mindestens 30 000 D-Mark zu sparen. Selbst wenn wir nach China zurückkehren müssten, sind wir damit auf der sicheren Seite. Mit 30 000 D-Mark haben wir zu Hause ausgesorgt.

*

Im Sommer 1990 lernte ich sprechen. Meine Mutter erzählte mir, dass wir jeden Abend die Sendung *Alles Gut!* auf CCTV2 einschalteten, ein Deutschlernprogramm. Während wir auf dem Bett kauerten und Wassermelone aßen, flimmerten blonde Menschen über den Bildschirm. Sie sagten »Guten Tag« und »Hereinspaziert« und führten an exotische Orte wie die Heidelberger Innenstadt und die Lorelei. »Schau mal, Fanfan, so schön – wie gemalt«, sagte meine Mutter.

»Schön, schön«, soll ich sie nachgemacht haben.

»Bald fliegt Mama dorthin.«

»Jaja, bald«, wiederholte ich fröhlich.

Auch wenn mir das heute keiner mehr glaubt: An den Tag ihrer Abreise kann ich mich noch genau erinnern. Ende September sagte meine Mutter: »Fanfan, ich muss morgen gehen.« Dann war der nächste Morgen da und ich warf mich auf den Boden. »Du Lügnerin!«, soll ich meine Mutter angeschrien haben. »Du hast gesagt, du gehst erst morgen! Nicht heute! Erst morgen, hast du gesagt!« Das nächste Bild habe ich ganz klar vor Augen: Großmutter hält mich fest, ich zapple und schlage um mich, kralle mich ans Treppengeländer im dritten Stock. Meine Mutter kehrt mir den Rücken. Zügig geht sie die Stufen hinunter, kein einziges Mal dreht sie sich um. Aus Furcht, dass sie sonst wieder kehrtmachen würde, sagte sie später. Eine Woche lang nahm ich außer Pulvermilch keinen einzigen Bissen zu mir. Großmutter überlegte, in Peking anzurufen und meine Mutter zum Umkehren zu bewegen. »So ein Blödsinn«, knurrte Großvater sie an. »Lass das gefälligst sein.«

Am Abend des 30. Oktober 1990 flog meine Mutter schließlich für 800 D-Mark mit Romania Air über Istanbul nach Frankfurt am Main. Fast dreißig Tage hatte sie in Peking auf das Ticket gewartet, das mein Vater ihr per Einschreiben aus Freiburg geschickt hatte. Dass sie es auch in China hätte kaufen können, wussten beide nicht. Am Tag ihres Abflugs brachte Großonkel Fangyou sie zum Flughafen und machte ein Foto von ihr vor dem Terminal. Auf dem Bild trägt sie eine viel zu große Stonewashed-Jeansjacke, *oversized* würde man heute sagen, einen altbackenen braunen Rock, der über die Waden ging, dazu weiße Socken und weiße Turnschuhe, die aussehen wie Achtziger-Jahre-Reeboks, aber bestimmt keine waren. Die Jacke hatte sie sich in Peking gekauft, da mein Vater in seinem letzten Brief geschrieben hatte, dass Jeansjacken gerade angesagt seien in Deutschland. Beim Friseur hatte sie sich vor dem Abflug Locken drehen lassen.

Meine Mutter hatte Glück gehabt: Sie hatte ein Studentenvisum in ihrem Pass, wie mein Vater, der inzwischen bei Professor Heinz seine Promotion zur elektrochemischen Untersuchung von Feinmagneten begonnen hatte. Daneben übersetzte er in mühseliger Nachtarbeit und mit Hilfe seiner Laborkollegen die Masterarbeit meiner Mutter über die Extrahierung von Spurenmetallen aus dem Chinesischen ins Englische. Das fertige Werk warf er in den Briefkasten von Professor Rüchardt, dem damaligen Leiter der chemischen Fakultät, der gleichzeitig Rektor der Freiburger Universität war. Die Masterarbeit muss ihm gut gefallen haben, denn zwei Tage später rief seine Sekretärin an. »Heißt Ihre Frau Peng? Teilen Sie ihr mit, dass sie

Meine Mutter am Tag ihres Abflugs nach Deutschland
am Pekinger Flughafen, Oktober 1990

eine offizielle Bewerbung schicken soll.« So kam auch meine Mutter zu einer Promotionszulassung in Freiburg. Nachdem sie einem Behördenmitarbeiter in Changsha nette Geschenke gemacht hatte, erhielt sie auch endlich einen Pass.

Bereits an ihrem dritten Tag in Freiburg fand sie einen Putzjob in einer Waldorfschule. Der Plan sah so aus: erst Sprachschule und Geld verdienen, dann Promotion. Vormittags paukte sie mit Türken, Spaniern und Japanern das Der-Die-Das, nachmittags schrubbte sie Klassenzimmer. Bald hatte sie sechs Jobs gleichzeitig. Sie putzte bei jungen Familien, bei Rentnern, in Arztpraxen und Büros. Obwohl sie in Deutschland ein Vielfaches dessen verdiente, was sie in China an der Universität bekommen hatte, fühlte meine Mutter sich schäbig: In China hatte sie zur akademischen Elite gehört, mit 25 Jahren war sie die jüngste Assistenzdozentin an ihrer Uni gewesen. Dementsprechend erlebte sie das Arbeiten als Putzfrau in Deutschland als sozialen Abstieg. Wenn sie gefragt wurde, woher sie komme, antwortete sie: »Taiwan.« Das klang nach weltweit erfolgreichen Elektroprodukten und weniger nach Reishut und Hundefleisch.

Meine Eltern lebten auf 16 Quadratmetern in einem etwas heruntergewirtschafteten Siebziger-Jahre-Studentenwohnheim mit langen dunklen Gängen und Linoleumboden. Ab und zu fuhren sie in den Schwarzwald oder an die französische Grenze, spazierten am Rhein entlang und aßen Eis. Ansonsten lebten sie auf Sparflamme. In den ersten Jahren in Deutschland besuchten sie kein einziges Mal ein Kino oder ein Restaurant. Ständig stritten sie über Geld und darüber, wann sie mich endlich nach Deutschland holen würden. So bald wie möglich, forderte meine Mutter. Nicht bevor das Sparkonto sich gefüllt hat, widersprach mein Vater. Allein der Ganztagskindergarten kostete 400 Mark im Monat, rechnete er ihr vor.

Samstags ging meine Mutter zu Aldi und sammelte von der Gemüseablage übriggebliebene Kohlrabi- und Blumenkohlblätter ein. Daheim hängte sie das Grünzeug an eine Wäscheleine vor dem Fenster, bis es trocken war. Dann hackte sie die Blätter klein, schrubbte sie mit Salz und legte sie in Marmeladengläsern ein – fertig war eine Portion *chacai*, eingelegtes Gemüse nach Großmutters Rezept. Die Deutschen hätten sie im Supermarkt angeschaut wie eine Müllschluckerin, erinnert sich meine Mutter. »Dabei haben die Deutschen keine Ahnung: In den Blättern stecken die meisten Vitamine.« An der Fleischtheke orderte sie das, was keiner haben wollte, Knochen, Innereien und Schweinepfote zum Schleuderpreis. »Die Deutschen schmeißen immer das Beste weg«, war ihr Kommentar dazu. Außerdem wunderte sie sich im Sommer, warum die Einheimischen ihr Obst auf dem Markt kauften, wenn doch überall an den Straßenrändern Äpfel und Esskastanien lagen. Meine Mutter meinte: »Selbst schuld, umso besser für uns.«

Meine Eltern in
Meersburg am
Bodensee, 1991

Andere chinesische Studenten ließen sich noch mehr einfallen. Glucksend erzählte meine Mutter mir einmal davon, wie manche von ihnen auf dem Freiburger Münsterplatz Tauben mit Hilfe von alkoholgetränkten Brotkrumen fingen oder in den Vororten die Käfige von Kaninchenzüchtern plünderten. Mein Vater kannte ein Pärchen, das im Freiburger Seepark auf Entenjagd ging. Seepark ist der Name der grünen, hügeligen Studentenwohnheimanlage im Westen der Stadt. Neben der schwimmenden Brücke, die von riesigen blauen Ballons getragen wird, gibt es eine Stelle, wo Enten grasen und im Frühjahr ihre Nester bauen. Das chinesische Pärchen hatte es sich zur Gewohnheit gemacht, hinter einem Busch zu lauern und im passenden Augenblick mit einer alten Jacke zuzuschlagen. Anschließend packten sie die so gefangene Ente oder den Enterich in einen Sack und brachen dem Tier mit einem beherzten Handgriff das Genick. Wie viele der Wasservögel sie im Laufe der Zeit im Park erbeuteten, ist nicht überliefert. Aufgeflogen ist das Duo erst, als den beiden eines Tages eine aufgebrachte ältere deutsche Dame bis zum Wohnheim folgte. Sie notierte Adresse und Türnummer und alarmierte die Polizei. Als die Beamten an die Tür klopften, war der Mann gerade dabei, einen Erpel in heißes Kochwasser zu tauchen. Im nächsten Schritt wollte er ihn rupfen. Das Paar wurde abgeschoben.

*

Im November 1992 kehrte meine Mutter nach Pingxiang zurück, um mich nach Deutschland zu holen. Als Großmutter ihre Tochter in der Tür sah, fing sie auf der Stelle an zu weinen. »Wie siehst du denn aus?!«, rief sie schluchzend. Meine Mutter hatte Falten und weiße Haare bekommen. Die schwere Anfangszeit in Deutschland hatte Spuren bei ihr hinterlassen, sie sah müde und abgekämpft aus.

Bevor meine Eltern China verlassen hatten, erwarteten sie von Deutschland das Paradies. Auf Heimweh, Unsicherheit und befristete Aufenthaltserlaubnisse waren sie nicht vorbereitet. Das Leben in der Fremde war härter, als sie gedacht hatten: Nach dem gemeisterten Sprachkurs ging meine Mutter nun täglich von 8 bis 14 Uhr ins Unilabor, um an ihrem Promotionsthema zu forschen, danach spülte sie von 15 Uhr bis Mitternacht Teller im Gasthaus Zum Bären, einem Restaurant in einem Freiburger Vorort. Obwohl sie an ihrem Doktor arbeitete, habe sie sich dumm gefühlt, sagt sie, vor allem, wenn jemand ihr Deutsch korrigierte. Meistens war es nett gemeint, doch sie empfand es trotzdem als unangenehm, ja verletzend. Besonders frustrierend sei es gewesen, wenn sie zwar die Wörter verstand, nicht aber deren Kontext. Nicht zuletzt empfand sie es als Umstellung, von Wohnung, Unialltag bis zum Nebenjob alles selbst zu organisieren: Zu Hause hatte in nahezu jeder Lebenslage die Partei vorgeschrieben, was man zu tun hatte.

Zu den deutschen Studenten im Wohnheim hatten meine Eltern wenig Kontakt, selten gingen sie auf eine WG-Feier: Die meisten kamen aus behüteten Akademikerfamilien und führten ein unbeschwertes Leben, finanziert von Mama und Papa. Während meine Eltern mit anderen chinesischen Studenten über das Ende der Sowjetunion und die Machtpolitik von Deng Xiaoping diskutierten, schien es so, als interessierten sich die deutschen Kommilitonen für kaum etwas anderes als das nächste Wochenende. Meiner Mutter kamen sie vor wie Kinder. Verkehrte Welt, denke ich, als ich das höre: Heute nämlich sind es junge Chinesen, die das Thema Politik meiden, nicht ihre deutschen Altersgenossen.

Nachdem meine Mutter nach Deutschland gegangen war, hatte ich sie offenbar aus meinem Gedächtnis verdrängt, denn ich weiß noch, dass die Nachricht, sie komme mich bald abholen, keine Begeisterung in mir auslöste. Ich war glücklich bei meinen Großeltern und liebte den Trubel, der bei uns herrschte: Meine jüngere Cousine Lulu, die Tochter von Onkel Xungui und Tante Chen Si, verbrachte die meisten Tage ebenfalls bei meinen Großeltern. Tante Xiaomei war nach der Scheidung von ihrem Mann von der Insel Hainan zurückgekehrt und unterrichtete inzwischen an der Mittelschule in Xiangdong Chinesisch, sie und meine ältere Cousine Haohao lebten in Fußnähe.

Unsere Vierzimmerwohnung auf dem Grundschulcampus im Stadtteil Xiangdong war schmucklos, aber geräumig. Im Winter pfiff der Wind durch die Fensterritzen. Die Wände waren bis etwa 1,50 Meter Höhe in einem unappetitlichen Grün lackiert, vermutlich, um Wasser und Dreck abzuweisen. Neben der Eingangstür hing im Treppenflur ein Messingschild mit der Inschrift »Fünfmal-Gut-Familie«. Die Auszeichnung war uns von der Gemeinde Xiangdong verliehen worden, basierend auf folgenden Kriterien, die meine Großeltern scheinbar erfüllten: 1. Liebe zum Vaterland und Treue zum Gesetz. 2. Freude am Lernen, Eifer bei der Arbeit. 3. Gleichberechtigung zwischen Mann und Frau, Respekt für die Älteren, Fürsorge für die Kleinen. 4. Vorbildliche Lebensführung (frei von Aberglaube, Sektenkult und Drogen, Ausübung von Kultur- und Sportaktivitäten, Einhaltung des Ein-Kind-Gesetzes). 5. Harmonie zwischen den Ehepartnern, gutes Verhältnis zu den Nachbarn.

Die Ehrung war das Verdienst von Großmutter, die in der Gemeinde als aufrechte, fleißige und lebenskluge Frau respektiert wurde; bei Konflikten rief man sie oft als Streitschlichterin. Zu Hause opferte sie jede freie Minute, um sich um ihre alte Mutter und um ihre Enkelkinder zu kümmern: Ständig schälte sie Obst für uns und frittierte ihre sesamumhüllten Klebreisklößchen mit Erdnussfüllung, nach denen wir so gierten. Abends schob sie einen schweren Holzzuber in die Küche, schrubbte unsere Haut und seifte unsere Haare ein. Und sie war streng: Einmal drohte sie mir beim Abendessen, mich mit einer Stricknadel zu piksen, nachdem ich mit dem Reistopf weggerannt war und ihn im Klo entleert hatte. Ich wolle Nudeln essen, keinen Reis, schrie ich. »Nudelsuppe gibt es nur am Morgen«, schimpfte Großmutter. »Dann will ich, dass der Abend zum Morgen wird!«, plärrte ich weiter und wälzte mich auf dem Fußboden. Großvater eilte gerade noch rechtzeitig herbei, um mich vor der Stricknadel zu retten. War Großmutter der *bad cop* der beiden, gefiel Großvater sich umso mehr in der Rolle des *good cop*, der uns Süßigkeiten naschen ließ und gemeinsam mit uns fernschaute, wenn unsere Lieblingsserie *Doraemon*, die Roboterkatze aus Japan, lief.

Morgens brachte Großmutter mich in den Kindergarten, der in meiner Erinnerung ganz am Ende eines Waldstücks lag, tatsächlich aber war er nur einige Hundert Schritte vom Haus entfernt. Das Gebäude mit rotem Mao-Zitat an der Fassade glich einem in die Jahre gekommenen Lagerhaus und befand sich gleich neben der Grundschule, an der Großmutter unterrichtete. Im Winter trugen wir mehrere Schichten Jacken und Mäntel übereinander und pusteten Atemwolken in die Luft. Im Vergleich zu Kindergärten in anderen Ländern war unserer eher eine Vorschule. Wir saßen an Holzpulten, vorne stand eine Tafel. Vom ersten Tag an lernten wir Buchstaben, Schriftzeichen und Zahlen. Als ich mit viereinhalb Jahren nach Deutschland kam, konnte ich bereits lesen, schreiben und rechnen.

Was mir sonst noch eindrücklich in Erinnerung geblieben ist, sind die Toiletten. Wie in den allermeisten chinesischen Wohnungen damals war unser Bad ein undicht gekacheltes Minikabuff mit Loch im Boden. Zum Spülen benutzte man eine Plastikkelle, die in einem Eimer mit Regenwasser schwamm. Weitaus schlimmer waren die öffentlichen Toiletten, die man schon aus mehreren Hundert Metern Entfernung roch. In der Regel bestanden sie aus einer einzigen Rinne, entlang derer man sich hinzuhocken hatte wie Vögel auf einer Stange – so war es zumindest bei den Frauen –, von der Nebenperson nur dürftig durch einen hüfthohen Sichtschutz abgetrennt. Kauerte man so da und machte den Fehler, nach unten auf die Füße zu schauen, sah man unter sich die Ausscheidungen der anderen Leute vorbeiplätschern. Manchmal gab es auch nur die Rinne und gar keinen Sichtschutz. Es hatte jedenfalls seinen Grund, weshalb ich im Alter von drei Jahren eine Meisterin darin wurde, Klogänge ins Unendliche hinauszuzögern. Am meisten ekelte ich mich, wenn wir zu unseren Bauernverwandten nach

Großmutter, ich, meine Cousinen Lulu und Haohao sowie
Großvater in Xiangdong, Herbst 1991

Lashi fuhren. Die Familie von Großvaters Schwester etwa teilte
sich ihre Latrine mit den Schweinen. Angeblich hat sie mir so
sehr gestunken, dass ich einmal aus Protest im Wohnzimmer
hinters Sofa gemacht habe.

Jeden Abend, nachdem Haohao und Lulu von ihren Eltern
abgeholt worden waren, las Großvater mir eine Gutenacht-
geschichte vom Affenkönig vor. Ich schlief im selben Bett wie
meine Großeltern, das Kämmerchen nebenan gehörte Urgroßmutter, die dort ihre Tage im Korbstuhl verbrachte. Urgroßmutter glich einem sanftmütigen Hausgeist, kaum 1,50 Meter groß,
zierlich gebaut und trotz ihrer 86 Jahre von einer fast mädchenhaften Aura, wie sie nur alte asiatische Frauen ausstrahlen.
Stets trug sie feine Baumwollblusen, ihre grauen Haare band
sie zu einem eleganten Dutt zusammen. Ich kann mich nicht
erinnern, dass sie jemals krank war, die Treppe bestieg sie sogar
schneller als ich. Meine traurigsten Momente in Pingxiang er-

Mit meiner Cousine Haohao (rechts) im Fotostudio, im Sommer 1992 vor meiner Abreise nach Deutschland

lebte ich, als sie Selbstmord beging. Ein halbes Jahr bevor ich China verließ, stürzte sie sich aus dem Fenster.

Vorausgegangen war ein jahrelang schwelender Konflikt zwischen ihr und Großvater: Meine Mutter glaubt, Urgroßmutter habe sich, nachdem ihr Schwiegersohn aus seiner Verbannung wiederkam, einsam und überflüssig gefühlt. Wie die allermeisten Frauen in ihrer Generation hatte sie sich ein Leben lang still in den Dienst der Familie gestellt, nicht mal ihrer eigenen, sondern jener ihrer Tochter. Auch als sie bereits weit über siebzig war, kochte sie, putzte und wusch die Wäsche. Über zwei Jahrzehnte hatte sie Großmutter so den Rücken freigehalten. Als Großvater 1980 dann heimkehrte, sei sie sich wohl vorgekommen wie das fünfte Rad am Wagen, heißt es. Vor allem wegen Onkel Xungui gerieten sie sich immer wieder in die Haare: Urgroßmutter hatte sich seit seiner Geburt um ihn wie um einen Ersatzsohn gekümmert. Für Großvater war sein Ältester das Sorgenkind der Familie, zwar talentiert, aber sturköpfig und ungeschickt im Umgang mit anderen – wie er selbst eben. Jedenfalls ging Großvater hart mit ihm ins Gericht, Urgroßmutter wiederum nahm ihn ständig in Schutz.

Im Frühjahr 1992 stritten sie sich wieder einmal wegen Onkel Xungui, warum genau, weiß keiner mehr. Tagelang schnauzten sich beide am Esstisch an. Eines Mittags stand Urgroßmutter unvermittelt auf, schnappte sich einen Hocker und briet Großvater damit eins über. Dieser ließ seine Essstäbchen fallen, flüchtete aus der Wohnung und rief noch: »Ich schlaf heute im Büro!« Urgroßmutter zog sich auf den Korbstuhl in ihrem Kämmerchen zurück und schimpfte weiter. Ihre Stimme habe verbittert, härter und entschlossener als sonst geklungen, sagte Großmutter später. Schließlich ging sie in die Küche, um den Abwasch zu machen. Haohao, Lulu und ich aßen unsere Teigtaschen zu Ende. Auf einmal hörten wir einen dumpfen Knall. Großmutter stürmte in Urgroßmutters Zimmer, sah das offene Fenster und rannte schreiend die Treppe hinunter. Wir Kinder sprangen ihr hinterher. Als wir im Hof ankamen, hatte sich dort bereits eine Menschentraube gebildet. Ich spähte durch einen Wald aus Hosenbeinen und sah die Umrisse von Urgroßmutters Körper. Mit dem Gesicht lag sie auf dem Boden, um sie eine rote Lache. Am Nachmittag starb sie im Krankenhaus. Sie sei lebensmüde gewesen, sagt meine Mutter. Meine Tante glaubt: Sie sprang aus Wut.

Tags darauf tauchten wie aus dem Nichts Urgroßmutters Verwandte auf. Obwohl sie nur zwei Dörfer weiter wohnten, hatten sie sich seit Ewigkeiten nicht mehr bei ihr blicken lassen, im Grunde genommen, seit ihr dritter Ehemann wegen Totschlags verurteilt worden war, also seit Anfang der sechziger

Jahre. Kontakt zu Großmutter pflegten sie nicht, denn diese war ja »nur« adoptiert. Trotz jahrzehntelanger Funkstille also gaben Urgroßmutters Neffen und Nichten sich felsenfest überzeugt, zu wissen, wie sich der Tod ihrer Tante zugetragen habe: alles die Schuld meiner Großeltern! Sie gingen sogar noch weiter: Peng Fangcong habe sie aus dem Fenster geschubst!

Großvater schäumte. Allein schon der Verdacht war absurd: Zum Zeitpunkt ihres Sturzes hatte er schließlich längst das Haus verlassen. Mehrmals am Tag hämmerten Urgroßmutters Verwandte nun gegen unsere Wohnungstür und sprachen wilde Drohungen aus. Sie verlangten, dass die Behörden die Auszeichnung »Fünfmal-Gut-Familie« aus unserem Hausflur abhängen und Großmutter aus dem Ehrenverzeichnis der »Zehn fortschrittlichen Lehrer« Xiangdongs entfernten sollten.

Nach außen hin kämpfte Großvater um seine Ehre sowie um den Ruf seiner Frau. Innerlich grämte er sich jedoch, warf sich vor, eine Teilschuld am Tod seiner Schwiegermutter zu tragen. Erst als die Nachbarin aus dem zweiten Stock, Frau Su, ihm zur Seite sprang, wurde ihm leichter ums Herz. Diese raunte durch die Menge, dass das Unglück sich bereits in der Woche davor angekündigt habe. Da hätten sie einen ähnlich dumpfen Aufprall gehört: als wäre etwas Schweres aus dem dritten Stock, dem unseren, gefallen. Es war aber nichts. Sollte es Zufall gewesen sein, dass Urgroßmutter kurz darauf aus dem Fenster stürzte? Hatte der Vorfall ihr Schicksal nicht angedeutet? Es sei gekommen, wie es habe kommen müssen, bestätigte auch Herr Lu, ein blinder Handleser. Er habe Urgroßmutter schon vor Jahren prophezeit, dass sie nicht auf dem Kopfkissen sterben werde.

Dass das Gerede langsam aufhörte, beruhigte Großmutter kaum. In den ersten 48 Stunden wich meine Tante ihr keinen Millimeter von der Seite – aus Angst, dass auch sie sich etwas antun würde.

Die Trauerfeierlichkeiten dauerten sieben Tage. Aus Furcht vor weiteren Anschuldigungen erfüllte Großmutter den Verwandten jeden Wunsch: Statt einer Blaskapelle für die Trauerfeier bestellte sie drei. Ein hastig zur Organisation der Beerdigung einberufener Familienrat ließ ein Trauerzelt groß wie eine Festhalle errichten – dort wurde Urgroßmutters Sarg aufgebahrt. Außerdem wurden Köche und Spülhilfen angeheuert, stapelweise Papiergeld und meterhohe Blumenbouquets geordert, dazu weiße Trauerkleidung für hundert Menschen, mehrere Zentner Böller, kistenweise Maotai-Schnaps, die besten Zigaretten, die teuersten Meeresfrüchte. Manch ein Händler in Xiangdong machte das Geschäft seines Lebens. Ich erinnere mich an die Umrisse der in weißes Leinen gekleideten Menschen, die über die in Feuerwerkrauch getauchte Hauptstraße in Xiangdong schritten, an die klagenden Gesänge der Musikkapellen und die Bässe der Volksschlager, die rund um die Uhr aus dem Trauerzelt dröhnten. Beerdigungen in China müssen laut sein, um unerwünschte Geister zu vertreiben, und aufwendig, um den Angehörigen des Verstorbenen »Gesicht zu geben«. Unterdessen tauchten ständig neue Gäste auf, die behaupteten, entfernte Verwandte von Urgroßmutter zu sein, und sich den Bauch vollschlugen. Am siebten Tag wurde der Sarg mit Urgroßmutters Leichnam in einer Prozession 10 Kilometer weit auf einen Berg ihres Geburtsorts Lashi getragen und dort beigesetzt. Es war, sagen die Leute in Xiangdong, eine der pompösesten Beerdigungen, die der Ort je gesehen hat.

Gemäß der Tradition musste die Tochter der Toten für die Kosten aufkommen. Noch bevor Großmutter ihre Tränen trocknen konnte, präsentierte man ihr die Rechnung: 80 000 Yuan, was damals dem Wert einer Eigentumswohnung entsprach. Wie viel davon in die Taschen des familiären »Bestattungsrats« geflossen ist, weiß niemand. Großmutter blieb keine

Wahl, als sich Geld zu leihen. In den folgenden Jahren wurde sie still und ängstlich. Von Schuldgefühlen geplagt, wandte sie sich dem buddhistischen Glauben zu. Trotz ihrer Knieprobleme sollte sie an jedem Todestag ihrer Mutter 300 Kilometer östlich nach Hunan reisen und anschließend stundenlang die steilen Hänge des Nanyue-Bergs hinaufwandern. Dort ehrte sie Buddha und rezitierte Verse, auf dass er ihrer Mutter im nächsten Leben Glück spenden möchte.

*

An dem Tag, als meine Mutter mich abholen kam, versteckte ich mich im Schrank. »Tante, rette mich!«, soll ich gefleht haben. »Ich will nicht nach Deutschland!« Längst hatte ich vergessen, wie meine Mutter aussah, wie sie sich bewegte, wie sie roch. Als sie zur Tür reinkam, weigerte ich mich, sie zu begrüßen. Ich weiß noch, dass sie mir einen weißen Stoffclown mit bunter Harlekinmütze entgegenstreckte. Meine Mutter hatte ihn in Freiburg bei Kaufhof gekauft; wenn man ihn aufzog, wackelte er mit dem Kopf und spielte die Melodie von »Für Elise« ab. Lulu und ich, die wir beide nur schäbiges Plastikspielzeug kannten, stürzten uns auf ihn wie Tiere. Sie zerrte an seinem Kopf, ich riss an seinem Rumpf und gleichzeitig an ihren Haaren, dann, zack!, war der Clown entzwei, und wir saßen beide heulend auf dem Boden. Meine Mutter weinte auch.

Zwei Tage später hielt meine Mutter mich zwischen Koffern, Reissäcken und Hühnerkäfigen im überfüllten Bus nach Changsha fest, von dort aus bestiegen wir den Zug nach Peking. Nach einer recht ungemütlichen Nacht auf zusammengeschobenen Plastikstühlen am Warschauer Flughafen, wo wir zwischenlandeten, setzte unsere Maschine am Morgen des 15. November 1992 in Frankfurt auf.

Großvater hatte mir erzählt, dass dieses Deutschland unfassbar reich sei. Was das genau bedeutete, verriet er mir nicht. In meiner Vorstellung war darum in Deutschland alles genauso wie in China – nur eben aus Gold. Goldene Fußböden, goldene Essstäbchen, goldene Pulte im Kindergarten. Als ich dann ankam, war ich bitter enttäuscht. Am ersten Tag im Freiburger Kindergarten fühlte ich mich wie in einem seltsamen Stummfilm. Ich sah den weit geöffneten, rot angemalten Mund der dicken Erzieherin, aus dem bizarre Laute kamen. Dann die Kinder, die in gepolsterten Ecken herumlümmelten, mit Puppen und Holzklötzen spielten und gar nichts zu lernen schienen. Das Essen, das man uns auftischte: labbrig, fad, grauenvoll. Die Toiletten dagegen waren eine Offenbarung.

Ich hatte Glück, dass es in meinem Kindergarten noch ein anderes chinesisches Mädchen gab, Lianlian, fünf Jahre alt. Sie war zwei Jahre vor mir nach Deutschland gekommen, ihr Vater studierte Ingenieurswissenschaften. Lianlian übersetzte mir in den ersten Wochen Wort für Wort und Satz für Satz. Nach drei Monaten konnte ich besser Verben konjugieren als meine Eltern. Noch ein paar Monate später fing ich an, mich für meine Herkunft zu genieren: für meine scheußlich kitschigen Chinaklamotten (gelbe Samtpullover mit Tierstickereien). Für den holprigen Akzent meiner Eltern, wenn sie Dinge sagten wie »das Mond« und »die Tisch«. Für das seltsame Verständnis meiner Mutter von Kindergeburtstagen: Als ich fünf wurde, gab es bei uns Fisch statt Pommes und kein Topfschlagen – das kannte sie nicht. Ich war traurig darüber, dass wir zu Weihnachten keine Kekse backten und kein Tannenbaum im Wohnzimmer stand. Ich schämte mich dafür, dass meine Mutter mir kein Faschingskostüm kaufen wollte – 40 Mark für etwas auszugeben, das man nur einen Tag im Leben trägt, leuchtete ihr nicht ein. An meinem ersten Rosenmontag zog sie mir ein grüngepunktetes Kleid über und malte mit einem Kajalstift jeweils drei

Einige Monate nach meiner Ankunft in Deutschland, 1993

Schnurrbarthaare auf die Wangen. Das war meine »Katzenverkleidung«.

Meinen Namen konnte ohnehin niemand aussprechen. »Ksifan« sagten die meisten, und jene, die lustig sein wollten, kamen mir mit dem Spruch: »Fährst du gerne Ski? Hahaha!« (An dem Witz versuchen sich heute noch viele.) Und ich lernte, dass ich in Deutschland Vor- und Nachnamen tauschen musste: Aus Yang Xifan wurde nun Xifan Yang.

12

AUSSEN GELB, INNEN WEISS

Eineinhalb Jahre nach meiner Ankunft in Deutschland ließen meine Eltern sich scheiden. Mein Vater zog aus und gab seine Doktorarbeit ab. Sechs Monate lang blätterte er sich vergeblich durch die Stellenanzeigen in *FAZ* und *Süddeutscher Zeitung* und vertrieb sich seine freie Zeit im Tischtennisverein, bis er eine Stelle als Junior Sales Manager bei einer Chemiefirma in Hanau fand. Kurz darauf zog er nach Hongkong, um von dort deren Asiengeschäfte zu koordinieren.

Meine Mutter und ich blieben in Freiburg. Da sie nun Alleinerziehende war, konnte sie beim Studentenwerk einen sogenannten Wohnberechtigungsschein in Anspruch nehmen, der es uns erlaubte, in eine günstige Zweizimmerwohnung in der Studentensiedlung im Seepark zu ziehen. Zehn Minuten zu Fuß entfernt wurde ich im Herbst 1994 in die Anne-Frank-Schule eingeschult. Meine besten Freunde in der ersten Klasse waren Kinder chinesischer Auslandsakademiker wie ich: Donan, Sohn eines Physikdoktoranden aus Peking, und Chenchen, ein pausbäckiges Mädchen mit Ponyfrisur, ihre Mutter studierte in Freiburg Internationales Steuerrecht.

Der Seepark war für uns wie ein Paradies, mit Spielplätzen, Tretbootverleih, Hügeln und Wiesen. Etwa zwanzig chinesische Familien lebten in der Siedlung. Um herauszufinden, wo die anderen wohnten, musste man nur der Nase folgen. An Wochenenden zum Beispiel, wenn die Chinesen Kochabende in den Gemeinschaftsküchen veranstalteten und die Hausflure erfüllt waren von dem Duft von Ingwer, Chili und geschmortem Schweinebauch. Oder an chinesischen Feiertagen wie dem Drachenbootfest, dem Mittherbstfest und natürlich Chinesisch Neujahr, wenn mehrere Hundert Chinesen, die ganze Freiburger Community, sich in der großen Sporthalle über der »Stu-Sie-Bar« einfanden. Während die deutschen Kommilitonen meiner Mutter Whiskey Cola tranken und zu Reggae tanzten, erschufen wir ein Stockwerk höher eine chinesische Parallelwelt mit roten Girlanden und selbstgefalteten *jiaozi*, gefüllten Teigtaschen. Vorab wurde ein Moderator bestimmt, der auf der Bühne durch die Nacht führte, ähnlich wie in der Frühlingsfestgala im chinesischen Fernsehen. Wir Kinder trugen chinesische Gedichte vor, die wir auswendig gelernt hatten. Meine Mutter gab »Menschen aus unserem Dorf« und »Auf dem Feld voller Hoffnung« zum Besten, Schlager ihrer Lieblingssängerin Peng Liyuan.

*

In den Weihnachtsferien 1994 flogen meine Mutter und ich zum ersten Mal gemeinsam nach China zurück. Meine Großeltern, mittlerweile in Rente, hatten Xiangdong verlassen und waren in eine Neubauwohnung in der Innenstadt von Pingxiang gezogen. Hintergrund war, dass Großmutter in der alten Wohnung auf dem Schulcampus immer unglücklicher geworden war. Nach dem Selbstmord von Urgroßmutter hatte sie sich zunehmend davor gefürchtet, alleine zu sein – in China sagt man, dass nach einem Selbstmord der Geist des Verstorbenen weiter durch das Haus spukt. War Großvater nicht da, flüchtete Großmutter sich deshalb zu den Nachbarn oder in die Wohnung meiner Tante. Ein Umzug stand nicht zur Diskussion, denn wie alle Chinesen lebten sie in einer Wohnung, die von der *danwei*, ihrer Arbeitseinheit, bereitgestellt wurde. Alle Häuser und Grundstücke gehörten dem Staat – bis 1994.

In diesem Jahr erlaubte die Regierung erstmals den Kauf von Privatwohnungen.

Meine Mutter schlug ihren Eltern vor, ihnen von ihren Ersparnissen eine Dreizimmerwohnung in Pingxiang zu kaufen. Normalerweise hätte Großmutter ein solches Angebot nie angenommen, da sie nichts mehr hasste, als anderen auf der Tasche zu liegen. Weil sie sich aber aufgrund der 80 000 Yuan Beerdigungsschulden selbst keine neue Wohnung leisten konnte und es wirklich nicht länger aushielt in Xiangdong, sagte sie dankbar zu. Das Apartment kostete umgerechnet 20 000 Mark und lag unmittelbar im Ortskern, in einer Marktstraße hinter der neu eröffneten Kentucky-Fried-Chicken-Filiale. Was die Bauherren sich bei dem Gebäude gedacht haben, ist mir nicht ganz klar: Um den Eingang zu finden, muss man sich noch heute ans Ende einer halb betonierten Seitenstraße durchschlagen, die von den Bewohnern als inoffizielle Mülldeponie genutzt wird, dann links an einer Ziegelhütte vorbei, in der Marktfrauen in der Mittagspause Mahjong spielen, und schließlich einen verschachtelten, unbeleuchteten Treppenaufgang hinauf, der auch in trockenen Monaten immer nach Moder riecht. Der Dreck im Flur, das habe ich in vielen Jahren China gelernt, sagt jedoch nichts darüber aus, wie es in den Wohnungen selbst aussieht. Denn je dreckiger der öffentliche Raum, desto schöner wollen Chinesen es in ihrem Eigenheim haben. In Pingxiang erkannte das keiner so früh wie Onkel Xungui.

Als wir im Dezember 1994 zu Besuch kamen, hatte er seinen Lehrerberuf endgültig an den Nagel gehängt. Inspiriert dazu hatte ihn die berühmte Rede, die Deng Xiaoping 1992 in Shenzhen hielt: Der greise Deng, der mittlerweile wie ein Alleinherrscher über Staat und Partei waltete, bekräftigte damals auf einer Reise in den Süden seine Reformpolitik. »Mut zum Experiment«, forderte er, die Menschen sollten etwas wagen und sich nicht verhalten »wie Frauen mit gebundenen Füßen«. Diese Sätze legten den Grundstein für den bis heute anhaltenden Deal zwischen Regierung und Bevölkerung: Wir sorgen für Wohlstand – ihr haltet den Mund.

Zehn Lehrerkollegen an Onkel Xunguis Mittelschule nahmen sich in jenem Jahr unbezahlten »Urlaub« und machten sich auf in die Sonderwirtschaftszone Shenzhen. Mit etwas Glück wartete dort tatsächlich das große Geld. 2013 habe ich ein Millionärsehepaar kennengelernt, das in der Westmetropole Chengdu in einer lichtdurchfluteten 400-Quadratmeter-Villa lebt. In ihrer Garage stehen ein Porsche Cayenne, ein Porsche Carrera und ein weißer Mercedes. Herr Liu und seine Frau stammen aus Bauerndörfern an der Küste Guangzhous und trieben als Kinder Wasserbüffel vor sich her. 1993 trafen sie sich an der neu eröffneten Börse von Shenzhen. Innerhalb der ersten drei Monate verdienten sie ihre erste Million – in Yuan zwar, aber das war damals in China mehr wert als eine Million Dollar.

Onkel Xungui wollte zunächst klein anfangen. Auch er nahm sich »Urlaub« bei seinem Schuldirektor – und sollte nie wiederkommen. Als Erstes versuchte er sich als Subunternehmer bei der Eisenbahn. Diese baute gerade eine Schienenverbindung in den Norden. Mit einem gemieteten Zehn-Tonnen-Laster fuhr er die 180 Kilometer lange Strecke entlang und lieferte den Baustellen Beton und Holz. In einigen Monaten verdiente er 400 Yuan, damals etwa 100 Mark, das Doppelte seines Lehrergehalts. Ein Jahr lang ging das gut. Dann zog die Baukarawane weiter. Onkel Xungui blieb in Pingxiang, ein Nomadenleben wollte er meiner Cousine Lulu, damals erst zwei, nicht zumuten.

Als 1994, wie erwähnt, der Wohnungsmarkt liberalisiert wurde, kam meinem Onkel die Idee, Inneneinrichter zu werden. Die Menschen hatten die Jahrzehnte sozialistischer Einheitsbehausung satt und sehnten sich nach Individualität, nach dem Look des Westens, den sie im Fernsehen bewunderten, nach Farben und nach Luxus. Über einen Freund, der geschäftlich nach Hongkong reiste, besorgte sich Onkel Xungui angesagte Designmagazine aus der britischen Kronkolonie und aus Taiwan. Er lernte schnell, Entwürfe zu zeichnen, außerdem war er ein geschickter Handwerker. Als Modellapartment stellten meine Großeltern ihm ihre neugekaufte Wohnung zur Verfügung, eine Art Showroom in bester Zentrumslage. Dort, wo die Wohnzimmerfenster waren, riss Onkel Xungui die Wand ein und ersetzte sie durch eine Glasfront, im grauen, zubetonierten Stadtbild Pingxiangs eine ästhetische Revolution. In Changsha fand er jemanden, der Baumaterial importierte. Den Wohnzimmerboden legte er mit falschem, kirschrotem Marmor aus. Neben dem Eingang setzte er ein treppenförmiges Einbauregal aus heller Kiefer ein, im Flur einen bodenlangen Wandspiegel und Halogenbeleuchtung. Die Decken beklebte er mit neobarocken Stuckleisten. Nur die Toilettenschüssel mit Spülung wollten meine Großeltern nicht. Sie waren ihr ganzes Leben lang Hockklos gewohnt. Neumodische westliche Toiletten fanden sie unpraktisch. Dafür leisteten sie sich für 3000 Yuan, was einem ganzen Jahresgehalt entsprach, endlich einen privaten Telefonanschluss.

Am Tag der Wohnungseinweihung bildete sich eine Schlange von Dutzenden Schaulustigen vor der Tür. Onkel Xungui führte sie strahlend durch die von ihm entworfenen Gemächer und erzählte von den neuesten Trends aus dem Ausland. Ein »Aaaah« und ein »Ooooh« gingen durch die Besuchermenge. Einer der Gäste war Nachbar Hu, ein Latzhosenträger mit gelben Zähnen. Jeder kannte die Geschichte, wie er dank seiner guten Beziehungen ins Rathaus vor kurzem seine erste Kohlemillion gescheffelt hatte. »Ich hab da ein vierstöckiges Haus ge-

kauft«, hörte man ihn hinter den Rauchschwaden seiner Zigarette knurren. »Machst du mir auch so was, Peng?«

Bald beherrschte Onkel Xungui alle möglichen Stile: den
»modernen, amerikanischen Countryside-Stil«, den »britischen
Townhouse-Stil«, den »römisch-griechischen Antik-Stil«, den
»französischen Königshaus-Stil« sowie den »traditionell chinesischen Stil« mit schweren Möbeln aus Zitanholz, der wenige
Jahre zuvor noch als »bourgeois« verfemt gewesen war. Seine
Erfolgsformel lautete: Mehr ist mehr. Im neuen 300-Quadrat-
meter-Eigenheim des Direktors der Eisenbahnbehörde verwendete er Terrazzoboden und reflektierende Goldtapeten, beim
Chef des städtischen Krankenhauses tapezierte er die Wände
mit Rosenmuster und installierte einen fünf Meter langen TV-
Altar samt Lavalampen. Der Direktor einer Papierfabrik ließ
sich die acht Meter hohe Lobby seiner Villa in Platinsilber
einrichten, dazu wünschte er sich riesige Goldaquarien und
künstliche Bäume.

Onkel Xunguis Einrichtungskünste sprachen sich schnell
per Mund-zu-Mund-Propaganda herum. Er hatte kein Büro,
noch nicht einmal Visitenkarten. Man erreichte ihn nur über
einen kleinen Beeper, den er an seinem Gürtel trug. Sogar der
Bürgermeister rief irgendwann an. Von da an, heißt es, war Onkel Xungui der gefragteste Inneneinrichter der Stadt.

*

Als ich während unseres Heimatbesuchs zum ersten Mal wieder durch die dreckigen Straßen von Pingxiang lief, wirkte alles
vertraut auf mich: die Marktfrauen mit ihren Verkaufsständen,
die rußschwarzen Abgasfahnen der Dieselmotoren, der rustika-
le Dialekt, das scharfe Essen. Und doch fremdelte ich: Gehörte
ich noch hierhin? War das noch mein Zuhause?

Ich wunderte mich über die Marotten von Großmutter: Den

Kühlschrank, den meine Tante ihr gekauft hatte, benutzte sie bloß als Geschirrablage, in der Waschmaschine bewahrte sie Reis auf – nur von Hand geschrubbte Kleidung werde richtig sauber, war sie überzeugt. Meine Mutter brachte aus Deutschland einen Fleischwolf von Bosch und einen Philipps-CD-Spieler mit Kassettendeck mit. Ersteres verräumte Großmutter unausgepackt in den Schrank wie eine Kostbarkeit. Den CD-Spieler stellte sie neben den Fernseher und bedeckte ihn mit einem Staubtuch, um ihn fortan nie wieder anzurühren.

Unsere anderen Mitbringsel füllten zwei große Koffer: Hautcreme und Rasierschaum von Nivea, Unmengen Gummibärchen und Raffaello-Kugeln, stapelweise Milka-Schokolade, die bei der Ankunft schon völlig zerlaufen war. Mit den Süßigkeiten klapperten wir reihum alle Verwandten ab. Meine Mutter legte peinlichst Wert darauf, niemanden zu vergessen. Keiner, weder der Schwiegersohn der Großtante noch die Cousine dritten Grades, sollte sagen können, dass Xiaowen nicht mehr an sie denke, seitdem sie im reichen Europa lebte. Ein bisschen kamen wir uns vor wie der Weihnachtsmann. In den Augen der Leute in Pingxiang hatte meine Mutter es geschafft. Sie hielten uns für steinreich – verdienten Supermarktverkäufer in Deutschland nicht so viel wie in China nur Unternehmenschefs? War das Durchschnittsgehalt nicht zehnmal so hoch? Dass das meiste auch zehnmal so viel kostete und dass meine Mutter aufgrund ihres mageren Doktorandengehalts jede Mark dreimal umdrehen musste, begriffen sie nicht.

Pingxiang zählte weiterhin zu den ärmsten Städten in China, in einigen Familien jedoch war Aufbruchsstimmung zu spüren, so auch bei uns: Nicht nur Onkel Xungui arbeitete an seiner Karriere; Tante Xiaomei war nach Peking gezogen und besuchte dort nun einen zweijährigen Kurs in kreativem Schreiben am Lu-Xun-Institut für Literatur, um in einem zweiten Anlauf doch noch Schriftstellerin zu werden, wie sie es sich immer erträumt hatte. Meine Cousine Haohao hatte sie deswegen schweren Herzens zu ihrem Exmann auf die Südinsel Hainan geschickt. Onkel Songhe hatte geheiratet und war in den Norden Jiangxis gegangen, wo der heimische Autohersteller Changhe ihn als Ingenieur für sein neues Joint-Venture-Werk mit Suzuki angestellt hatte.

Auch Großvater glaubte weiterhin daran, dass er ein Händchen fürs Geschäftemachen besaß: So ließ er sich von drei ehemaligen Armeekollegen aus Guizhou davon überzeugen, in eine Kindermodefabrik in Guangzhou zu investieren. »Für den Export«, sagten sie, und: »bombensicheres Geschäft«. Daraufhin ging Großvater heimlich zur Bank und hob 10 000 Yuan ab. Meine Mutter bat er um einen Kredit über 2000 Mark. Monate verstrichen, ein Jahr, zwei Jahre. Als Großvater nach den versprochenen Gewinnen fragte, zogen seine Geschäftspartner lange Gesichter. »Peng, wir haben leider nur Verluste gemacht«, entschuldigten sie sich. Tatsächlich aber hatten sie da gerade ihre fünfte Fabrik gebaut, wie später durchsickerte. Der Laden brummte. Blauäugig, wie Großvater war, fragte er nicht weiter nach. Als Großmutter davon erfuhr, wurde sie vor Ärger ganz bleich. Tagelang sprach sie kein Wort mehr mit ihm. Dann entzog sie ihm die Kontovollmacht.

Was ich während unseres Besuches nicht mitbekam: Großmutter wünschte sich sehnlichst, dass meine Mutter nach China zurückkehren würde. »Was willst du noch dort in Deutschland?«, fragte sie flehend – so erzählt es mir meine Mutter. »Du hast doch deinen deutschen Doktor!« Als topausgebildete »Meeresschildkröte«, wie man in China Rückkehrer aus dem Ausland nannte, würde man ihr in China den roten Teppich ausrollen, so Großmutter. Tatsächlich lagen meiner Mutter drei verschiedene Angebote vor: In Changsha hätte ihre Alma Mater sie mit Kusshand als Professorin eingestellt, ein rascher Aufstieg zur Fakultätsleiterin und zur Universitätsrektorin schien so gut wie sicher. Auch Universitäten in Shanghai und Guangzhou boten ihr Professorenstellen an. Ein halbes Jahr nach unserem Winterbesuch 1994 reiste meine Mutter tatsächlich ein weiteres Mal nach China zurück. Während ich die Sommerferien bei meiner Freundin Chenchen verbrachte, flog sie allein durchs Land, um Vorstellungsgespräche zu führen.

Ihre erste Station war die Universität von Guangzhou. Als sie ihren Gepäckwagen aus der Ankunftshalle schob, lief sie in eine Wand aus Abgasluft und Hitze. Irgendetwas hatte sich verändert. Die Menschen lächelten nicht mehr, alle schubsten und drängelten und schienen diesen gehetzten Tunnelblick zu haben. Der Taxifahrer stand gegen die Kühlerhaube gelehnt und grunzte etwas Genervtes zur Begrüßung. Statt den Koffer zu verstauen, rauchte er weiter und rotzte einen Schleimbatzen auf den Boden. Als sie in der Universität ankam, hörte sie dem Professor, der sie in Empfang nahm, gar nicht mehr richtig zu. Das zweite Vorstellungsgespräch in Shanghai ließ sie ganz sausen.

»Wegen des Taxifahrers?«, frage ich sie, als ich davon erfahre.

»Manchmal sind es solche Kleinigkeiten«, antwortet meine Mutter seufzend. Sie erzählt mir die Anekdote an einem Sommerabend 2013. Ich bin zu Besuch in Rieselfeld, dem Öko-Viertel in Freiburg, wo sie seit nunmehr fünfzehn Jahren lebt. Wir sitzen auf dem Balkon, den sie liebevoll mit Rosen, Hibiskus und Sonnenblumen bepflanzt hat, und blicken in den rausgeputzten Garten von nebenan, wo die Nachbarsfrau ihrem Kind das Kompostieren beibringt. Trotz der Chancen auf eine steile Karriere, die sich ihr in China boten, entschied meine Mutter sich in jenem August 1995 gegen ihre Heimat. Sie störte sich an der Gier und dem Ellenbogendenken, das immer mehr Chinesen wie ein Virus befiel. Das Leben in Deutschland erschien ihr angenehmer und sicherer. Großvater und meine Tante schütteln darüber heute noch den Kopf.

Nicht zuletzt blieb meine Mutter auch meinetwegen in Deutschland: Mit dem rasanten Wirtschaftsboom in China wurde auch der Wettbewerb an Schulen und Universitäten immer brutaler. Jedes Jahr drängten Millionen auf den Arbeitsmarkt. Haohao, meine ältere Cousine, musste schon als Grundschülerin mehrmals die Woche Nachhilfe nehmen und brütete bis spät in die Nacht über ihren Hausaufgaben. Eine derart harte Kindheit wollte meine Mutter mir ersparen. Dabei fühlte sie sich in Deutschland nicht richtig angekommen: Die Sprache, vor allem die leidigen Grammatikregeln, bereitete ihr immer noch Probleme. Bald war ich es, die Behördenbriefe für sie vorlas und Antwortschreiben korrigierte. In Sachen Assimilation eilte ich ihr weit davon: Ich mutierte zur »Banane« – außen gelb, innen weiß.

Als ich acht war, heiratete meine Mutter einen Deutschen, und wir zogen nach Wittnau, ein verschlafenes 1200-Seelen-Dorf fünfzehn Kilometer vor Freiburg. An meiner neuen Grundschule waren alle anderen Kinder deutsch – ich war die einzige Ausländerin unter knapp siebzig Schülern. Die Väter meiner Klassenkameraden arbeiteten bei der Post oder bei der Telekom, nach dem Unterricht warteten die Mütter daheim mit Streuselkuchen. Anfangs nannten mich einige Jungs »Ping-Pong«, »Fidschi« und »Hundefresserin«. Das war nicht unbedingt böse gemeint, denn die einzige Chinesin, die sie bis dahin kannten, war Prinzessin Li Si aus *Jim Knopf*. »Ich will keine Chinesin mehr sein«, zischte ich meiner Mutter einmal auf einem Schulfest zu. Sie schaute mich an und sagte kein Wort. Am Abend hörte ich sie zu Hause in der Küche weinen.

*

1997 sollte ich die Sommerferien bei meinen Großeltern verbringen. Die Eltern meiner Freundin Chenchen hatten die gleiche Idee, und so vereinbarten sie mit meiner Mutter, uns beide alleine in den Flieger nach Wuhan zu stecken, wo Chenchens Großeltern lebten. Dort sollte Großvater mich abholen. Chenchen und mir gefiel die Idee überhaupt nicht. Ein paar Tage vor unserem Abflug starteten wir eine Protestaktion: »Wir wollen nicht nach China!« schrieben wir mit Filzstiften auf DIN-A3-Blätter, auf Deutsch natürlich, »Ihr könnt uns nicht zwingen!« und »Das sind unsere Sommerferien!«. Mit den Postern bepflasterten wir erst unsere Wohnung, dann die von Chenchens Eltern. Genützt hat es natürlich nichts. Immerhin durften wir im Flugzeug in der ersten Reihe sitzen und ein paar Minuten ins Cockpit.

In Wuhan warteten Chenchens Verwandte am Ankunftsgate auf uns. Wir waren immer noch wütend auf unsere Eltern und unterhielten uns einfach den ganzen Tag weiter auf Deutsch. »Guck mal, der Müll«, rief Chenchen und deutete in eine Gasse. »Die Sahne in der Torte schmeckt nach Plastik«, lästerte ich beim Essen. Es muss ein komischer Anblick gewesen sein: Zwei Schulmädchen, kaum größer als 1,30 Meter, die chinesisch aussahen und chinesische Namen trugen, aber sich aufführten wie arrogante Langnasen. Im Zug stellte Großvater mich zur Rede. Als ich den Mund aufmachte, begann er zu kichern: »Fanfan, du bist ein *wenmang*!«, rief er und kriegte sich vor Vergnügen nicht mehr ein. *Wenmang* bedeutet Analphabet. Auch meine anderen Verwandten amüsierten sich darüber, dass ich in meiner Muttersprache kaum noch einen geraden Satz herausbrachte – trotz der vielen Chinesischstunden, die ich in Freiburg nehmen musste. Chenchen, ich und ein Dutzend andere »Bananen«-Kinder aus der Seeparksiedlung trafen uns jeden Samstagvormittag zur Lerngruppe in einem Gemeinschaftsraum, wo abwechselnd eine unserer Mütter uns mit Hilfe chinesischer Schulbücher neue Vokabeln und Redewendungen beizubringen versuchte. Mit mäßigem Erfolg, wie der Praxistest nun zeigte.

Zwei Jahre später sorgte sich meine Mutter so sehr um mein Chinesisch, dass sie mich mitten im Schuljahr aus dem Gymnasium nahm. Inzwischen waren wir wieder nach Freiburg zurückgezogen, und ich besuchte die fünfte Klasse des Goethe-Gymnasiums im Stadtzentrum. Meiner Klassenlehrerin erzählte meine Mutter eine Notlüge: Für ein Geschäftsprojekt müsse sie dringend sechs Monate nach China reisen und ich müsse leider mit. Dann buchte sie ein Flugticket für mich. Diesmal flog ich alleine nach Peking.

Der Plan sah vor, dass ich für ein halbes Jahr die Jinxian-Grundschule in Pingxiang besuchen sollte. Anfang März 1999 betrat ich zum ersten Mal in meinem Leben ein chinesisches Klassenzimmer. Meine Großeltern hatten mich für dieselbe Klasse angemeldet, die auch meine zwei Jahre jüngere Cousine Lulu besuchte. Einen Fall wie meinen hatte es an der Schule noch nie gegeben: eine im Ausland aufwachsende Fünftklässlerin, die sich in die dritte Klasse zurückversetzen lassen wollte und deren Chinesisch dem eines Kindergartenkindes entsprach. Mit einer Essenseinladung und etwas »Extraschulgeld« ließ sich der Schuldirektor davon überzeugen, mich aufzunehmen.

Der erste Schultag endete damit, dass Lulu in Tränen ausbrach. Die Lehrerin, eine junge, aber strenge Frau mit bellender Stimme, hatte mir einen Platz neben ihr am Fenster zugewiesen. Nett gemeint, für uns beide aber eher unangenehm: Nachdem sich herumgesprochen hatte, dass Klasse 3–2 einen Neuzugang aus Deutschland bekommen hatte, füllte sich der Gang im Nu mit einer Horde von Kindern. Manche glotzten mich durch das Fenster an wie eine Außerirdische, andere steckten ihren Kopf zur Tür herein. »Das ist die Amerikanerin! Eine

Amerikanerin!«, riefen sie – in ihren Augen waren Europa und Amerika ein und dasselbe. Außerdem schienen sie mich äußerlich wirklich für eine Langnase zu halten. Als ich in der Pause das Klo suchte, rannten sie mir hinterher und zeigten mit dem Finger auf mich. Dass ich die Grundschüler alle um einen Kopf überragte, tat sein Übriges.

Nach Schulschluss war Lulu völlig am Ende mit den Nerven. »Sie versteht nichts, kennt sich nicht aus, alle gucken sie ständig an! Wie soll ich mich im Unterricht überhaupt noch konzentrieren?«, heulte sie meinen Großeltern entgegen. Lulu war immer die Klassenbeste gewesen. Und nun sollte sie ihre ältere Cousine betreuen, die sich wie eine Art Riesenbaby gebärdete. An diesem Abend spendierte Großvater ihr eine große Portion Süßes.

Am Wochenende, als ich Großmutter morgens auf den Markt begleitete, begutachteten mich die Leute wie eine seltene Tierart.

»*Gosishixiaowengemöjiba?*«, begannen die Gespräche. Das ist Pingxiang-Dialekt und bedeutet: »Ist das das Mädchen von Xiaowen?«

Großmutter nickte. »*Shige. Shideguogözhatainüge.*« – »Ja, die von meiner ältesten Tochter in Deutschland.«

»*Hanxiaodegonghongyumawo?*« – »Spricht sie noch Chinesisch?«

»*Yidiandiji.*« – »Ein bisschen, kaum noch.«

Amüsiertes Gelächter.

»*Gözhamöjiyolizhonggosigaolo! Budeliao! Shibushigenhanlinebiangochagedongxiyouguan?*« – »Das Mädchen ist ja riesig! Unglaublich. Das hat bestimmt was mit dem Essen dort zu tun.«

»*Nebiangeyamöjiqiamanduoniunaigenxiongchong.*« – »Die Kinder dort trinken viel Milch und essen Wurst.«

»*Hangetöfayoligosiwongou!*« – »Und die Haare erst! So gelb!«

Die wichtigste Frage aber lautete:

»Hanhaiqialajiaomo?« – »Wie macht ihr das zu Hause mit dem Kochen? Isst sie überhaupt scharf?«

Wie ich an einer anderen Stelle bereits erwähnt habe, hatten alle Frauen in unserer Familie ungewöhnlich helle Haare. Erst bei mir jedoch rief das bohrende Fragen auf den Plan: Ist sie wirklich eine Chinesin? Bleichen Haare in Deutschland automatisch aus? Mutieren in Europa nicht mit der Zeit die Gene?

Meist stand ich stumm daneben wie ein Fisch. Ich schwieg auch, wenn meine Großeltern mich zu Verwandten mitnahmen und ich unsere Familienangehörigen begrüßen sollte. Großonkel väterlicherseits etwa werden anders betitelt als Großonkel mütterlicherseits und ältere Onkel anders als jüngere, dasselbe gilt für Tanten, Cousinen, Schwager und jede andere Verwandtschaftsform. Von Kindern wird erwartet, jeden Verwandten in der gebotenen Form zu grüßen und so die Familienbeziehung zu betonen – als Respektbezeugung für die Älteren. Da ich erlebt hatte, wie manche meiner deutschen Freunde ihre Eltern nur mit Vornamen ansprachen, fand ich das ehrerbietige Gegrüße mehr als albern. Ich sagte einfach »*Nihao*« – »Hallo«. Großmutter lächelte dann entschuldigend und machte eine verlegene Handbewegung. Mein Unwissen nahm mir zum Glück niemand übel. Schließlich war ich die Analphabetin aus Deutschland.

*

Lulu und ich teilten uns ein Bett, unter der Woche wohnte sie ebenfalls bei meinen Großeltern. Der Weg zur Grundschule führte über den Markt, über schlaglochübersäte Hinterhöfe und die große Einkaufsstraße bis ans Ende einer kleinen Gasse. Vor dem gusseisernen Schultor warteten jeden Morgen Händler mit Sojamilch, Lauchfladen, Wassereis und Manga-Stickern.

Das Gebäude selbst war ein weiß gekachelter Betonklotz. Gut 800 Grundschüler verteilten sich auf sechs Stockwerke, sechzig bis siebzig Schüler pro Klasse. Die Pulte waren klein und abgenutzt, die Bänke nicht mehr als ein handbreiter Holzspalt auf Stelzen. Zu Beginn der Woche stand montagmorgens die Flaggenzeremonie an, zu der wir uns in Schuluniform in Reih und Glied im Hof aufstellen und die Nationalhymne singen mussten. Der Unterricht begann um 8 und endete um 17 Uhr. Nach Prüfungen hängten die Lehrer Ranglisten mit Namen aus. Die Klassenbesten durften vorne sitzen, die Schlechtesten wurden in die letzte Reihe verbannt. Sobald ein Lehrer das Zimmer betrat, schnellten alle in die Höhe und riefen im Chor »*Laoshihao!*« – »Guten Tag, Lehrer!«. Wer sich melden wollte, musste seinen Ellenbogen im rechten Winkel aufstützen und die Hand pfeilgerade nach oben strecken. Beim ersten Chinesisch-Test schnitt ich mit 45 Punkten ab, eine glatte Sechs, wobei ich glaube, dass die Lehrerin noch gnädig war.

Ich war erstaunt darüber, dass Lulu und ihre Klassenkameraden alles ohne Murren über sich ergehen ließen: den öden Frontalunterricht, den Drill, die vielen Hausaufgaben. Der Kunstunterricht etwa bestand darin, dass der Lehrer am Anfang der Stunde ein Bild an die Tafel hängte, das die Schüler in 45 Minuten abzumalen hatten. Ich nahm es mir heraus, mich darüber ebenso lustig zu machen wie über die uniformen Sprechchöre und das Propagandapathos vieler Unterrichtstexte. Natürlich hatte ich leicht reden: Ich war ja nur zu Gast, und so behandelten mich auch die Lehrer: Weder kontrollierten sie meine Hausaufgaben, noch zählten meine Zensuren. Meine Hauptaufgabe bestand darin, zehn Schriftzeichen pro Tag zu lernen und diese jeweils zwanzigmal abzuschreiben. Lulu reagierte auf meine Lästereien eingeschnappt, manchmal bekam sie vor Wut einen roten Kopf. Sie nahm meine Kritik an ihrer Schule persönlich.

Wie hätte es auch anders sein sollen, denn so etwas wie Kritik lernte sie nicht.

Als die Sommerferien anbrachen, brachten Lulu und ich unsere Tage damit zu, durch Krimskramsläden zu bummeln und den neuen Folgen unserer Lieblingsfernsehserie *Huangzhu Gege* entgegenzufiebern. *Huangzhu Gege,* auf Deutsch »Perlenprinzessin«, lief auf dem angesagten Provinzsender Hunan TV und fuhr damals Einschaltquoten von bis zu 65 Prozent ein – bis heute ist die Serie die erfolgreichste chinesische Telenovela aller Zeiten. Die Geschichte spielt in der Qing-Dynastie des 18. Jahrhunderts und handelt von der unehelichen 17-jährigen Tochter des Kaisers, die sich ihren Platz in der Erbfolge erkämpfen will. Der Kaiser aber verwechselt sie aus Versehen mit einem Waisenmädchen von der Straße und ernennt dieses zur »Perlenprinzessin«. Als es endlich zum Showdown zwischen der falschen und der echten Prinzessin kommen sollte, war es bereits Ende Juli und brütend heiß in Pingxiang. Lulu und ich hatten uns an diesem Nachmittag zum Fernsehen in die Wohnung ihrer Eltern geflüchtet, denn dort fiel der Strom nicht ganz so oft aus wie bei den Großeltern. Wir hatten gerade den Ventilator angeschaltet und das grüne Bohneneis ausgepackt, als der Bildschirm von einer Sekunde auf die nächste schwarz wurde. Statt *Huangzhu Gege* erschien das Standbild, gefolgt von der Ankündigung einer wichtigen Sondersendung. Ein alarmiert und zugleich einschüchternd wirkender Moderator gab bekannt, dass die Regierung in der Nacht zuvor damit begonnen habe, das Vaterland von der Bedrohung durch die Kultsekte Falun Gong zu befreien.

Falun Gong entwickelte sich Anfang der neunziger Jahre als religiös-spirituelle Bewegung auf Basis der 2000 Jahre alten Meditationsform *qigong* und gewann binnen weniger Jahre nach eigenen Angaben siebzig bis hundert Millionen Anhänger allein in China – Falun Gong hatte damit mehr Mitglieder als die kommunistische Partei. Vor allem Li Hongzhi, ihr Gründer und Geistesführer, war der Regierung ein Dorn im Auge. Li, der nach eigenen Angaben im Besitz von Superkräften war, erreichte unter seinen Fans nahezu Götzenstatus.

Um die Kontrolle über die Herzen und Köpfe von fast einem Zehntel der chinesischen Bevölkerung zurückzugewinnen, startete die Partei im Juli 1999 eine maßlose Polizeikampagne gegen die Bewegung, gefolgt von einem beispiellosen Propagandafeldzug: Li wurde als betrügerische Teufelsfigur gezeichnet, seine Anhänger stellte man als ahnungslose, gehirngewaschene Opfer eines Sektenkults hin, der 1400 Tote zu verantworten habe und die soziale wie politische Stabilität gefährde. In der Sondersendung, die an diesem Julinachmittag plötzlich den Bildschirm belegte, wurden dafür zum Beispiel Menschen interviewt, die sich als ehemalige Falun-Gong-Mitglieder ausgaben und unter Tränen die Regierung dafür lobpriesen, sie endlich aus den Fängen des Dämons befreit zu haben. Ähnliche Sendungen sollten in den folgenden Wochen auf allen Kanälen in Endlosschleife laufen. Das Finale von *Huangzhu Gege*, das Lulu und ich so sehnlich erwartet hatten, konnten wir damit jedenfalls vergessen.

Im Mai zuvor hatte sich mir bereits ein anderes politisches Ereignis eingebrannt: Mitten im Jugoslawienkrieg warfen Kampfflugzeuge der NATO eines Tages Bomben auf die chinesische Botschaft in Belgrad und töteten drei chinesische Journalisten – der US-Regierung zufolge »ein Versehen« (was nicht stimmte, wie der britische *Guardian* später herausfand). Unmittelbar nach dem Angriff kochten auf chinesischer Seite die Emotionen hoch. Auch diesmal reihte sich Sondersendung an Sondersendung. Die Kommentatoren im Fernsehen schäumten und sprachen von einer »Demütigung des chinesischen Volkes«;

genüsslich wurden Bilder von Demonstranten in chinesischen Großstädten gezeigt, die amerikanische Flaggen verbrannten und Bill Clinton auf Postern als Satan darstellten. Auch meine Großeltern und Lulu fielen damals in den Klagegesang über »die verdammten Amerikaner« ein. Mir wurde bewusst, dass meine Verwandten dem Westen mit gemischten Gefühlen gegenüberstanden: Zum einen bewunderten sie ihn wegen seines Wohlstands und seines freien, modernen Lebensstils, zum anderen sahen sie in ihm eine China feindlich gesinnte Übermacht.

Ansonsten ließ Großvater damals selten politische Kommentare fallen. Die Frage, welches Verhältnis er zur Partei pflegte, stellte ich mir noch nicht. Weder wusste ich von der Verfolgung, die er erfahren hatte, noch von seinen zwanzig Jahren Zwangsarbeit. Einmal schnappte ich auf, dass Großvater eine Zeitlang in einem fernen Bergdorf gelebt hatte – zur weiteren Nachforschung fehlte es mir allerdings an Neugier.

Gleichwohl fiel mir auf, dass er aufmerksam die Nachrichten verfolgte. Jeden Abend um Punkt 19 Uhr schalteten meine Großeltern den Fernseher ein: In den ersten 25 Minuten der halbstündigen Sendung sah man, welche Orte der damalige Staatspräsident Jiang Zemin und sein Premier Zhu Rongji mit einem Besuch beglückten und welche Hände sie dabei schüttelten – immer den Wohlstand des Volkes und die Entwicklung des Landes im Blick. In den letzten fünf Minuten wurden Naturkatastrophen und Kriege im Ausland gezeigt, nach dem Motto: Zu Hause ist alles gut, draußen alles schlecht. Nach der Brennpunktsendung *Jiaodianfangdan*, in der ein Moderator und sein Gast sich gegenseitig ihrer gleichklingenden Meinungen versicherten, blieb Großvater den ganzen Abend im Schaukelstuhl sitzen, bis gegen 22 Uhr die große CCTV1-Telenovela endete, meist ein Revolutionsschinken aus der Bürgerkriegszeit oder schwülstige Kostümdramen.

Tagsüber spielte Großvater *erhu* und widmete seine Zeit dem Tai-Chi und der Kalligraphie. Für Letzteres hatte er eine neue Technik entwickelt, »patentreif«, wie er prahlte. Bei seiner Erfindung handelte es sich um einen Pinselhalter aus einem auseinandergesägten Besenstiel, an dem er einen gewöhnlichen Bambuspinsel mit Rosshaar befestigte. So war es ihm möglich, im Stehen zu schreiben. Das Geheimnis bestand darin, dass er nur Besenstiele aus Gummi verwendete – diese verliehen seinen Pinselhaltern den gewissen »Extraschwung«. Derart ausgestattet, verließ er jeden Morgen um sieben mit einem Eimer Wasser in der Hand das Haus und spazierte Richtung Flusspromenade. Dort begann er, mit tanzartigen Schritten Gedichte auf den gekachelten Steinboden zu pinseln. Ein Schauspiel von flüchtiger Schönheit: Wenige Momente später hatte die aufsteigende Sonne die Wasserzeichen in Luft aufgelöst. In der Regel umringte ihn binnen kürzester Zeit eine Traube aus Bewunderern, die in die Hände klatschten und ihn als »Großmeister Peng« priesen. Tatsächlich sprach sich seine Kunstfertigkeit so weit herum, dass Ladenbesitzer und Restaurantbetreiber auftauchten und ihn darum baten, gegen Honorar Schriftmuster für ihre Eingangsschilder zu entwerfen. Nach dieser täglichen Dosis Ruhm kehrte Großvater bester Laune zum Mittagessen nach Hause zurück und schlief erst mal bis spät in den Nachmittag.

Großmutter trieb in dieser Zeit vor allem die Sorge um die Gesundheit von Tante Xiaomei um. Tante Xiaomei war hochschwanger zu Besuch bei uns und erwartete ihr zweites Kind. Ihr neuer Mann, den ich im Folgenden Onkel Liang nenne, war ein ehrgeiziger Parteibeamter aus der Provinz Guangxi, den sie 1995 in Peking kennenlernte, als sie dort das Literaturinstitut besuchte. Die beiden begegneten sich ausgerechnet im Hof des Qigong-Meisters, der meine Mutter auf einem Flug nach Frankfurt mal von Beinkrämpfen kuriert hatte, woraufhin sie so dankbar war, dass sie ihn 1997 zu uns nach Deutschland einlud und ihn dabei unterstützte, im Kurort Bad Krotzingen in der Rheinebene südlich von Freiburg Kurse zu geben. Dieser weißhaarige Meister Li jedenfalls, der zwei Monate lang auf unserer Wohnzimmercouch schlief, nahm auf Empfehlung meiner Mutter auch Tante Xiaomei zur Schülerin, die ebenfalls von Beinkrämpfen geplagt war. Gleich beim ersten Mal, als sie ihn in seinem Pekinger *hutong*-Hof aufsuchte, traf sie dort Onkel Liang, der, nachdem auch er von Meister Lis Heilkünsten gehört hatte, wegen Rückenproblemen eigens aus Nanning in die Hauptstadt gereist war.

Tante Xiaomei war bereits im siebten Monat, als sie und Haohao im Sommer 1999 nach Pingxiang kamen, und während Großmutter ihr Fußbäder einließ und Kräutersuppen kochte, horchten meine zwei Cousinen und ich ihr den Bauch ab. Zwei Monate darauf sollte Tante Xiaomei meinen Großeltern nach drei Enkeltöchtern endlich einen Enkelsohn bescheren: Dongdong. Nur Onkel Songhe und seine Frau waren immer noch kinderlos, was Großmutter immer wieder unruhige Nächte bereitete.

Am Ende der acht Monate in Pingxiang war mir meine Familie unheimlich ans Herz gewachsen. Ich hatte mich wieder so sehr an China gewöhnt, dass ich oft vergaß, dass mein eigentliches Leben sich mittlerweile in Deutschland abspielte. Wenn ich ehrlich war, wollte ich gar nicht mehr zurück. Aber dann erging es mir wie immer: Als ich in Deutschland landete, war China wieder ganz weit weg.

*

Von unseren chinesischen Bekannten in Freiburg kehrten nach und nach die meisten wieder nach China zurück. Meine Freundin Chenchen zog mit ihren Eltern nach Shanghai, wo die Mutter eine gutdotierte Stelle bei einem deutschen Industriekonzern erwartete. Meine Mutter dagegen tat sich trotz ihres Doktortitels schwer, in Deutschland beruflich Fuß zu fassen. Die Chemiefirma, bei der sie nach ihrer Promotion angeheuert hatte, war pleitegegangen, danach hatte meine Mutter sich erfolglos nach einer neuen Stelle umgesehen, was einerseits am angespannten Arbeitsmarkt lag, andererseits daran, dass bei vergleichbarer Qualifikation eher Kandidaten mit deutschem Namen den Zuschlag erhielten. Nach dem gescheiterten Versuch, selbst eine Firma aufzuziehen, hielt sie uns eine Weile lang mit Fabrikjobs nahe der französischen Grenze über Wasser, dann begann sie eine Umschulung zur Systemadministratorin. Jeden Morgen setzte sie sich um sechs Uhr in den ICE nach Mannheim, und wenn sie bei Dunkelheit nach Hause kam, legte sie als Erstes mit müden, traurigen Augen die Hand auf den warmen Fernseher, wissend, dass ich wieder den ganzen Nachmittag Reality-Shows auf MTV geglotzt hatte. Über Jahre mühte meine Mutter sich ab, aus dem Dispo-Bereich zu kommen, es gab Monate, in denen sie die Miete nicht zahlen konnte und die Telekom uns das Telefon abstellte. Schließlich fand sie eine Halbtagsstelle in der Freiburger Universitätsverwaltung.

Überhaupt war Arbeitslosigkeit zur Jahrtausendwende *das* beherrschende Thema in Deutschland, ständig vermeldeten die Sprecher der *Tagesschau* neue Negativrekorde. Umso vehementer impfte meine Mutter mir ein, mich in der Schule anzustrengen. Wie alle chinesischen Eltern legte sie unheimlich Wert auf gute Noten. Wobei gut in ihren Augen nicht gut genug war: Kam ich statt mit einer glatten 1 mit einer 1–2 oder einer 2+ nach Hause, zog sie vor Enttäuschung die Mundwinkel nach unten. Meine deutschen Klassenkameraden bekamen für solche Noten 20 Euro in die Hand gedrückt. Wenn ich sie darauf hinwies, ließ sie den Einwand nicht gelten: »Für uns gelten andere Maßstäbe«, sagte sie dann. »Um später eine Chance zu haben, musst du besser sein als die Deutschen.«

Heute weiß ich, dass sie wirklich das Beste für mich wollte. Damals aber konnte ich mit ihrer Art der Liebe nichts anfangen. Weder wusste ich zu würdigen, dass sie jeden Monat eine für sie nicht unerhebliche Summe aufwandte, um meine Klavierstunden zu finanzieren, noch erkannte ich, wie sehr sie sich verausgabte, um mir Klassenreisen ermöglichen zu können. Ich verfluchte sie für ihre Strenge, wünschte mir nichts anderes als zur Abwechslung mal ein Lob. Es war kein Zufall, dass ich eine der ersten G8-Klassen in Baden-Württemberg besuchte – meine Mutter vertrat die Ansicht, dass in der Schule keine Zeit zu verschwenden war. Andere asiatische Eltern in Freiburg sahen das ähnlich: Ein Drittel meiner Klassenkameraden stammte ebenfalls aus China oder aus Südkorea, Japan und Vietnam. Zu Beginn eines jeden Schuljahres brauchten die neuen Lehrer erst mal Wochen, um sich zu merken, wie man unsere Namen richtig aussprach. Natürlich spielten fast alle von uns Klavier oder Geige. Und natürlich waren wir die Besten in Mathe.

Je älter ich wurde, desto öfter legte ich mich mit meiner Mutter an. Zu den normalen Eltern-Kind-Konflikten, die auch meine deutschen Freunde zur Genüge kannten, kam bei uns Einwandererkindern noch ein kultureller Graben hinzu: Weder verstand meine Mutter den Teenagerslang, in dem ich sprach, noch die Welt, in der ich mich bewegte. Ich dürfe bloß nicht wie ein deutsches Mädchen werden, bläute sie mir ein. Damit meinte sie, ich solle mich auf die Schule konzentrieren und mich von Alkohol, Drogen und Jungs fernhalten. Ich tat genau das Gegenteil. Und wurde kreativ darin, ein Doppelleben zu führen: Unter der Woche lieferte ich wie gewohnt meine Einser ab, an Wochenenden schummelte ich mich mit meinen Freundinnen mit gefälschten Eintrittsstempeln ins *Crash*, einen stinkenden, verrauchten Metallschuppen am Bahnhof, oder fuhr auf dem Fahrradgepäckträger irgendwelcher Lockenjungen zu Schwarzlicht-Partys der Freiburger Autonomenszene. Jeden Freitag verkündete ich meiner Mutter, dass ich bei Sarah, Lisa oder Marie übernachten würde, manchmal stimmte das, manchmal nicht. Ich beneidete meine Freundinnen um ihre aufgeschlossenen Hippie-Eltern und vertraute ihren Müttern Dinge an, die ich vor meiner eigenen verheimlichte. Sie hatte in ihrer Jugend unglaublich viel Disziplin und Willensstärke aufbringen müssen, um überhaupt studieren zu können – mein größter Traum in der Pubertät war, DJ oder Musikkritikerin bei der *Spex* zu werden. Meine Mutter redete ständig von Sicherheit – ich wollte in erster Linie Spaß. Meine Sommerferien verbrachte ich nun lieber am Baggersee, als nach China zu fliegen. Und ich weigerte mich, weiter Chinesisch zu lernen. Meine Mutter und ich stritten uns deshalb fast jeden Tag. Ich wollte so »deutsch« sein wie nur möglich.

*

2003 lud meine Mutter meine Großeltern dazu ein, den Sommer bei uns in Freiburg zu verbringen: Einmal im Leben wenigstens sollten sie das Ausland gesehen haben. Großmutter hatte eigentlich nicht kommen wollen. Viel zu teuer, sagte sie am Telefon. Sie fürchtete sich vorm Fliegen, außerdem war ihr das Ausland nicht ganz geheuer: Drei Jahre zuvor hatte CCTV1 ausgiebigst über die katastrophalen Ausmaße des Oder-Hochwassers berichtet, und als eines Tages in Freiburg kurz die Erde wackelte (Richterskala 5,1), rief Großmutter tags darauf besorgt an, ob es uns denn gutgehe, das Fernsehen habe von einem großen Erdbebenunglück in Deutschland berichtet. Großvater hielt ihr den ganzen Flug über die Hand.

Als sie dann angekommen waren, liefen sie durch unsere frisch geteerte Straße wie kleine Kinder. »So gerade!«, staunte Großmutter und riss die Augen auf. »Keine Löcher«, Großvater nickte anerkennend. Wir waren gerade ins Rieselfeld gezogen, ein Neubauviertel mit Solardächern und Bio-Supermärkten. Nachdem Großvater mit großem Interesse die perfekt verarbeitete Schließvorrichtung unserer Doppelglasfenster beäugt hatte, wurde er nachdenklich. »Das nenne ich Fortschritt. Nicht übel, die Deutschen. Bis unsere Wirtschaft auf deren Stand ist, brauchen wir Chinesen noch mindestens fünfzig Jahre«, sagte er. Jeden Morgen gingen meine Großeltern die Cornelia-Schlosser-Allee einmal auf und ab, erfreuten sich an der Ruhe, der klaren Luft sowie der Tatsache, dass Autos *ihnen* den Vortritt ließen und nicht andersherum. Als meine Mutter mit ihnen einen Tagesausflug nach Luzern unternahm und Großmutter ihren Blick über den Gletschersee auf die schneebedeckten Alpengipfel warf, schlug sie die Hand vor den Mund und schwärmte: »Das ist ja der Himmel auf Erden!«

Dennoch fühlten sich meine Großeltern nicht richtig wohl bei uns. Großvater langweilte sich, vermisste seine Tai-Chi-Kumpane und seine geliebten Historienserien. »Hier bei euch bin ich der *wenmang*«, der Analphabet, sagte er zerknirscht. Großmutter wiederum ließ der Gedanke nicht los, wie teuer das Flugticket gewesen war. »Ach du liebe Güte! Wie könnt ihr hier bloß überleben?«, fragte sie entsetzt, als sie die Preisschilder im Supermarkt sah. Den ganzen Sommer über nagte das schlechte Gewissen an ihr, da sie glaubte, uns durch ihren Aufenthalt in den finanziellen Ruin zu treiben. An Tagen, an denen meine Mutter und ich außer Haus waren, machten wir abends den Kühlschrank auf, nur um zu entdecken, dass meine

Großeltern den ganzen Tag über nichts angerührt hatten. Sie bringe es nicht übers Herz, unsere kostspieligen Lebensmittel aufzubrauchen, sagte Großmutter. Wenn sie nichts aß, so ihre Logik, könne sie immerhin einen Teil des Flugpreises wieder einsparen.

Großvater hatte keine Probleme damit, uns Unkosten zu bereiten. Dass er kaum etwas zu sich nahm, hatte geschmackliche Gründe: Das Essen seiner Tochter war ihm nicht scharf genug. Da meine Großeltern deutsche Küche erst recht nicht vertrugen und außerdem nicht mit Messer und Gabel umgehen konnten, ging meine Mutter mit ihnen überall, wo sie durch Europa tourten, in China-Restaurants. Als sie in Paris angekommen waren, weigerte Großmutter sich, in das Ausflugsboot auf der Seine einzusteigen. Man konnte ihr ansehen, dass sie mitfahren wollte – doch der Ticketpreis von 15 Euro, den sie wieder und wieder in Yuan überschlug, trieb ihr einmal mehr tiefe Sorgenfalten in die Stirn. Meine Mutter zog sie sanft in Richtung Bootssteg. »Ein einziges Mal im Leben! Was macht das schon?«, rief sie verzweifelt. Großmutter ruderte in die andere Richtung. Am Ende saßen beide weinend am Ufer. Großvater ließ die Diskussion ziemlich kalt. »Gibst du mir 15 Euro?«, fragte er seine Tochter, um im nächsten Moment über den Steg zu flitzen und sich die Bootsfahrt allein zu gönnen.

Meine Mutter erzählte mir mit ratloser Miene davon, nachdem die drei wieder zurück in Freiburg waren. Ich war nicht mitgekommen auf die Frankreichreise, da es mir wichtiger schien, meinen Stammplatz im Freibad zu halten. Außerdem hatte ich die Abwesenheit meiner Mutter genutzt, um für drei Tage auf das *Southside*-Festival zu fahren, wo ich nicht nur endlich meine Lieblingsband Radiohead erlebt, sondern auch zum ersten Mal im Leben Bong geraucht und Pilze gegessen hatte. Großvater musterte mich damals, als sähe ich aus wie eine Ob-

Meine Großeltern
in Paris, Juni 2003

dachlose: Meine Haare färbte ich rot, dazu trug ich ausgebeulte Trainingsjacken aus dem Secondhandshop und Rock über der Jeans. Manchmal versuchte Großvater mir Vorträge über die chinesische Geschichte zu halten. Ich tat dann, als würde ich zuhören, war in Gedanken aber schon bei der nächsten Party. Wenn ich Samstag- oder Sonntagmorgen von Sarah, Lisa oder Marie wiederkam, war ich so übermüdet, dass ich mich gleich wieder ins Bett legte. Großmutter konnte darüber nur den Kopf schütteln. Klopfte sie an meine Tür, grunzte ich ihr ein »Nicht jetzt« entgegen. »Ach, dieses deutsche Mädchen«, sagte sie dann. Ihre Stimme klang bekümmert.

13

ZURÜCK IN DIE ZUKUNFT

Ungläubig sah ich mich in der Ankunftshalle um. Ich kam mir vor wie in einer Raumstation. Wir waren gerade mit der Air-China-Maschine aus Frankfurt in Shanghai-Pudong gelandet. Vor der Grenzkontrolle hatten meine Mutter und ich uns in unterschiedliche Schlangen gestellt, sie bei »Chinese Nationals«, ich bei »Foreigners«, da ich inzwischen den deutschen Pass besaß. Anschließend hatte meine Mutter wieder randvoll bepackte Koffer mit Nivea-Creme und Milka-Schokolade vom Gepäckband gehoben – da wussten wir noch nicht, dass man unsere Mitbringsel diesmal nur mitleidig belächeln würde. »Zweimal *citiefu*«, rief ich der Frau am Ticketschalter zu, das chinesische Wort für Transrapid. Kurz darauf schwebten wir mit 350 Stundenkilometern in ein Geschwür aus Fabrikanlagen, Hochhausreihen und sechsspurigen Asphaltschleifen hinein, links Neonfassaden, rechts turmhohe Werbebanner, neben uns auf dem Highway krochen die Taxis scheinbar im Schneckentempo dahin.

Chenchen, meine alte Grundschulfreundin, und ihr Vater holten uns an der Endstation ab. Während ich mich darüber wunderte, dass Chenchen ihr Deutsch verlernt hatte, und sie sich über mein holpriges Chinesisch lustig machte, überquerten wir den Huangpu-Fluss und kurvten eine Brückenauffahrt hinunter, die dalag wie eine hindrapierte Luftschlange aus Beton. Als wir den Bund, die alte Prachtpromenade, erreichten, war mir flau im Magen. Mein Blick wanderte auf der anderen Uferseite den hell erleuchteten Pearl Tower empor, zur kristallförmigen Spitze des Jinmao Towers und zum glitzernden »Flaschenöffner«, wie die Bewohner Shanghais das 492 Meter hohe World Financial Center nennen. Auch heute noch liebe ich das berauschende Gefühl, im Taxi über die beleuchtete Stadtautobahn in Shanghai zu brettern. Auch heute noch bekomme ich beim Anblick der Skyline von Pudong, diesem in Zement und Glas gegossenen Größenwahn, eine Gänsehaut. Damals, an jenem Augusttag 2006, verschlug es mir die Sprache. Was ich sah, war wie ein Vorgeschmack auf die Zukunft. War das hier wirklich China?

Vor dieser Reise hatte ich sieben Jahre lang nichts von meinem Heimatland wissen wollen. »Es wird mal wieder Zeit«, sagte meine Mutter schließlich nach meiner Abiturfeier. Wie recht sie hatte, wurde mir bereits in den ersten Stunden nach meiner Ankunft klar. Offenbar war mir in all den Jahren, die ich lieber am Baggersee verbracht hatte, komplett entgangen, dass China dabei war, sich in rasendem Tempo aus der Dritten Welt ins 21. Jahrhundert zu katapultieren.

Das Erste, was mir auffiel: Niemand fuhr mehr Fahrrad. Stattdessen drängten sich nun fabrikneue Importautos auf den Straßen – Toyotas, Audis, Buicks – und kaum noch klapprige Chang'an- und Great-Wall-Karren oder wie die einheimischen Automarken sonst alle hießen: jene Rostlauben meiner Kindheit, die schwarze Rußfahnen hinter sich herzogen. Chenchen lebte inzwischen mit ihren Eltern in einem Satellitenvorort am Stadtrand, genauer gesagt in einer 450-Quadratmeter-Villa in einer schmucken Gated Community, mit stacheldrahtbewehrter Mauer, Sicherheitskameras und Wachleuten, die an Soldaten erinnerten. Nebenan lagen »Shanghai Cannes« und »Shanghai Cambridge«, weitere Siedlungen mit Hunderten identischen Reihenvillen, die auf mediterrane Casa beziehungsweise Townhouse machten. Chenchens Mutter hatte nach ihrer Rückkehr nach China eine steile Karriere hingelegt: Mittlerweile war sie Asien-Chefin für Finanzen bei einem großen deutschen Industriekonzern und Vorgesetzte von Dutzenden Mitarbeitern. Die Eltern fuhren zwei Autos, beschäftigten einen Gärtner und eine *Ayi*, die chinesische Bezeichnung für Haushälterinnen vom Land. Chenchens Vater war Hausmann.

Meine Familie hatte es sich ebenfalls komfortabel eingerichtet. Meine Großeltern waren Tante Xiaomei in den Süden nach Nanning gefolgt und lebten zwei Häuserblöcke entfernt in einer Mietwohnung. Nanning hatte ich mir als verschlafenes Provinzkaff vorgestellt, etwas weniger heruntergekommen als Pingxiang vielleicht. Umso erstaunter war ich, als ich erfuhr, dass vier Millionen Menschen in diesem »Kaff« lebten. Am Flughafen in Nanning wartete eine glänzende, schwarze Limousine auf uns, ein Modell der einheimischen Marke BYD, das vorgab, ein BMW zu sein. Ein brummiger, glatzköpfiger Mann namens A Ge chauffierte uns in die Stadt – der Fahrer von Onkel Liang, Tante Xiaomeis zweitem Mann.

Ähnlich wie Shanghai hatte Nanning sich in eine riesige Baustelle verwandelt – wie Pilze schossen an jeder Ecke 30-stöckige Büro- und Apartmenttürme in die Höhe. Auch am neuen Wahrzeichen der Stadt kamen wir vorbei, einem monströsen, gläsernen Kongresszentrum mit einer ananasförmigen Dachkrone, entworfen von dem deutschen Stararchitekten Meinhard von Gerkan. Mit seinen breiten, palmengesäumten Alleen erinnerte mich Nanning an eine chinesische Version von Miami.

Während keine 150 Kilometer weiter viele Bergdörfer nicht einmal ans Straßennetz angeschlossen waren und die Menschen ihr Wasser noch aus Brunnen holten, hatte Nanning gerade Finanzspritzen in Milliardenhöhe aus Peking erhalten.

Die Regierung plane, die Stadt zu einem neuen Wirtschafts-knotenpunkt zwischen China und Südostasien zu entwickeln, erzählte Onkel Liang beim Abendessen. Onkel Liang, ein fülliger Mann mit Buddha-Gesicht, war 1995, als Tante Xiaomei ihn kennengelernt hatte, ein kleiner Provinzbeamter gewesen. In der Zwischenzeit war er vier Karrierestufen hinaufgeklettert und örtlicher Abteilungsleiter bei der Staatlichen Kommission für Entwicklung und Reform, der wichtigsten Aufsichtsbehörde für Wirtschaftsförderung.

Tante Xiaomei und er hatten uns in der Innenstadt in ein pagodenartiges Teehaus am Ufer des Südsees eingeladen. Kellnerinnen in seidenen Qipao-Kleidern empfingen uns an der Tür und wiesen uns in ein Séparée im zweiten Stock. Dort saß am Ende eines runden Tisches Tante Xiaomei in einem aparten Samtkleid mit Blumenmuster, sanftmütig und strahlend, wie ich sie in Erinnerung hatte. Rechts neben ihr wachte Onkel Liang über den Raum wie ein Patriarch. Auf ihrer linken Seite entdeckte ich eine schüchterne, graumelierte Frau und einen zahnlosen alten Mann mit Brille: meine Großeltern. Einen Platz weiter spielte meine ältere Cousine Haohao mit dem Hello-Kitty-Anhänger, der an ihrem Nokia-Handy baumelte, ihr Halbbruder Dongdong, damals sieben, bohrte gelangweilt in der Nase. Eine Tür öffnete sich, und duftende, kunstvoll angerichtete Teller wurden hereingetragen: Riesenshrimps, Jakobsmuscheln, Rind, Ente, Fisch, Schwein und schwabbelige, undefinierbare Kleintiere, ab Teller Nummer fünfzehn hörte ich auf zu zählen. Allein der Anblick ließ ein kribbelndes Hochgefühl in mir aufsteigen: Ich merkte, wie sehr ich opulente chinesische Mahlzeiten vermisst hatte. Eine der Kellnerinnen, eine kleine Frau mit Topfhaarschnitt, rannte auf mich zu und begrüßte mich im Pingxiang-Dialekt. »Begrüße Tante Liqing«, meine Mutter stupste mich an. »Hallo, Tante Liqing«, wiederholte ich artig.

Wie sich herausstellte, war Tante Liqing die älteste Tochter von Großvaters zweitjüngster Schwester. Nach der Grundschule hatte sie einige Jahre auf den Feldern in Lashi gearbeitet, bevor sie im Alter von vierzehn mit einem gefälschten Ausweis nach Zhuhai, eine Industriestadt im Perlflussdelta, ausgebüxt war. Dort verdingte sie sich einige Jahre in einer nach Chemie stinkenden Druckerfabrik, die für den Export produzierte. Als sie nicht mehr weiterwusste, nahm sie den Bus nach Nanning und suchte Tante Xiaomei auf. Anfangs half sie als Haushälterin bei meinen Großeltern aus, dann stellte Onkel Liang sie als Kellnerin ein. Das Teehaus, in dem wir zu Abend aßen, war sein Privatrestaurant, eigens eröffnet, um Parteigenossen, Geschäftspartner und Freunde zu bewirten. Tante Liqing war inzwischen verlobt mit dem kleinen Li, dem Buchhalter von Onkel Liang. Eine andere Kellnerin entpuppte sich als die neue Frau von Onkel Xungui, der ebenfalls nach Nanning gezogen war. Anfang der Nullerjahre war er auf dem Inneneinrichtungsmarkt in Pingxiang zunehmend von jüngeren, günstigeren Konkurrenten verdrängt worden, die noch ausgefallenere Entwürfe feilboten als er. 2005 hatte er sein Geschäft aufgegeben und war dem Angebot seiner Schwester Xiaomei gefolgt, die Produktionsleitung in ihrer neu gegründeten Kräuterschnapsbrennerei zu übernehmen. Die Küchenhilfe wiederum war die Tochter von Großmutters Schwiegertante, ebenfalls aus Lashi. A Ge, der Fahrer, der uns vom Flughafen abgeholt hatte, war ein Neffe von Onkel Liang. In dessen Büro half A He aus, A Ges Bruder. Darüber hinaus saßen noch weitere Menschen in der Runde, die ebenfalls in irgendeiner Form mit uns verwandt waren – wie genau, konnte ich mir allerdings nicht merken.

Je später der Abend, desto öfter füllte Tante Liqing mein Schnapsglas mit dem gelblichen Gebräu aus ihrer Brennerei nach. Das Zuprosten folgt einem strengen Regelwerk. Grob gesagt funktioniert es nach dem Prinzip »Ober sticht Unter«. Onkel Liang, den die meisten am Tisch »Laoda« nannten, den Großen, erhob sein Glas, warf einen Glücksspruch in den Raum und rief »*Gangbei!*«, was übersetzt »trockenes Glas« bedeutet. Also: auf ex! Wie befohlen, so getan. Anschließend rissen sich die Rangniederen, die Jüngeren und die mir Unbekannten darum, Onkel Liang und den anderen Älteren im Raum ihrerseits Glückwünsche auszusprechen. Meine Mutter und ich zählten als die Ehrengäste aus Deutschland ebenfalls zu denjenigen am Tisch, denen man großzügig zuprostete. Als alle reihum ihre Gläser auf mich erhoben hatten, war ich dran, zurückzuprosten. Meine Mutter soufflierte mir von der Seite die Abfolge zu: erst Onkel Liang, dann Tante Xiaomei, dann Onkel Xungui und die anderen (Großvater trank nicht mehr). Beim Anstoßen, trichterte mir meine Mutter ein, sollte ich das Glas meines Gegenübers von unten ansteuern – als Zeichen des Respekts. Da der andere aus Höflichkeit meistens denselben Gedanken verfolgte, endete fast jede Schnapsrunde in einem Wettstreit, bei dem man versuchte, das eigene Glas niedriger zu halten als der andere das seine, so lange, bis man mit dem Boden auf dem Tisch aufschlug. Weil mir das Ganze albern vorkam, prostete ich irgendwann einfach nicht mehr zurück. Meine Mutter quittierte das mit einem zornigen Blick – doch am Ende des Abends grinste ich triumphierend zurück: Tante Liqings Mann und sein Sitznachbar hatten ihre Trinkfestigkeit so sehr überschätzt, dass sie nach Hause getragen werden mussten.

Meine Verwandten besaßen jetzt nicht nur ein Auto und beschäftigten *Ayi* und Fahrer. Auch ihre Sicht aufs Ausland hatte sich verändert. Galten wir in den neunziger Jahren noch als diejenigen, die es »geschafft« hatten – allein der Tatsache wegen, dass wir in Deutschland eine unbefristete Aufenthaltserlaubnis besaßen –, schienen Bewunderung und Neid sich nunmehr in Grenzen zu halten. In Großvaters persönlichem Erfolgsranking seiner Kinder belegte meine Mutter nur noch Platz drei: Trotz Doktortitels war sie über eine schlecht bezahlte Halbtagsstelle nie hinausgekommen. Tante Xiaomei dagegen war inzwischen Schnapsunternehmerin und zudem angesehene Herausgeberin einer Erziehungszeitschrift in Nanning. Nachdem Haohaos kleiner Bruder Dongdong auf die Welt gekommen war, hatte sie ihre Schriftstellerkarriere nicht mehr weiterverfolgt. Stattdessen begann sie damit, sich mit Erziehungsfragen auseinanderzusetzen. Auf viele Probleme im modernen China – etwa den knallharten schulischen Wettbewerb und die daraus resultierenden Folgen wie Angst- und Aggressionsstörungen – fand die traditionelle Erziehung ihrer Ansicht nach keine Antwort. Jahrelang wälzte sie westliche Psychologie- und Pädagogikbücher. Dabei kam sie auf die Idee, einen Ratgeber zu veröffentlichen, der verzweifelten Eltern weiterhelfen sollte, wenn ihre Kinder gewalttätig wurden oder sich weigerten, zur Schule zu gehen. Neben der Zeitschrift moderierte sie ein Mal in der Woche eine Erziehungssendung bei einem lokalen Radiosender und hielt Vorträge in Schulen.

Nummer zwei auf Großvaters Liste, Onkel Songhe, war in Jiujiang mittlerweile zum Produktionsleiter der Lackier-Abteilung im Joint-Venture-Werk von Suzuki und dem einheimischen Autohersteller Changhe aufgestiegen. Er trug Verantwortung für hundert Mitarbeiter und, wie Großvater immer wieder stolz betonte, ein Jahresbudget von 13 Millionen Euro.

Der Aufschwung hatte bei meinen Verwandten zu einem Umdenken geführt. Ein Leben im Westen schien ihnen nicht mehr besonders erstrebenswert. Wozu ins Ausland? Bot China denn nicht alle Möglichkeiten der Welt? Auch politisch erfüllte der Westen in den Augen meiner Verwandten keine Vorbildfunktion mehr: China könne nicht denselben Weg gehen wie Europa oder die USA, wiederholte Onkel Liang bei jeder Gelegenheit. »Demokratie ist schön und gut«, sagte er dann gerne. »Aber zu viel Demokratie verträgt ein Land wie unseres nicht.« Seiner Meinung nach stand in China zwar nicht alles zum Besten, aber doch alles besser da als je zuvor: Habe die Partei nicht 400 Millionen Menschen aus der Armut befreit? Wachse die Wirtschaft nicht schneller als in jedem anderen Land der Welt? Seien in einem ach so demokratischen Land wie Indien nicht ein Drittel der Kinder unterernährt? Leisteten sich mittlerweile nicht auch Bauern Kühlschränke und Fernseher? Baue die Regierung nicht allerorten Autobahnen, Brücken und Eisenbahnstrecken?

Als ich auf die Probleme verwies, von denen ich in deutschen Zeitungen gelesen hatte, auf Korruption oder die Unterdrückung der Tibeter, winkte Onkel Liang mit einer gönnerhaften Geste ab: Unterdrückung? Papperlapapp! Um mir zu beweisen, dass ich mich irrte, erzählte er mir seine Lebensgeschichte: Als Angehöriger des Zhuang-Volkes, einer der 55 anerkannten ethnischen Minderheiten Chinas, wurde er in eine arme Bauernfamilie hineingeboren. Das Dorf in Guangxi, in dem er aufwuchs, lag eingepfercht in einem Bergkessel aus spitzen Karstfelsen – erst seit 2010 führt eine Straße ins Tal. Die Familie lebte in einer Holzhütte ohne Wasser und Strom. Wenn Onkel Liang als Kind die Klippen emporklomm, um Gräser für die Schweine zu rupfen, begegnete er Affen und Schlangen. Mit dreizehn Jahren wurde er einem Nachbarmädchen versprochen, doch er wehrte sich, wollte hinaus in die Welt. Dank jahrelanger Paukerei und eines Bonus von zehn Punkten, den er als Angehöriger einer Minderheit bei der Uniaufnahmeprüfung in Anspruch nehmen konnte, gelang ihm der Sprung an die Provinzuniversität. Er büffelte weiter, trat der Partei bei und absolvierte eine Kaderausbildung.

»Unser Klo zu Hause war ein Spalt im Wohnzimmerboden«, sagte Onkel Liang. »Von dort aus haben wir direkt in den Schweinestall geschissen.« Wenn einer wie er sich in dieser Gesellschaft nach oben kämpfen könne – wer könne es nicht?

»Und die Menschenrechte?«, fragte ich.

Diese Sache sehe er so, entgegnete Onkel Liang: »Was zählt, ist, dass die Regierung den Menschen Fortschritt bringt. Wer effizient das Volk anführt, dem soll man folgen. Und am effizientesten führt nun einmal die Kommunistische Partei.« Er machte eine Pause. »Und wenn wir schon mal beim Thema sind: Benutzt der Westen die Menschenrechte nicht bloß als Vorwand, um China klein zu halten? Sind die Amerikaner nicht im Namen der Menschenrechte völkerrechtswidrig in den Irak einmarschiert? Was sagst du zu Guantanamo und Abu Ghraib? Werden da etwa keine Menschenrechte verletzt?«

Ich schwieg.

»Wir sind keine Demokratie«, fuhr er fort. »Aber wir sind das neue Land der unbegrenzten Möglichkeiten.« Meine Tante stimmte ihm zu. Damals wusste ich noch nicht, dass sie 1989 für freie Wahlen auf die Straße gegangen war, dass auch sie einst als Studentin gehofft hatte, ihre Heimat würde werden wie der Westen. Ich begriff aber, dass sieben Jahre in China reichten, um Weltbilder auf den Kopf zu stellen.

Während Onkel Liang zu Hochform auflief, hörte Großvater ihm aufmerksam zu. Und nickte. Seine eigenen Lobreden auf den Westen hatte er offenbar vergessen, dabei lag der Deutschlandbesuch meiner Großeltern erst drei Jahre zurück. Fragte ich ihn nun nach seinen Eindrücken von seiner Europareise, fiel ihm nur ein, wie dreckig Paris gewesen sei: »Grau und vermüllt, auch nicht viel anders als Nanchang«, die Provinzhauptstadt von Jiangxi. Meine Verwandten lachten. Bei einem meiner nächsten Besuche im Sommer 2009 würde er mich mit seinem

fröhlichen, zahnlosen Lachen und folgendem Satz begrüßen:
»Wir haben euch als drittstärkste Wirtschaftsmacht überholt!«
Mit »wir« meinte er China. »Wir« sind wieder wer. Mich da-
gegen zählte er zu Deutschland.

*

Im Herbst 2006 schrieb ich mich an der Münchener Ludwig-
Maximilians-Universität im Fach Psychologie ein. Eigentlich
schwebte mir ein kreativer Beruf vor. Meine Mutter war allerdings der Meinung, dass ich mein gutes Abitur nicht »verschwenden« sollte. Da ich an ihr gesehen hatte, wie schwer es
war, beruflich Fuß zu fassen, gab ich nach. Und Psychologie
fand ich immerhin interessanter als Medizin oder Jura. Leider
ödete mich das Studium schon nach kurzer Zeit an. Ich hatte hochtrabende intellektuelle Debatten und Einblicke in die
Abgründe der menschlichen Psyche erwartet. Stattdessen rechneten wir in den ersten Semestern hauptsächlich Statistikmo-
delle durch.

Immer öfter dachte ich an China: Mir wurde bewusst, wie
wenig ich über das Land wusste, in dem ich geboren wurde.
Ich brannte auf mehr, sehnte mich nach Umbruch, Aufbruch
und nach Leben. Und all das, war ich überzeugt, fand 8000 Kilometer weit weg statt, während ich in fensterlosen Hörsälen
ausharren musste und die Tage bis zum Semesterende zählte.

Ich ging jobben und buchte vom ersparten Geld Flugtickets
nach Shanghai. In den folgenden drei Jahren kehrte ich jeden Sommer nach China zurück. Mit Rucksack und einem
Tagesbudget von 20 Euro zogen mein damaliger Freund und
ich kreuz und quer durchs Land. Wir tuckerten im Nachtzug
durch die Provinzen und lachten dabei über die Schaffner, die
lauthals doppelseitige Zahnbürsten aus ihrem Bauchladen an-
priesen, »oben für Zähne, unten für Zunge«. Wir checkten in

schäbigen 12-Euro-Absteigen ein, die »Gästehaus zum angehei-
terten Mond« hießen, »Presidential Healthcare Hotel« oder
»Kaiserkrone Boutique Hostel«. Überall luden uns wildfremde
Menschen zum Essen ein. Wir probierten gegrillte Heuschre-
cken und frittierte Raupen, und zumindest ich fand Gefallen
an Schweineohren und Entenhälsen. In Sichuan wanderten
wir durch Lehmdörfer und an türkisblau leuchtenden Seen
entlang. In Guilin schipperten wir auf einem Holzfloß den Li-
Fluss hinunter. In Yunnan blickte ich in den klarsten Sternen-
himmel meines Lebens. In Peking besuchte ich meine Cousine Haohao in ihrer Single-Wohnung neben dem spektakulären
neuen CCTV-Bau von Rem Koolhaas. Abends feierten wir in
protzigen Großraumclubs, tranken Jack Daniels mit rotem Tee
und hörten Haohaos Freunden zu, wie sie kennerhaft über
Quadratmeterpreise und Automodelle plauderten. Ich wunderte mich über Strandurlauber auf Hainan, die sich nicht ins
Wasser trauten, über Cafébetreiber in Shenzhen, die mit dem
Schild »100 Prozent IKEA-Einrichtung« für ihre Läden warben,
über DVD-Händler in Xiamen, die noch nie im Ausland gewesen waren, aber von Fellini, Godard und Truffaut schwärm-
ten, und über Taxifahrer in Shanghai, die mit iPhones telefonierten und doch in Baracken hausten, die kaum größer waren
als Klokabinen. Ich traf Teigtaschen-Verkäufer, die Investoren
für eine Imbisskette suchten, Bauern, die neuerdings in Elek-
trohandel machten, und Firmengründer, kaum älter als ich, die
gerade einen Ferrari gekauft hatten. Scheinbar jeder krempelte
sein Leben um. Wenn ich dann wieder in München landete, erlitt ich jedes Mal einen Gemütlichkeitsschock. So sauber alles,
so aufgeräumt und gesettled. So langweilig.

Was ich in Deutschland über China las, machte mich traurig.
Viele Artikel zeichneten ein Schwarzweißbild: hier die schlim-

me Regierung, dort die unterdrückten Massen. Gefühlte 90 Prozent der Berichterstattung drehten sich um Menschenrechte und Produktpiraterie, gelegentlich gab es noch Berichte über Hundefleisch-Festivals. Vor den Olympischen Spielen 2008 in Peking rückte China besonders in den Fokus: Der *SPIEGEL* titelte »Angriff aus Fernost« und »Die gelben Spione«; zu den Spielen selbst montierte das Magazin olympische Ringe aus Stacheldraht auf das Cover. Wer China nur aus den Medien kannte, konnte den Eindruck bekommen, dass es sich um ein Reich des Bösen handelte, in dem die Mehrheit der 1,3 Milliarden Menschen ein Sklavendasein fristete und sich nichts sehnlicher wünschte als die Erlösung durch den Westen. Den wenigsten fiel überhaupt etwas Positives zu China ein.

Ich ärgerte mich über die platte Undifferenziertheit vieler Texte, das Halbwissen, das verbreitet wurde, und die Ressentiments, die daraus entstanden. Bei vielen Deutschen, so kam es mir vor, mischte sich berechtigte Kritik mit einer diffusen Angst vor dem Unbekannten und alten antikommunistischen Reflexen – was ich skurril fand, weil die sogenannte Kommunistische Volksrepublik inzwischen alles Mögliche war, aber bestimmt nicht mehr kommunistisch. Die Wirklichkeit in China war komplexer, als viele Berichte sie darstellten. Das aber war schwer zu erklären. »Wie kann deine Familie bloß dort leben?«, fragte mich einmal eine gute Freundin. Und bevor mein damaliger Freund mit mir nach China flog, musste ich ihn mühsam überreden, überhaupt mitzukommen: In totalitäre Staaten, sagte er, reise er nicht. Als ich ihm erläutern wollte, dass es dort weniger schlimm sei, als er es sich vorstelle, fragte er mich, ob ich das Regime in Peking denn gutheiße. Drei Jahre später zog er übrigens mit mir nach Shanghai.

In vielen Gesprächen sah ich mich gezwungen, mein Heimatland zu verteidigen: Ja, China benötigte dringend politische

Reformen. Aber nein, nicht alle Chinesen fühlten sich unter-
jocht. Nicht alle arbeiteten 80 Stunden pro Woche am Fließ-
band. Nicht alle warfen Hunde in den Kochtopf. (Und selbst
wenn: Warum sollte das schlimmer sein, als Schweine zu essen?) Nicht alle Orte waren grau und verpestet. Ja, das Internet
wurde zensiert – doch selbst der Erfinder der »Great Firewall«
nutzte bekanntermaßen VPN-Programme, mit denen man die
Zensur umgehen konnte. Ja, viele Filme waren verboten, sogar
Blockbuster wie *Avatar* – trotzdem gab es jeden Film der Kino-
geschichte auf dem Schwarzmarkt zu kaufen. Und ja, das chinesische Schulsystem war brutal, gab ich zu. Um dann trotzig eine
amerikanische (!) Think-Tank-Studie zu zitieren: Aber 88 Prozent aller chinesischen Jugendlichen blickten optimistisch in
die Zukunft. Ich versuchte zu vermitteln, dass das China, das
ich kennengelernt hatte, nicht aus Schwarz und Weiß bestand,
sondern vielmehr aus zahllosen Farben und Grautönen. Dass es
Willkür und Repression gab, im Alltag jedoch zugleich immer
mehr Freiheiten.

Meine Psychologie-Kurse an der Uni saß ich immer lustloser
ab. Ich hatte aber auch keine Idee, in welchem anderen Studi-
enfach es mir besser gehen würde. Ich interessierte mich für alles, aber für nichts so richtig. Irgendwann gab mir jemand den
Rat, ich solle es doch mal mit Journalismus versuchen. Durch
Zufall bekam ich die Möglichkeit zu einem Praktikum bei
jetzt.de, dem Onlinemagazin der *Süddeutschen Zeitung* für Jugendliche. Zwar konnte wieder niemand in der Redaktion meinen Namen richtig aussprechen. Zu meiner Überraschung aber
mochte der Chef meine Texte und den Kommentaren nach zu
urteilen auch die Leser. Ich schrieb über Popkultur und Zeit-
geistphänomene, während der Olympischen Spiele in Peking
2008 außerdem eine wöchentliche China-Kolumne über Themen wie die in Deutschland unbekannte Tatsache, dass kaum

jemand in China »Schwein süß-sauer« isst. An meinem letzten Praktikumstag fragte mich mein Chef, ob ich nicht einfach dableiben wolle, bezahlt. Ein Job bei der *Süddeutschen Zeitung*: Ich konnte es nicht glauben, sagte aber ja. Im darauffolgenden Herbst ermutigte mich die Redaktion, mich an der Deutschen Journalistenschule zu bewerben. Ich weiß noch, wie ein älterer Kollege mir empfahl, voll auf die Migrantenkarte zu setzen. »Das mit deiner chinesischen Herkunft zieht total«, waren seine Worte. Wow. Früher hatte ich mir Sorgen gemacht, ob ich als Kind von Ausländern überhaupt einen anständigen Job finden würde. Auf einmal schien das sogar ein Bonus zu sein. Ob am Ende mein sogenannter Migrationshintergrund den Ausschlag gegeben hat oder nicht, weiß nur die Jury. Aber das ist mir auch egal. Nach vier Wochen Warten flatterte die Zusage in den Briefkasten. Ich jubelte und ließ mich exmatrikulieren. Meiner Mutter, die kummervoll das Gesicht verzog, versprach ich, dass ich den Psychologie-Abschluss nachholen würde. Irgendwann.

*

Großmutter starb an einem Dienstag im April 2010. Sie wurde 71 Jahre alt. Wir entwarfen gerade das Layout für unser Abschlussmagazin, als mein Handy klingelte: Am Freitag habe Großmutter in der Küche gestanden und einen Fisch ausgenommen, hörte ich meine Mutter mit atemloser Stimme sagen. Sie hatte die Tür geschlossen, damit der Geruch nicht ins Wohnzimmer zog. Plötzlich hörte Großvater Töpfe auf den Boden scheppern. Großmutter hatte einen Schlaganfall erlitten. Die beiden waren zu dem Zeitpunkt für ein paar Tage in ihre alte Wohnung in Pingxiang zurückgekehrt, ausgerechnet, um die Knochen von Urgroßmutter aus der Erde zu bergen. »Grabumzug« nennt sich dieser alte Brauch: Ursprünglich war er für umherziehende Familien gedacht, damit sie nach Jahren in der Fremde die Überreste ihrer toten Angehörigen in die alte Heimat zurückführen können. Nachdem man die Knochen des Verstorbenen geborgen hat, füllt man sie in einen Tonkrug um und beerdigt sie anschließend ein zweites Mal. In Lashi hat die Zweitbestattung sich bis heute gehalten – die Tradition schreibt sie den Nachkommen sogar vor. Im Frühjahr 2010 schreckte Großmutter in Nanning eines Tages vom Sofa hoch, weil ihr einfiel, dass sie ihrer Mutter noch diese letzte Pflicht schuldete. Womöglich ahnte sie, dass ihr nicht mehr viel Zeit blieb.

In den letzten Jahren hatte sich Großmutters Gesundheitszustand kontinuierlich verschlechtert: Seit ihren frühen Fünfzigern litt sie an Schilddrüsenüberfunktion, später kamen Bluthochdruck und Arthritis hinzu. Obwohl sie zu jeder Mahlzeit zwei Schüsseln Reis aß, war sie dürr und trotz acht Stunden Schlaf am Tag ständig von Schwindel und Müdigkeit geplagt. Beim Gehen schmerzten ihre Gelenke immer unerträglicher. Dennoch ließ sie es sich bis zuletzt auch bei meiner Tante nicht nehmen, den Boden selbst zu wischen und Dongdongs Leibspeisen zu kochen. Sie muss gespürt haben, dass sie nicht mehr lange zu leben hatte. Und reiste ein allerletztes Mal nach Pingxiang.

Wenige Tage nachdem sie und Großvater die Knochen von Urgroßmutter wiederbestattet hatten, brach sie dann in der Küche zusammen. Weil auf der Intensivstation kein Bett mehr frei war, lag sie die ersten 14 Stunden auf dem Gang. Als sie am zweiten Morgen aus dem Koma aufwachte, wandte sie sich als Erstes Großvater zu. »Lass uns am Nachmittag nach Hause gehen«, sagte sie. Dann wurde doch ein Bett frei, und sie sollte auf ein Krankenbett gehoben werden – dabei griff einer der Pfleger daneben. Großmutter stieß mit dem Kopf gegen den Lattenrost und fiel ein zweites Mal ins Koma.

Meine Mutter erfuhr erst 48 Stunden später davon, da ihr

Tante Xiaomei, Onkel Xungui und Onkel Songhe, die bereits vor ihr nach Pingxiang geeilt waren, keine Angst einjagen wollten. Umgehend buchte sie einen Flug ab Frankfurt. Ich blieb schweren Herzens in München, weil die Abgabe unserer Abschlussarbeit anstand, was ich schon kurz darauf bereuen sollte. Großmutter starb am Morgen des 6. April bei strömendem Regen, 90 Minuten bevor das Taxi meiner Mutter in Pingxiang eintraf. Als sie das Krankenhaus erreichte, war Großmutters Körper noch warm.

Beerdigt wurde Großmutter in Lashi, wenige Hundert Meter von dem Haus entfernt, in dem sie aufgewachsen war. Wie im Dorf üblich, erfolgte die Zeremonie nach daoistischer Tradition. Ein Verwandter leitete sie, meine Familie nannte ihn »Großvater Nummer neun«. Auf dem Altar in der Ahnenhalle der Pengs drapierte man zwei Kerzen, Tee, Reis und Wasser sowie fünf Früchteteller. Die Kerzen symbolisieren Sonne und Mond, der Tee die Energie des Yin, das Wasser das Yang und der Reis das Zusammenspiel beider Kräfte. Die Früchte stehen für die fünf Elemente. Weihrauch wurde angezündet. Onkel Xungui hielt eine ergreifende Gedenkrede und nagelte als ältester Sohn den Sarg zu. Dazu erklang die Gebetsstimme des Zeremonienmeisters. Meine Mutter und ihre Geschwister knieten auf dem Boden und warfen wie in einer Verbeugungsgeste die Hände über ihren Kopf, dabei weinten und klagten sie laut. Dieses Tränenritual wiederholten sie dreimal, wie es das Protokoll vorsah. Zum Schluss zündete Großvater einen kniehohen Stapel Papiergeld an. Großmutter sollte es im Jenseits an nichts fehlen.

*

Im selben Jahr fasste ich den Entschluss, nach China zurückzukehren. Ausschlaggebend waren die drei Monate, die ich während eines Praktikums im Auslandsbüro des Magazins

Stern in Shanghai verbrachte. Gleich in der zweiten Woche durfte ich meine erste Recherchereise in das Hinterland antreten. Das Thema war das demographische Geschlechterungleichgewicht in China. Die Ein-Kind-Politik war gerade dreißig Jahre alt geworden, nun wurden die Ausmaße ihrer Folgen sichtbar. Weil Mädchen traditionell weniger galten als Jungen, trieben Mütter in ländlichen Gegenden millionenfach weibliche Föten ab. Im Jahr 2020, rechneten Experten vor, würde jeder fünfte Mann in China keine Frau mehr finden. Dreißig Millionen einsame Männer. Ich erinnerte mich daran, wie das in unserer Familie gewesen war: Auf dem Markt in Pingxiang hatten die Leute gerne darüber gelästert, dass die Pengs nur Enkeltöchter in die Welt setzten. »Wo bleibt der Junge?«, bekam Großmutter ständig zu hören, meistens ließ sie die Frage an sich abperlen. Ob Mädchen oder Junge war meinen Großeltern eigentlich gleich. Dennoch setzten Großmutter die Hänseleien zu, und manchmal soll sie darüber heimlich Tränen vergossen haben. Erst als Tante Xiaomei in ihrer zweiten Ehe Dongdong auf die Welt brachte, gaben die Leute endlich Ruhe.

Ich besuchte ein sogenanntes Junggesellen-Dorf in einer wunderschönen Bergregion in der Provinz Guizhou. Auf 800 Männer kamen dort nur 500 Frauen. Die Mehrzahl der Jungbauern lebte noch bei den Eltern und fuhr einmal in der Woche ins Tal zu Prostituierten, die ihren Körper für umgerechnet 5 Euro verkauften. Ich hatte noch keinen halben Tag im Ort verbracht, als zwei schwarze Kaderlimousinen unserem Minivan den Weg versperrten. Ein feister Hemdträger mit gefälschtem Gucci-Gürtel lud mich ein, ihm auf die Polizeistation zu folgen. Nach einem halbstündigen Verhör über unsere Recherchepläne bestand er darauf, meine Stringerin und mich zurück zum Flughafen zu eskortieren: »Ihrer Sicherheit zuliebe.«

Später interviewte ich einen zotteligen Tanzlehrer in Nanjing, der ein üppiges Nebengehalt damit verdiente, dass er arme Bauernmädchen aus Vietnam an verzweifelte chinesische Single-Männer vermittelte. Regelmäßig unternahm er siebentägige »Hochzeitstouren« nach Ho Chi Minh City: Die Kunden zahlten ihm 3000 Euro, um am Ende mit einer gekauften Braut nach Hause zu fliegen. Für Millionäre gab es Agenturen wie »The Golden Bachelor«, deren Gründer ich in einem Büroturm in Pudong besuchte: Bis zu 120 000 Euro Mitgliedsgebühr im Jahr knöpfte er seinen Kunden mit dem Versprechen ab, »erstklassige Schönheiten« zu vermitteln. Im Volkspark von Shanghai wiederum priesen ergraute Rentner ihre Söhne auf selbstgebastelten Anzeigetafeln wie Gebrauchtwagen an: »33 Jahre alt, 1,78 Meter groß, Eliteuni-Abschluss, raucht nicht, trinkt nicht, Dreizimmerapartment, VW Golf, 10 000 Yuan Monatsgehalt«, umgerechnet 1300 Euro. Ich lernte, dass chinesische Frauen in meinem Alter als »Goldgräberinnen« verrufen waren, denen es bei der Ehe nur um Eigentumswohnung und Auto ging, nicht um die große Liebe. Das war also die Strafe der Ein-Kind-Politik: Für die Entscheidung chinesischer Eltern, um jeden Preis einen Jungen auf die Welt zu bringen, zahlten nun ausgerechnet ihre Söhne. Die gnadenlosen kapitalistischen Marktmechanismen waren inzwischen auch in das Privatleben der Menschen vorgedrungen. Die Geschichten, die sie mir erzählten, waren so traurig wie skurril.

Auf meiner nächsten Recherche erlebte ich die politischen Repressalien, von denen ich immer nur gelesen hatte, zum ersten Mal aus nächster Nähe: Im Oktober 2010 kam die Nachricht, dass dem inhaftierten Schriftsteller und Dissidenten Liu Xiaobo der Friedensnobelpreis verliehen werden sollte. Gemeinsam mit dem *Stern*-Korrespondenten fuhr ich nach Peking, um über die chinesische Bürgerrechtsbewegung zu berichten. Dort trafen wir unter anderem einen etwas grantigen

Ai Weiwei, den Bürgerrechtsanwalt Xu Zhiyong und ein halbes Dutzend weiterer Aktivisten. Ai wurde ein halbes Jahr später an einen unbekannten Ort entführt, Xu sitzt heute im Gefängnis, und einer der Internetaktivisten, die wir damals trafen, ist mittlerweile als Exilant nach Nürnberg gezogen.

Am Ende der drei Monate war mein Bild von China noch widersprüchlicher als zuvor. Aber ich wusste, dass ich wiederkommen wollte. Inzwischen war ich 23 Jahre alt. Beinahe 19 davon hatte ich in Deutschland verbracht. Ich spürte, dass ich unendlich viel aufzuholen hatte. Ich wollte verstehen, woher ich kam und wie meine Verwandten lebten. Ich wollte erfahren, wohin China sich weiterentwickelte. Da in den deutschen Redaktionen ohnehin Untergangsstimmung herrschte und die Korrespondentennetze ausgedünnt wurden, beschloss ich, als freie Reporterin nach China zu ziehen. Im Juni 2011 buchte ich einen Flug nach Shanghai, diesmal One-Way.

*

Das erste Jahr in China war das bis dahin aufregendste Jahr meines Lebens. Für den Preis, für den ich in Berlin zwei Zimmer Altbau in Friedrichshain bekommen hätte, mietete ich ein 18-Quadratmeter-Studio in der ehemaligen Französischen Konzession, der kolonial geprägten Altstadt Shanghais. Das Zimmer hatte keine Küche, das Klo befand sich im Wintergarten, durch die Dusche flitzten Kakerlaken, und wenn ich mal für mehrere Tage außer Haus ging, blühte Schimmel auf meinen Schuhen. Trotzdem fühlte ich mich lebendig wie nie. Ich war zur richtigen Zeit am richtigen Ort gelandet. Um 1920 hatte Shanghai als das »Paris des Ostens« gegolten, bis es nach der Revolution in Bedeutungslosigkeit versunken war. Jetzt erlebte die Stadt ein Revival als das »neue New York« – als Sehnsuchtsort, der Glücksritter aus aller Welt anzieht.

Im Jing'an-Viertel und in der ehemaligen Französischen Konzession lebte es sich inzwischen tatsächlich wie in Manhattan oder Brooklyn: Auf der Nanjing West Road etwa sah man auf einmal Office-Ladys in ihrer Mittagspause zum Sample Sale bei Givenchy und McCartney stöckeln und anschließend mit Smartphone in der Linken und Avocado-Sandwich in der Rechten zurück in den Büroaufzug hasten. Morgens konnte man nun Croissants in der französischen Boulangerie oder Schwarzbrot beim deutschen Bäcker holen, mittags japanisches Teppanyaki, spanische Tapas, Bio-Burger oder chinesische Hipsterkreationen essen, abends nach dem Dinner ging es weiter in eine der vielen italienischen Weinbars oder in einen Hinterhofclub mit nackten Betonwänden. In Shanghai lohnt es sich heute kaum, mehrmals in dasselbe Café oder dieselbe Boutique zu gehen, da jeden Tag neue eröffnet werden. Abends wartet immer irgendwo eine Party oder Vernissage, auf der man Fotografen aus Reykjavík, Musiker aus Buenos Aires, Architekten aus Madrid, Stylisten aus Berlin, Künstler aus San Francisco und Gartendesigner aus Mailand trifft. Viele, denen ich begegnete, waren vor der Finanzkrise im Westen geflüchtet und wollten nun in China ihr Glück versuchen. Nachts tauschten alle Visitenkarten – schließlich konnte sich im nächsten Moment ein neuer Auftrag, ein neues Projekt, ein neuer Job ergeben. Jeder gab Vollgas. Überall in Shanghai traf ich außerdem auf andere »Bananen«: chinesischstämmige Westler zwischen 20 und 35, »ABCs« – American-born Chinese –, chinesischstämmige Deutsche, Franzosen, Briten, Italiener oder Schweizer. Wir alle waren in China geboren oder Einwandererkinder der zweiten Generation und ins Land unserer Vorfahren zurückgekommen, um unsere Wurzeln zu suchen. Ausgerechnet hier im globalisierten Shanghai, diesem Hybrid, das nicht Ost ist und nicht West, fühlte ich mich endlich irgendwie zu Hause.

2011 und 2012 meinte ich sogar politische Aufbruchstimmung zu wittern. Es schien, als wäre der Funke der unblutigen tunesischen »Jasmin-Revolution« nach China übergesprungen: Als in Peking Aktivisten zu »Jasmin-Spaziergängen« aufriefen, kamen zwar nur wenige Hundert Menschen, die Regierung erstickte das ganze Vorhaben sofort im Keim. Von Dutzenden Dissidenten, die der Staat in dieser Zeit festnehmen ließ, fehlte jede Spur. Und doch schüchterte das viele nicht ein. Immer mehr Normalbürger ließen ihrem Unmut freien Lauf. Es rumorte in der Gesellschaft. Das war vor allem dank Sina Weibo zu spüren, dem Mikrobloggingdienst, der 2009 gegründet worden war, nachdem die Regierung Twitter verboten hatte. (*Weibo* ist die chinesische Entsprechung eines Tweets, also einer Kurznachricht.) Sina Weibo war keineswegs nur eine schlechte Kopie – inzwischen zählte die Plattform 300 Millionen User, und diese entdeckten gerade die Macht des Internets. Als im Juli 2011 zwei Hochgeschwindigkeitszüge in der Nähe der Stadt Wenzhou kollidierten und mehr als vierzig Menschen starben, ermittelten Mikroblogger die Schlamperei der Behörden und stellten Fotos und Dokumente auf Sina Weibo. Ein Aufschrei ging durch die Öffentlichkeit, das Versagen der Regierung beherrschte die Gespräche auf den Straßen, auf Bürofluren, sogar in den staatlichen Medien.

Schon zuvor waren im Wochentakt neue Skandale aufgedeckt worden: Da gab es etwa den Sohn des Provinzpolizeichefs, der zwei Frauen überfuhr und Augenzeugen als Drohung »Mein Vater ist Li Gang!« zurief; den beliebten Dorfvorsteher in einer Küstenprovinz, der auf Anweisung von Uniformierten von einem Kohlelaster überrollt wurde, weil er sich gegen ein Stromkraftwerk ausgesprochen hatte; oder die selbsternannte Mitarbeiterin des Roten Kreuzes, die online mit Pelzjacke, Lamborghini-Flotte und Luxusvillen protzte. Früher hätte kaum jemand von Fällen wie diesen etwas mitbekommen. Nun stellten jedes Mal Hunderttausende, wenn nicht gar Millionen Menschen wütende Kommentare ins Netz, und zwar so schnell, dass die Zensoren gar nicht mit dem Löschen hinterherkamen.

Internet-Kampagnen wie »Free Chen Guangcheng« lehrten die Partei das Fürchten: Der blinde Dissident stand unter Hausarrest, weil er Fälle von Zwangsabtreibungen und -sterilisationen infolge der Ein-Kind-Politik öffentlich gemacht hatte. Ein 200-köpfiger Schlägertrupp patrouillierte Tag und Nacht vor seiner Tür. Ich traf seinen Freund, den Frauenrechtsaktivisten Yao Cheng, der gemeinsam mit anderen auf Weibo dazu aufrief, den blinden Chen als »Touristen« zu besuchen. Trotz der Schergen strömten daraufhin Hunderte in dessen Heimatdorf in der Provinz Shandong. Wie »Moskitos, die sich auf den Rücken eines Elefanten setzen«, wolle man der Staatsmacht lästig werden, sagte Yao zu mir. Ein Netzaktivist, mit dem ich sprach, freute sich über den immensen Zulauf, den die Bürgerrechtsbewegung erhielt: Seit es Mikroblogs gebe, habe das Interesse an Menschenrechtsthemen unter jungen Leuten »explosionsartig zugenommen«. Für den Wandel standen auch junge Stars wie Han Han, damals 28, Profirennfahrer, und Yao Chen, 32, Filmschauspielerin. Beide wurden für ihre öffentlichen Kommentare zu Themen wie Korruption, Machtmissbrauch und Pressefreiheit gefeiert. Han Han wurde darüber zum meistgelesenen Blogger der Welt, und Yao Chen konnte als »Weibo-Königin« mit 23 Millionen Fans mehr Follower aufweisen als Lady Gaga und Justin Bieber auf Twitter.

Ich besuchte das Hauptquartier von Sina Weibo in Peking, einen modernen Glasklotz, in dem Mittzwanziger in quietschbunten Sitzecken arbeiteten – wie in Silicon Valley. »Eine kritische Öffentlichkeit erwacht in China. (…) 300 Millionen User lernen auf dem Kurznachrichtendienst Weibo zum ersten Mal

Meinungsfreiheit kennen«, schrieb ich in einem Artikel. »Weibo ist ein Übungsplatz für Debatten, auf dem eine ganze Generation lernt, Tabus zu brechen und Argumente zu schärfen.« Beim Verfassen dieser Zeilen spürte ich mein Herz rasen.

Selbst der scheidende Premierminister Wen Jiabao sagte in einem Interview mit CNN, dass China mehr Demokratie und Freiheit brauche. Auch wenn die Ausstrahlung des Interviews in China am Ende verboten wurde: Der zweitmächtigste Politiker Chinas rief nach Demokratie – das war ein Donnerschlag. Onkel Liang, dachte ich, hatte also doch nicht recht mit seiner Annahme, dass Leute, die auf universelle Werte pochten, entweder weltfremd waren oder Ausländer.

Auch meine jüngere Cousine Lulu zählte zu jenen »Post-90-ern«, der nach 1990 geborenen Generation von als verwöhnt und egoistisch verrufenen Einzelkindern, von denen es hieß, sie interessierten sich bloß für Handys und Klamotten. Früher hatte ich ihr öfter vorgeworfen, dass sie »gehirngewaschen« sei, da sie empört auf jederlei Kritik an China reagierte. Inzwischen hing sie pausenlos über ihrem iPhone und regte sich über Smog und vergiftete Lebensmittel auf. Mit zwanzig hatte sie angefangen, sich im Internet zu informieren. Sie wusste nun die Zensur zu umgehen, las sich Wissen über die Kulturrevolution und das Peking-Massaker von 1989 an. Und sie schämte sich dafür, dass sie mit siebzehn der Partei beigetreten war. Vor ihrem Abitur hatten meine Großeltern ihr dazu geraten – der besseren Karrierechancen wegen. Nur der Name Ai Weiwei sagte ihr nichts, wie übrigens den meisten Chinesen.

Einmal saßen Lulu und ich in einer größeren Runde beim Italiener. Es war erst wenige Monate her, dass Tunesier, Ägypter und Jemeniten ihre Diktatoren aus dem Amt gejagt hatten. »Die Studenten von 1989 waren schlecht organisiert«, sagte einer von Lulus Freunden. Und behauptete: »Mit konzertierten, gut geplanten Aktionen kann auch in China die Regierung binnen kürzester Zeit gestürzt werden.« Als Beispiel diskutierten wir den Fall des Fischerdorfs von Wukan, das 2011 weltweit Schlagzeilen machte: Nachdem die Bauern dort jahrzehntelang von korrupten Parteibeamten um ihr Land geprellt worden waren, begann eine Gruppe junger Fischersöhne über das Internet Proteste zu organisieren. Die Dorfbewohner folgten ihrem Aufruf und sammelten sich zu Tausenden vor dem Rathaus. Die Demonstration endete damit, dass die Menschen sämtliche Parteifunktionäre mit Stöcken und Steinen aus dem Ort jagten.

Die Bilder vom Asterix-Dorf Wukan verbreiteten sich im Internet, wieder dank Sina Weibo. Kurz darauf gingen sie um die Welt. Was niemand erwartet hatte: Statt auf die Demonstranten schießen zu lassen, zog der Provinzparteichef von Guangdong die Polizisten ab. Er verkündete eine Sensation: Wukan solle seine Führer in Zukunft selbst bestimmen. Zum ersten Mal in 5000 Jahren chinesischer Geschichte waren freie Dorfwahlen erlaubt. Wahnsinn! Aufgeregt spekulierten wir nun darüber, was das bedeuten mochte. Würde das Beispiel Wukan Schule machen? Und wenn ja, wie schnell? Lulu war sich an diesem Abend jedenfalls sicher: Das Internet werde China demokratisieren. »Die Tage der Partei sind gezählt«, sagte sie übermütig. Auch ich war voller Hoffnung. Inzwischen hatte Großvater mir von seiner Vergangenheit erzählt. Ich hatte erfahren, wie schwer er jahrzehntelang unter Mao gelitten hatte – wegen eines kritischen Gedichts von 36 Zeichen. Und welche Mühen es die Generation meiner Eltern gekostet hatte, sich ein besseres Leben in Wohlstand zu erkämpfen. Nicht nur ich war der Meinung: Die Zeit war reif für mehr.

14

MAO IST TOT, HOCH LEBE XI

Die Weibo-Revolution blieb aus. Wenige Monate nachdem ich über die erblühende digitale Zivilgesellschaft geschrieben hatte, betrat im November 2012 ein neuer starker Mann die Bühne: Xi Jinping, Jahrgang 1953, ist ein sogenannter Parteiprinzling, also Sohn eines einflussreichen KP-Veteranen und, wie die Staatsmedien freudig anmerkten, mit 1,80 Meter der größte Staatspräsident seit dem Großen Vorsitzenden. Das Programm, das er China für seine Amtszeit verordnete, lief unter dem Titel: »Der chinesische Traum«. Xi trat damit in die Fußstapfen seiner Amtsvorgänger: Deng hatte den »chinesischen Aufschwung« gefordert, Jiang Zemin die »Wiederauferstehung der chinesischen Nation«, Hu Jintao hatte die »harmonische Gesellschaft« erfunden. Der Neue wärmte alte Parolen auf. Unter der Führung der Kommunistischen Partei solle China noch stärker und noch reicher werden, sagte Xi in seiner Antrittsrede sinngemäß. Aber »chinesischer Traum« klang moderner, griffiger – nach Hollywood.

Eine neue Propagandawelle schwappte über das Land: Sogenannte Traum-Wände tauchten an Schulen und Universitäten auf, Essay-Wettbewerbe zum Thema »Mein chinesischer Traum« wurden veranstaltet. Think-Tanks riefen Intellektuelle auf, Grundsatzpapiere dazu einzureichen. Zum Frühlingsfest 2013 stürmte ein Schlagerhit namens »Der chinesische Traum« die Charts. Der Fernsehsender Dragon TV kaufte die Rechte an der britischen Castingshow *Pop Idol* und benannte das Format in *Stimme des chinesischen Traums* um. Einmal beobachtete ich, wie Bauarbeiter riesige Plakate an Baustellen und Häuserwänden anbrachten, darauf Szenen im Stil naiver traditioneller Bauernmalerei: glückliche Familien am Esstisch, Kinder, die alten Frauen über die Straße helfen, Großväter und Enkel, die Hühner füttern. Erst hielt ich die Bilder für nostalgische Pop-Art-Werke. Sie erzeugten ein warmes Gefühl in mir, ich fühlte mich in das beschauliche, herzliche Bauernchina versetzt, das ich so liebte. Dann bemerkte ich, ganz klein in der Ecke, das Logo: »Der chinesische Traum«. Keine kreischroten Slogans im Befehlston mehr, keine martialische Massenästhetik. Ein andermal sah ich auf CCTV, wie »Xi Dada«, der große, große Xi, des Präsidenten neuer Spitzname, in einem Straßenimbiss billige Teigtaschen aß und anschließend im Minibus davonfuhr statt in seiner Staatslimousine. Ich war beeindruckt. Die Propaganda hatte dazugelernt.

Im Frühjahr 2013 reiste ich nach Pingxiang, um mit Onkel Xunguis Hilfe die Parteiakten von Großvater aufzuspüren. Als Mitbringsel hatte ich eine goldene Armbanduhr aus der Schweiz dabei, die meine Mutter mir bei meinem letzten Deutschlandbesuch mitgegeben hatte. Wochenlang hatte sie sich in sämtlichen Uhrgeschäften Freiburgs umgesehen und schließlich ein herabgesetztes Modell von Tissot gefunden. Die Uhr war für einen Bekannten in der Erziehungsbehörde bestimmt. Onkel Xungui lebte wieder in Pingxiang und war in die alte Innenstadtwohnung meiner Großeltern gezogen. In Nanning hatte es ihm nicht gefallen, außerdem hatte es in der Schnapsbrennerei Probleme gegeben. Seit kurzem arbeitete er wieder wie früher als Mathematiklehrer an seiner alten Mittelschule. Mit der Uhr wollte er sich nun bei dem Bekannten in der Erziehungsbehörde bedanken, der die Stelle für ihn eingefädelt hatte. Als ich ihm die schwere Schachtel überreichte, zuckte er aber nur mit den Schultern. »Was soll ich jetzt noch mit der?« Er erzählte mir, dass der Bekannte verhaftet worden sei. In der Woche zuvor sei eine Anti-Korruptions-Einheit aus Peking in die Stadt gekommen. Zahllose Beamte, die in der Vergangenheit gerne »Geschenke« angenommen hätten, habe man festgenommen, darunter auch den Bürgermeister und den Parteisekretär. Xi Jinping hatte es anscheinend ernst gemeint, als er ankündigte, im Kampf gegen die Korruption werde er »Tiger genauso bekämpfen wie Fliegen«. Bald konnten sich selbst Politbüro-Mitglieder nicht mehr sicher fühlen. Aus Nanning hörte ich, dass Onkel Liang sich nicht mehr in Karaoke-Läden wagte, aus Angst, als verschwenderischer Partypolitiker dazustehen. Die Anti-Korruptions-Kampagne machte Xi zum beliebtesten KP-Führer seit Mao.

Xi packte an. Nicht nur bei der Korruption. Er nahm auch die Presse in die Mangel, radikaler als seine Vorgänger. Meine Journalistenkollegen wurden unruhig, ausländische wie chinesische. Reporter von der *New York Times* und von *Bloomberg*, die über die Vermögensverhältnisse von Xis Familie berichtet hatten, wurden des Landes verwiesen. Mutige einheimische Reporter von der *Southern Weekly* demonstrierten für mehr Pressefreiheit – und wurden unter Druck gesetzt, ihre Jobs aufzugeben. Andere chinesische Journalisten wurden gleich vor Gericht gestellt.

Menschen, die ich interviewt hatte, verschwanden aus den nichtigsten Gründen im Gefängnis. Die Polizei verhaftete innerhalb eines Jahres Hunderte Regierungskritiker, so viele wie seit 1989 nicht mehr. Eines Tages suchte mich der Frauenaktivist Yao Cheng in Shanghai auf. Mit seiner Hilfe hatte ich zuvor meine Recherchen zum Thema Frauenmangel fortgeführt, die ich 2010 während meines Praktikums begonnen hatte. Gemeinsam hatten wir junge Frauen in der Provinz Fujian besucht, die im Babyalter als Kindsbräute an Paare mit Söhnen verkauft wurden; wir hatten Mädchen in der Provinz Anhui getroffen, die nach der Geburt von ihren Eltern in Straßengräben geworfen worden waren und nun im Nonnenkloster aufwuchsen, sowie einen Vater, dessen drei Töchter allesamt von Menschenhändlern entführt und zwangsverheiratet worden waren. Yao arbeitete für eine amerikanische Frauen-NGO, gegründet von der ehemaligen Tiananmen-Studentenführerin Chai Ling. Dass er sich jahrelang unbehelligt mit den Behörden anlegen konnte, deutete ich als Zeichen der Öffnung. Diesmal war Yao in Shanghai, um beim amerikanischen Konsulat Asyl für die zehnjährige Zhang Anni zu beantragen. Annis Vater wurde wegen »konterrevolutionärer Aktivitäten« verfolgt, sie selbst hatte man deswegen vom Schulunterricht ausgeschlossen. Ich traf Yao, einen Tag bevor es ihm gelang, mit Hilfe des US-Konsulats Annis Ausreise zu organisieren. Anni sollte am nächsten Morgen nach San Francisco fliegen, ohne ihre Eltern. Während unseres Treffens vergrub sie das Gesicht im Sofabezug. Am Tag darauf, wenige Stunden nachdem sie durch die Passkontrolle gegangen war, stürmte eine Gruppe schwarz gekleideter Männer in das Hotel und führte Yao in Handschellen ab. Seitdem habe ich nie wieder von ihm gehört. Nicht einmal seine Frau weiß, wo man ihn gefangen hält.

Ich wollte wissen, was aus dem hoffnungsfrohen Demokratie-Experiment in Südchina geworden war, und fuhr nach Wukan, wo, wie schon geschildert, eine Dorfgemeinde freie Wahlen erkämpft hatte. Ich erinnerte mich an das Video von den Fischersöhnen, das ich im März 2012 gesehen hatte: Wenige Tage nach der Abstimmung saßen drei von ihnen im neu gewählten Dorfkomitee. Aus Protestführern waren gewählte Volksvertreter geworden. Aufgekratzt lachten sie in die Kamera und jubelten, einer sprach von Bottom-up-Demokratie, sein

Nebenmann sagte: »Wir hoffen, dass Bevölkerung und Medien unsere Arbeit kontrollieren. Behaltet uns im Auge!« Nur fünfzehn Monate später war die Euphorie verflogen. Die Wähler beschwerten sich über mangelnde Fortschritte bei der Rückgabe ihrer Felder. Parteileute höherer Regierungsebenen machten den Neudemokraten das Leben schwer. Im Hintergrund arbeiteten die vertriebenen Ex-Kader daran, sich zurück ins Rathaus zu mobben. Zhuang Liehong, 28, einer der drei ehemaligen Jungaktivisten, hatte aus Frust bereits das Handtuch geworfen. Der Zweite, Zhang Jiancheng, 29, gebärdete sich immer mehr wie die feisten Funktionäre, die er mit aus dem Amt gejagt hatte. Der Dritte, Hong Ruichao, 28, war verzweifelt. Er fühle sich wie das »Fleisch in der Mitte eines Hamburgers, eingeklemmt von oben und von unten«, sagte er zu mir, als ich ihn im Rathaus besuchte. In der Nacht war seine Bürotür von einem wütenden Wähler eingetreten worden. Hong hatte sich geweigert, ihm einen neuen Job zu besorgen. Daraufhin hatte der Mann gebrüllt: »Hab ich dir nicht meine Stimme gegeben? Jetzt tu auch was dafür!«

Am Abend durfte ich Hong zu einem Essen mit einem Kreispolitiker von der KP begleiten, der sich als »Berater« für Wukan ausgab – Aufpasser traf es wohl eher. Das Treffen fand im besten Restaurant des Ortes statt, es gab Hummer, Jakobsmuscheln und französischen Wein. Hong verriet dem Mann nicht, dass ich Journalistin war, und so polterte der Wukan-»Berater« unverblümt drauflos: »Die Wahlen sind vorbei. Jetzt muss jemand Verantwortung übernehmen. Das Volk ist maßlos in seinen Erwartungen. Das Wichtigste ist, wieder für Stabilität zu sorgen.« Er wandte sich Hong zu: »Du bist doch ein gescheiter Junge. Sorg dafür, dass Firmen investieren. Verteile etwas Geld an die Leute. Wenn du dich gut anstellst, werden wir dich befördern. Wenn ihr aber wieder anfangt, Chaos zu stiften, werfen wir nicht mehr mit Brunnenwasser auf euch – sondern mit Chiliwasser.« Damit meinte er: Die Partei werde kein Pardon mehr kennen.

Später war ich noch zwei weitere Male in Wukan. In der Zwischenzeit hatte ich Hong Ruichao ein Autogramm von Arjen Robben besorgt, da er mir erzählt hatte, dass er ein großer Fan des FC Bayern München sei. Als ich an seiner Tür klopfte, öffnete seine Schwester. Ruichao sei eingesperrt worden, sagte sie. Im Herbst 2014 sollte er zu vier Jahren Haft wegen »Anstiftung zu öffentlichem Chaos« verurteilt werden. Ich lief zum Elternhaus von Zhuang Liehong, der aus dem Komitee zurückgetreten war, traf dort aber nur seine Eltern und seine einjährige Tochter an. Zhang selbst und seine Frau, erfuhr ich, waren mit einer Reisegruppe über Hawaii nach New York geflüchtet und beantragten dort nun Asyl. Der Einzige, der im Amt geblieben war, war der Wendige unter den dreien, Zhang Jiancheng. »Komm mir nicht mit Demokratie«, begrüßte er mich. Wenn er das Wort höre, wolle er kotzen. Die Wahlen waren von Anfang an eine Farce gewesen.

Und Weibo? Wurde per Schnellgesetz der Garaus gemacht. Xi Jinping erteilte den Befehl, »die Kommandohöhen im Internet zurückzuerobern«. Das Oberste Gericht erließ die neue Regel: Wer ein »Gerücht« verbreitet, das mehr als 500 Mal weitergeleitet oder mehr als 5000 Mal gelesen wird, kann mit bis zu drei Jahren Haft bestraft werden. Seitdem ist es mucksmäuschenstill geworden im Netz.

Wenn ich heute an den Olympia-Sommer 2008 zurückdenke, bin ich perplex. Damals hatte ich meinen Freunden in Deutschland erklärt, dass das Regime weniger rigide mit Andersdenkenden umgehe, als sie glaubten, dass nicht jeder, der ein unbequemes Wort verliere, im Gefängnis lande. Heute jedoch, da das Internet, von dem wir glaubten, dass es mehr Freiheit ermöglichen würde, unser Leben stärker durchdringt denn je, ist genau das Wirklichkeit geworden: In Xis China genügt schon eine einzige Online-Nachricht, um mit dem System in Konflikt zu geraten. Die Zensoren haben aufgerüstet. Sie sind stärker denn je. China ist heute eine Internetdiktatur.

Rede ich heute mit Deutschen über China, finde ich mich in einer absurden Situation wieder. Ungläubig fragen sie: Ist es wirklich so schlimm, wie die Zeitungen behaupten? Und ich muss ihnen klarmachen: Ja, das ist es. Vor einigen Jahren noch war kaum einer meiner Freunde und Bekannten in China gewesen. Inzwischen haben sie sich ihr eigenes Bild gemacht. Heute spielt China in der globalisierten Welt politisch wie wirtschaftlich eine Hauptrolle, die Volkswirtschaften Chinas und Deutschlands sind so eng miteinander verflochten wie nie. Seit 1988, dem Jahr meiner Geburt, hat sich das Handelsvolumen zwischen China und Deutschland verdreißigfacht: auf mehr als 140 Milliarden Euro im Jahr. Immer mehr junge Deutsche machen ein Praktikum in China, reisen durchs Land, arbeiten hier ein paar Jahre, jetten für Forschungskongresse nach Peking, Shanghai und Chengdu. Sie lernen Chinesisch, interessieren sich für chinesische Kunst, schauen chinesische Filme an. Sie stehen, wie ich nach meinem Abitur, gebannt vor der Skyline Pudongs, die jetzt noch gigantischer wirkt als vor acht Jahren. Sie staunen über die futuristischen Provinzflughäfen, mit denen weder ihre Pendants in München noch in Frankfurt mithalten können, über die Wolkenkratzer, die selbst im Hinterland aus dem Boden schießen, über die Pünktlichkeit der Hochgeschwindigkeitszüge, über die Entwürfe der weltweit besten Architekten. Sie sind überwältigt von der internationalen Vielfalt in Peking und Shanghai und denken, wie ich einst gedacht habe: Die Medien übertreiben mit ihren Negativschlagzeilen. Wenn Merkel und Obama sich mit ihren chinesischen Führungskollegen treffen, hört man nur noch pflichtschuldige Lippenbekenntnisse zum Thema Menschenrechte von ihnen. In Zeiten von flächendeckender NSA-Überwachung, erodierender demokratischer Werte im Westen und zunehmender Abhängigkeit von China wirken ihre Beteuerungen weniger glaubwürdig denn je.

*

Großvater feiert seinen 80. Geburtstag in einem rotvertäfelten Hotelsaal. Es ist der 6. April 2013. Genau genommen wird er heute erst 79 Jahre alt, traditionellerweise zählt man bei uns aber auch das nullte Lebensjahr mit. Also wird der 80. Geburtstag begangen. Die Zahl 80 gilt als Glückszahl. Großvater ist eine Woche zuvor aus Nanning nach Pingxiang gereist, um das Bankett vorzubereiten. Tagelang hat er überlegt, was er anziehen soll. Er entscheidet sich für eine braune Lederjacke mit Mandarinkragen und einen schwarzen Charlie-Chaplin-Hut, dazu einen knallroten Schal. »Deiner ist mir zu altmodisch«, sagt er und winkt ab, als ich ihm einen beigefarbenen anbiete. Auch ein Geburtstagsgedicht hat er verfasst, seinen Angaben zufolge ein Remix frei nach einem Reim des russischen Straßendichters Wladimir Majakowski und einer chinesischen Pharmawerbung. Es fängt so an: »Das Alter eines 80-Jährigen, der Tatendrang eines 40-Jährigen. In der Erscheinung ein Greis, im Geist ein Junge ...«

Es ist das erste Mal seit fünfzehn Jahren, dass unsere Familie vollzählig versammelt ist. Ich bin aus Shanghai angereist, meine Mutter aus Freiburg. Lulu hat einen Flug aus Melbourne genommen, wo sie gerade ihren Master begonnen hat. Sie sieht verändert aus, erwachsener. Um Geld neben dem Studium zu verdienen, erzählt sie mir, habe sie auf WeChat, dem chinesischen WhatsApp, einen Online-Versand eröffnet, über den sie nun vergünstigte UGG Boots nach China verschiffe. Haohao wiederum, meine ältere Cousine, hat gerade geheiratet und klagt über die leicht aufdringliche Fürsorge ihrer Schwiegermutter. Vor der Tür fahren der Reihe nach Minibusse vor und spucken neue Gäste aus. Es sind unsere Verwandten aus Lashi, ergraute, runzlige Frauen in Stoffschuhen und Männer mit nikotingefärbten Zähnen und rissigen Händen. Meine Mutter und ein Cousin zweiten Grades haben einen Empfangstisch aufgebaut. Die Gäste reihen sich davor ein und tragen sich mit Namen und dem Geldbetrag ein, den sie Großvater zum Geburtstag schenken wollen. Anschließend übergeben sie die sogenannten *Hongbaos*: mit Scheinen gefüllte rote Umschläge. Nach der Feier werden meine Mutter und der Cousin zweiten Grades ihrerseits *Hongbaos* mit kleineren Beträgen an die Gäste überreichen, als Dankeschön fürs Kommen. Wozu die Liste, frage ich meine Mutter verwirrt. Damit bei der Buchhaltung später nichts unterschlagen wird, tuschelt sie. Über *Hongbaos* haben sich offenbar schon viele Großfamilien zerstritten. In den kommenden Wochen wird Großvater die Umschläge seinerseits als Geschenke auf anderen Familienfesten wieder sukzessive zurück in den Kreislauf führen. Das sei so Brauch, erfahre ich.

Ich zähle zwei Großonkel, vier Großtanten, sieben Großcousins, fünf Großcousinen, alle sind sie mit Kindern und Kindeskindern gekommen, insgesamt rund achtzig Gäste. Viele von ihnen leben nach wie vor in Lashi, führen Kioske und kochen auf Hochzeiten, sind Busfahrer, Beamte und Bergwerksingenieure. Großvaters kleiner Bruder, Großonkel Fangwen, ein rüstig gebliebener Mann in Gummistiefeln, ist 65 und bestellt immer noch eigenhändig die Felder. Um etwas Geld dazuzuverdienen, fährt er gelegentlich Kohlelaster.

Im Festsaal herrscht die Geräuschkulisse meiner Kindheit: Aus Lautsprechern wummern Volksschlager, alle reden in lautem Pingxiang-Dialekt wild durcheinander. Ich versuche in die Gespräche hineinzulauschen: Großonkel Fangwen erzählt vom Herzinfarkt seiner Frau; seitdem muss er sich alleine um seine zwei Enkel, fünfzehn und sechs Jahre alt, kümmern und sorgt sich um den älteren, der es nicht auf die Mittelschule geschafft hat; die Eltern sind zum Arbeiten nach Shenzhen gegangen. Eine Großtante berichtet von ihrem Mann, der sich, seitdem sie neuerdings krankenversichert sind, bei jedem Schnupfen ins Krankenhaus einweisen lässt, damit der Nachwuchs ihn häufiger mit Blumen und Aufmerksamkeit bedenkt. Ein Onkel dritten Grades prahlt damit, dass er sich 50 000 Yuan Bestechungsgeld geleistet habe, um seinen Sohn auf die Armeeschule zu schicken. Ich, die Deutsche, werde mit Fragen überschüttet: »Verstehst du, was wir sagen?« – »Verträgst du unser Essen noch?« – »Wärmen die Deutschen im Winter das Bier im Kochtopf auf?«

Bevor sich alle auf die dampfenden Schüsseln stürzen, spricht Großonkel Fangwen einen Toast aus: »Unser Fangcong, ein Landgewächs wie wir, hat sich kraft seiner eigenen Hände hochgearbeitet. Er war ein Leben lang treu: seiner Frau, der Partei, seiner Familie. Seine Kinder haben es weit gebracht. Auf dich, mein Bruder!« Wir stoßen mit Rotwein aus Drei-Liter-Tetrapaks an. Onkel Xungui legt eine CD mit Böller-Geräuschen ein, auf der Bühne hängt Großvater seine Geburtstagskalligraphie auf: *Shou* steht da in geschwungenen Pinselstrichen auf Goldpapier – langes Leben. Er strahlt. Zum Abschied drückt mir jemand als Geschenk eine Tüte mit geräuchertem Schweinefuß in die Hand. Ich verspreche, bei nächster Gelegenheit zum Essen vorbeizukommen. Meine Verwandten versprechen, mich irgendwann in Deutschland zu besuchen.

Meine Familie auf der Feier zum 80. Geburtstag meines
Großvaters. Im Uhrzeigersinn: Onkel Songhe und seine Frau,
ich, meine Cousine Haohao, Tante Xiaomei, Onkel Xungui,
Großvater, meine Cousine Zijin, meine Mutter, April 2013

Bei den meisten weiß ich, dass das nie passieren wird. Europa
ist für sie nach wie vor weiter weg als der Mond. Auch Shanghai
und Peking sind für sie Orte aus einer anderen Welt, manche
haben in ihrem Leben nicht mehr als die Provinzhauptstadt
gesehen. Von Lashi aus betrachtet sind meine Mutter und ihre
Geschwister tatsächlich unvorstellbar weit gekommen.

*

Meinen nahen Verwandten wiederum ist *meine* Welt fremd.
»Wer kontrolliert eigentlich, was du schreibst?«, fragt Onkel
Liang mich einmal, als ich wieder zu Besuch in Nanning bin.
Erneut sitzen wir in seinem Privatrestaurant an einem üppig
gedeckten Tisch. Diesmal hat mich ein VW Phaeton vom Flug-

Großvater beim Verfassen seiner Geburtstagskalligraphie,
April 2013

hafen abgeholt. Der Fahrer war ein neu zugezogener Großneffe
von Großmutter aus Pingxiang. A Ge und A He, die Fahrer von
letztem Mal, sind in den vergangenen Jahren aufgestiegen. Tante Liqing, die ehemalige Kellnerin, betreibt heute dank Onkel
Liangs Startkapital einen Grillimbiss in Nanning. Auch Onkel
Liang selbst ist die Karriereleiter weiter nach oben geklettert,
und sein Bauch ist noch etwas kugeliger geworden. Seit kurzem reist er pausenlos durchs Land, um den Aufschwung der
Westprovinzen voranzutreiben. Nebenbei arbeitet er an einem
Herzensprojekt: Er möchte in sämtlichen Dörfern Guangxis
Biogasanlagen errichten, die Agrarabfall in grüne Energie um-
wandeln. Hat er Erfolg, werden andere Provinzen folgen. In
fünf Jahren sollen die neuen Werke zusammengerechnet so viel
Strom produzieren wie der Drei-Schluchten-Damm.

Auf seine Frage, wer meine Texte kontrolliere, entgegne ich

ihm, dass ich im Grunde schreiben könne, was ich wolle, da Journalisten in Deutschland ohne Zensurschere im Kopf arbeiten könnten.

»Und wer verhindert, dass du falsche Gerüchte verbreitest? Da schert sich keiner drum, auch nicht der Staat?« Onkel Liang findet das verantwortungslos.

»Was ist denn eurer Meinung nach der Grund, dass ich als ausländische Journalistin nicht nach Tibet einreisen darf?«, frage ich zurück. »Weil ich falsche Gerüchte verbreiten würde?«

Meine Tante trägt mir noch ein Stück Fisch auf. »Das Ausland versteht unsere inneren Angelegenheiten nicht. Viele westliche Journalisten haben in der Vergangenheit Unwahrheiten aus Tibet berichtet«, sagt sie mit wohlüberlegten Pausen. »Einige von ihnen sind Spione. Da die Regierung nicht klar unterscheiden kann zwischen denen, die Wahres berichten wollen, und den Spionen, hat sie, um Schaden vom Land abzuwenden, eben entschieden, euch ganz fernzuhalten.«

In solchen Momenten bin ich sprachlos. Meine Tante sagt, sie sei stolz darauf, dass Leute in Deutschland lesen, was ich über China schreibe. Für den Inhalt meiner Recherchen interessiert sie sich aber eigentlich nicht. Sie und Onkel Liang mögen deutsche Küchengeräte, bei der Fußball-WM feuern sie Bastian Schweinsteiger und Thomas Müller an, meine Tante kann Goethe und Hegel zitieren. »Auch wir Chinesen mögen Werte wie Gerechtigkeit und Menschenrechte«, sagt sie. Dabei klingt sie, als würde sie über importierte Edeltropfen sprechen. Was das in Konsequenz für die chinesische Politik bedeuten würde, damit beschäftigt sie sich nicht. Nicht mehr.

Ich hätte gerne die Essays gelesen, die sie in ihren Studentenjahren schrieb. Meine Tante sagt, sie seien in alten Umzugskisten abhandengekommen. Ich frage sie nach ihrer Unizeit, in der sie für Freiheit und Demokratie auf die Straße gegangen ist, doch sie wiegelt ab: »In erster Linie hatten wir Angst, von den wenigen Reichen abgehängt zu werden, und wir waren naiv.« In den neunziger Jahren, nach der Heirat mit Onkel Liang, habe sie erkannt, dass es nur mit der Partei aufwärtsgehen könne, nicht ohne sie. Der Wirtschaftsboom hat meine Tante mit der Regierung versöhnt. »Natürlich haben wir Probleme. Unsere Armen fragen: Sind wir überhaupt noch ein sozialistisches Land? Unsere Reichen dagegen haben Angst um ihr Geld. Aber wie hat Arthur Rimbaud gesagt: Das Leben ist immer anderswo. In jedem Land gibt es unzufriedene Menschen, Fanfan. Keine Regierung der Welt ist perfekt.« Vielleicht denkt sie wirklich so. Vielleicht glaubt sie, keine andere Wahl zu haben.

Auf Familienfesten in großer Runde vermeiden wir das Thema Politik. Ich denke an das Jahr der Öffnung zurück, 1978. Vielleicht muss man sich dieses Jahr als Nulllinie vorstellen, als Neustart für ein ganzes Volk. Heute, über 35 Jahre danach, sieht die Bilanz bei jedem anders aus. Durch die Generation meiner Mutter zieht sich ein unsichtbarer Riss: Auf der einen Seite befinden sich die Profiteure des Booms, darunter meine Tante und ihr Mann. Auf der anderen Seite stehen meine Mutter und Onkel Xungui. Meine Mutter hat sich von ihrer Heimat abgewandt. »China ist nicht mehr mein Zuhause«, sagt sie. Deutschland ist es aber auch nicht. Jahrelang hat sie sich heimatlos und leer gefühlt. Heute findet sie Halt im Christentum. Onkel Xungui ist enttäuscht. Er hatte vom großen Los geträumt, doch am Ende sind andere an ihm vorbeigezogen. Nun ist er wieder dort gelandet, wo er Anfang der neunziger Jahre stand: als schlecht bezahlter Mittelschullehrer in einer kleinen Provinzstadt. Folglich betrachtet er den Aufschwung eher von unten und sieht dessen hässliche Seiten: das himmelweite Macht- und Wohlstandsgefälle in der Gesellschaft, die Rechtlosigkeit des Einzelnen, die Unsicherheiten im Alltag. Weil er den Lebensmitteln im Supermarkt misstraut, zieht er auf dem Dach seiner Schule Gemüse. Er war es, der Lulu ermutigt hat, nach Australien zu gehen: Leisten kann meine Cousine sich das aber nur, weil ihre Mutter zu Wohlstand gekommen ist. Onkel Songhe schließlich steht irgendwo dazwischen. Er geht erfolgreich seiner Arbeit im Autowerk nach, ansonsten ziehen er und seine Frau sich ins Private zurück. Er meditiert, studiert den Buddhismus. Jedes Jahr am 4. Juni zündet er eine Kerze an, stellt sie ins Wohnzimmerfenster und trauert um seine verlorenen Träume. Still und allein.

*

Am Abend des 1. Oktober 2014 gehe ich durch das Finanzviertel von Hongkong. Es ist der Nationalfeiertag Chinas, auf dem Festland wird das 65-jährige Bestehen der Volksrepublik gefeiert, mit Feuerwerk und Abendgala im Fernsehen. Vor 65 Jahren winkte Mao vom Balkon über dem Tor des Himmlischen Friedens den frenetisch jubelnden Massen zu, in Pingxiang sang Großvater »Der Osten ist rot«. Ich blicke von einer Fußgängerbrücke auf ein von Handylichtern beschienenes Menschenmeer, das ganz andere Zeilen singt: *Forgive my longing for freedom, As I fear to stumble someday, Anyone can give up dreams, As I am clinging on mine own.* Ich sehe die hoffnungsfrohen Augen von 16-jährigen Schülern und die Schilder, die sie hochhalten: »Vielleicht bin ich ein Träumer. Aber ich bin nicht der einzige.« Ich bin gerührt und überwältigt von ihrem Idealismus, ihrem Kampfgeist in einer Zeit, in der die ganze Welt vor Maos Nachfolgern einknickt. Ich mache Handyfotos und schicke sie meinen Verwandten. »Hoffentlich passen die Studenten auf sich auf«, schreibt meine Mutter aus Deutschland zurück. »Ich drücke die Daumen!«, meldet sich Onkel Xungui aus Pingxiang.

Onkel Songhe schweigt. Lulu fragt aus Melbourne: »Was ist da los?« Meine Tante meint: »1989 haben die Amerikaner unsere Demos auch irgendwann unterwandert. Diesmal ist es ganz offensichtlich, dass sie ihre Finger im Spiel haben.«

Und Großvater? Schüttelt den Kopf, als ich ihm drei Wochen später von den Protesten erzähle. Er glaubt mir nicht. Wir schauen gemeinsam in Nanning fern: CCTV1 zeigt einen Bericht, in dem es darum geht, dass der britische Geheimdienst in Hongkong angeblich Hunderte Pro-Demokratie-Kämpfer anlernt.

»Wie kann das sein?«, frage ich Großvater. »Du warst in den fünfziger Jahren Journalist. Du wolltest die Wahrheit über den Großen Sprung berichten und wurdest dafür zwanzig Jahre auf einen Berg verbannt. Wie kannst du glauben, was im Fernsehen läuft?«

»Das ist doch längst Vergangenheit. Die Zeiten haben sich geändert«, antwortet Großvater.

»Haben sie das wirklich?«

Im Fernsehen erscheint Xi Jinping. »Der chinesische Traum ist ein Traum des Volkes«, sagt der Präsident. »Der chinesische Traum ist ein Traum zum Wohl aller.«

»Was ist denn dein chinesischer Traum?«, frage ich Großvater.

»Ach, weißt du: China steht schon jetzt besser da als in meinen kühnsten Träumen«, antwortet er.

Nach zwanzig bleiernen Jahren in Wanlongshan müssen die vergangenen drei Jahrzehnte an ihm vorbeigezogen sein wie im Zeitraffer. Das Fernsehen wurde sein Fenster zur Welt. Das Fernsehen lässt ihn staunen wie ein Kind: Großvater ist stolz darauf, dass China in dreißig Jahren aufgeholt hat, wofür andere Länder zwei Jahrhunderte brauchten. Er ist stolz darauf, dass China jetzt Taikonauten ins Weltall schießt. Er ist stolz auf Chinas Sportler, die die Medaillenspiegel bei Olympischen Spielen stürmen, und auf die PISA-Sieger von Shanghai. Es freut ihn, dass Staatschefs aus aller Welt nach Peking reisen und Verträge abschließen wollen. Dass Amerika sich vor seinem neuen Rivalen fürchtet, erfüllt ihn mit Genugtuung. Heute ist Großvater so etwas wie ein postkommunistischer Patriot. »Vor allem bin ich Chinese«, sagt er. Er sieht sich wieder als Teil von etwas Großem. Er will an das Gute glauben, statt die Wahrheit zu wissen. Und sieht heute gnädig über Fehler hinweg, die er früher anprangerte. Meine Mutter meint, sein wiedererwachtes Nationalbewusstsein habe etwas mit seiner Reise im Herbst 2009 zu tun.

Kurz vor Großmutters Tod hatte Großvater sich ein letztes Mal auf den Weg zu seiner ehemaligen Armeeeinheit gemacht. Fünfzehn Jahre lang hatte man ihm die Ehrenrente verweigert. Nach jahrelanger Recherche war es ihm endlich gelungen, das entscheidende Dokument zu finden, das bestätigte, dass er bereits *vor* dem 1. Oktober 1949 der Armee beigetreten war. Damit und mit 5000 Yuan Reisegeld, das Großmutter ihm ausnahmsweise bewilligt hatte, fuhr Großvater nach Chengdu. Seine Truppe war inzwischen aus Guiyang in die Provinzhauptstadt von Sichuan umgezogen, in einen anonymen Militärkomplex an einer sechsspurigen Hauptstraße. Einem bewaffneten Soldaten an der Pforte übergab er seinen Umschlag. Einige Monate später erhielt er schließlich die gute Nachricht: Seine Ehrenrente war bewilligt worden. Damit galt Großvater offiziell wieder als Revolutionsveteran und verdienter Leistungsträger der Partei. Auch Großmutter atmete auf. Es schien, als sei ein großes Missverständnis aus der Welt geschafft.

Die Mao-Jahre nagen freilich noch immer an ihm. Sie verfolgen ihn in seinen Träumen, zuweilen auch am Tag. Manchmal schreckt er während unserer Gespräche auf und blickt ängstlich aus dem Fenster. Er fürchtet, jemand könnte seinen Worten lauschen. Er mahnt mich, die Fotos von seinen Archivdokumenten von meinem Handy zu löschen – aus Angst, sie könnten ihn in Schwierigkeiten bringen. An Mao denkt er voller Hass zurück, mit der Partei aber hat er seinen Frieden geschlossen. Die Partei sei demokratisch geworden, findet er – gemessen an der Mao-Zeit. Was er damit meint, ist letztlich: Es gibt nicht mehr einen Diktator, sondern viele. Es ist ein eigenartiges Verständnis von Demokratie, wie man es vielleicht nur als 80-jähriger Chinese haben kann.

»Aber hat die Partei dir nicht unendlich viel Leid zugefügt?«, frage ich.

»Ja«, sagt Großvater. »Aber sie hat mir auch die letzten dreißig Jahre geschenkt. Und die letzten dreißig Jahre waren die besten Jahre meines Lebens.«

Kann ich ihm einen Vorwurf machen, dass er so denkt?

*

»Es hat keinen Sinn. Lass es einfach«, rät mein Vater mir, als ich ihm von meinem Unverständnis für das Weltbild unserer Verwandten erzähle. Wir sitzen in einem Restaurant in Shanghai. Nach vielen Jahren, in denen wir so gut wie keinen Kontakt zueinander hielten, sehen wir uns jetzt ein-, zweimal im Jahr, wenn er für Geschäftstermine nach China kommt. Nach seiner Station als Vertriebsmanager in Hongkong ist er vor siebzehn Jahren nach Singapur weitergezogen, wo er heute das Asiengeschäft für einen italienischen Halbleiterhersteller abwickelt. Er hat wieder geheiratet. Ich habe einen Halbbruder, Yang Yuxuan, zehn Jahre alt.

Wieder in seiner Heimat leben wollte mein Vater nie. Jeden Morgen liest er in Singapur die China-Nachrichten auf der Webseite der *New York Times,* des *Guardian* und die Berichterstattung der China-Redaktion der Deutschen Welle, außerdem Bücher von Exilschriftstellern wie Yu Jie, Autor des regimekritischen Porträts des ehemaligen Premierministers »Wen Jiabao – Chinas bester Schauspieler«. Auch mein Vater hat sich in den vergangenen Jahren, wenn er sich in China aufhielt, an politischen Diskussionen versucht. Inzwischen hat er aufgegeben. Es sei so, »als ob du gegen eine Wand rennst. Du kommst nicht durch.« Einige seiner jungen chinesischen Kollegen um die zwanzig findet er sogar noch »gehirngewaschener«, als es in seiner Jugend der Fall gewesen sei.

Ich denke darüber nach, wie sich meine Sicht auf China geändert hat. Als Kind habe ich mich für mein Heimatland geschämt. Als Jugendliche war ich gleichgültig. Als ich zurückkehrte, war ich hoffnungsfroh. Heute schwanke ich zwischen Faszination und Niedergeschlagenheit. In den vergangenen drei Jahren ist China noch moderner geworden, meine neue Wahlheimat Shanghai noch internationaler und vielseitiger. Trotz Smog, Dauerstau und aus dem Fenster spuckenden Taxifahrern lebe ich gerne hier. Meistens jedenfalls. Sobald ich das Land verlasse, vermisse ich das Gewusel auf den Straßen, den anarchischen Alltag, das chinesische Essen. Manchmal aber verspüre ich in China ein bedrückendes Gefühl im Bauch. In solchen Momenten wähne ich mich in einer Vision von Orwell, in einer Matrix. Hinter der Glitzerfassade gibt es nämlich eine zweite, unsichtbare Ebene, auf der ein permanentes Gefühl von Unbehagen regiert, von Ohnmacht, Beklemmung, Furcht und Misstrauen. Auf dieser Ebene gibt es keine Sicherheit für niemanden. Nach außen hin mag das neue China glänzen, doch im Innern ist das System verfault. Das Wissen um den digitalen Überwachungsstaat hat mich vorsichtig, sogar paranoid werden lassen: Ich passe auf, was ich wem am Telefon sage; ich weiß, dass bei meinen Skype-Gesprächen der Große Bruder mithört;

und wenn ich das Haus verlasse, nehme ich stets eine Festplatte mit, auf der ich sämtliche wichtige Arbeitsdaten gespeichert habe.

Was die politische Zukunft Chinas angeht, bin ich ratlos. Einst hieß es, mit dem Kapitalismus werde auch die Demokratie nach China kommen. Dann dachte man, das Internet werde die chinesische Gesellschaft freier machen. Nichts davon ist eingetreten. Die Partei scheint heute so fest im Sattel zu sitzen wie noch nie, zumindest nach außen hin. Ich glaube auch nicht, dass ein demokratisches System westlicher Bauart eine Lösung für Chinas Probleme sein kann. Aber mit Meinungsvielfalt und Rechtsstaatlichkeit wäre zweifellos schon sehr viel gewonnen.

Was mir Hoffnung gibt, ist die Tatsache, dass China heute kein grauer Einheitsstaat mehr ist, sondern ein Land mit 1,3 Milliarden unterschiedlichen Lebensläufen. Mit Menschen, die sich von der Politik nicht entmutigen lassen und dafür sorgen, dass die Gesellschaft trotz staatlicher Repressalien jeden Tag offener wird. Die etwas ändern wollen, wenn nicht im ganz Großen, dann doch im Kleinen. Der ehemalige Fastfoodunternehmer zum Beispiel, der nun Millionen in Öko-Landwirtschaft investiert. Die Regenwaldforscherin, die Hektar für Hektar den Dschungel wiederaufforstet. Der alte Mann, der Architekturdenkmäler vor dem Untergang bewahrt. Die Großstädter, die nach Naturkatastrophen mit Hilfsgütern ins Hinterland fahren. Die Eltern, die alternative Schulen für ihre drillgeplagten Kinder gründen. Die Jungen, die die Lebensmodelle ihrer Eltern in Frage stellen und eigene Wege gehen. Die Mittelschicht, die sich heute nach dem guten Leben sehnt statt nur nach Geld. Irgendwann wird vielleicht »aus tausend Bächen ein großer Fluss«, wie mein Großvater so gern sagt.

Was mich beeindruckt wie am ersten Tag, ist der unbedingte Aufstiegswille, der bis in die untersten Schichten der Gesellschaft zu spüren ist. Man begegnet diesem Ehrgeiz etwa in dem Teigtaschen-Laden in meiner Straße, dessen Besitzerpaar jahrelang jeden Yuan gespart hat, damit der Sohn ein Musikkonservatorium in Singapur besuchen kann. Man begegnet ihm in Luftschutzbunkern in Peking, wo 17-jährige Wanderarbeiter 10 Meter unter der Erde in schimmligen Kellerverschlägen hausen, weil sie auf die Chance hoffen, nach oben zu kommen. Oder an den Bahnhöfen des 32-Millionen-Molochs Chongqing, wo Tag für Tag Hunderte Provinzbauern mit ihren Reisetaschen und dem festen Vorsatz ankommen, ihr Schicksal in die Hand zu nehmen. All diese Menschen machen China für mich zum spannendsten Ort der Welt.

Auch meine Eltern haben ihr Zuhause mit nichts als einem Koffer und einem vagen Traum verlassen. Meine Mutter ging putzen, um mich nach Deutschland holen zu können; später blieb sie in der Fremde, damit ich unbeschwert zur Schule gehen konnte. In Shanghai habe ich mich darüber mit anderen jungen »Bananen« unterhalten, die aufgewachsen sind wie ich: geboren in China, aufgewachsen im Westen. Wir alle empfinden Schuldgefühle gegenüber unseren Eltern: weil sie uns Chancen ermöglicht haben, die sie selbst nie hatten. Weil wir bereits mit Mitte zwanzig ein weitgehend sorgenfreies Leben führen, während sie im selben Alter ums Überleben kämpften. Viele unserer Eltern haben ihre alten Wurzeln gekappt, aber keine neuen geschlagen. Wir dagegen, die globalisierte Generation, fühlen uns heute überall zu Hause, in China wie in Europa oder Amerika. Unsere Eltern waren wie die springenden Karpfen am Fuß des Wasserfalls: Sie gaben alles, um übers Drachentor zu fliegen – damit wir heute noch weiter fliegen können als sie.

*

Bald habe er die hundert Lieder zusammen, sagt Großvater. Es ist kurz nach Sonnenaufgang am Morgen seines 81. Geburtstags, wir spazieren durch den Jinhua-Park in Nanning im Schatten riesenhafter Flammenbäume und Lorbeerfeigen. Die Singvögel kreischen wie im Dschungel, es riecht nach Pfingstrosen und Kamelienblüten. Auf dem Platz neben der Bachbrücke, wo betagte Frauen Gymnastik machen und Männerrunden Karten spielen, hat Großvater sich gerade eine Portion Applaus abgeholt: Wieder hat er seinen Pinseltanz zum Besten gegeben, seine Laune ist blendend. Er packt Thermoskanne, Feuerzeug und Wassereimer zusammen, dann schlendern wir nach Hause. Vorgestern sei er mit einem freundlichen alten Mann ins Gespräch gekommen, der in einer Pagode Geige spielte, erzählt er mir unterwegs. Der Geigenspieler, Herr Hang, entpuppte sich als pensionierter Musiklehrer von der örtlichen Hochschule. Großvater hat ihm von seinen Liedern erzählt, von dem Musikband, an dem er seit fünfzig Jahren arbeitet. Sie haben sich verabredet, nächste Woche will Herr Hang ihm mit den Noten helfen.

»Ich bin wie ein Pokerspieler, der bislang die falschen Karten gezogen hat«, sagt Großvater. »Aber siehst du!«, er strahlt mich an, »steter Tropfen höhlt den Stein!« Das Vorwort für sein Buch hat er bereits verfasst. »Nächstes Jahr werde ich Englisch lernen und mit Klavier anfangen.« Er strahlt noch ein bisschen mehr.

Ich bohre nicht nach, ob Herr Hang ihm denn wirklich dieses Versprechen gegeben hat, auch nicht, ob die hundert Lieder tatsächlich bald komplett sind.

»Wenn ich meinen Traum erfüllt habe, kann ich mich endlich unter die Erde legen«, fährt Großvater fort.

Aber wer sagt denn, dass er nicht ewig weiterträumen will?

Abends nach dem Geburtstagsessen fahren wir durch die laue Nanninger Frühlingsnacht, an U-Bahn-Baustellen, Leucht-

Großvater singt Karaoke zur Feier seines
81. Geburtstags, April 2014.

fassaden und neu eröffneten Designermalls vorbei. Wir halten
vor einem Karaoke-Palast namens »Las Vegas«. Der Parkplatz
sieht aus wie auf einer Luxusautomesse: mattschwarze Lam-
borghinis reihen sich an bronzefarbene Porsches und feuer-
rote Ferraris. Raum 1201 ist eingerichtet, als hätte Frank Sinatra
hier aufgenommen, mit Samttapete und goldenen Mikrofonen.
Großvater schlurft in seinem Cordjackett auf die Bühne und
wählt ein Lied aus. Disco-Licht geht an, eine Melodie ertönt.
Großvater lehnt sich vor zum Mikrofon und schmettert aus
voller Kehle: »Fische können das Wasser nicht verlassen, Melonen nicht den Acker. Mao ist unser großer Steuermann …«
Seine Stimme überschlägt sich. Er stockt. Räuspert sich. Blin-
zelt. Er hat offensichtlich den Text vergessen. Die Melodie läuft
weiter, ohne ihn. Großvater steht da und lacht. Und lacht. Und
lacht.

DANKSAGUNG

Ohne diese Menschen hätte es dieses Buch nicht gegeben. Bei ihnen möchte ich mich bedanken:

Meinem Großvater Peng Fangcong, meiner Mutter Peng Weihong und meinem Vater Yang Jianjun.

Meiner Großmutter Peng Liwen, mit der ich gern mehr gesprochen hätte.

Meinem Onkel Peng Xungui, meiner Tante Peng Xiaomei, meinem Onkel Peng Songhe, meiner Cousine Zhang Hao und meiner Cousine Peng Siluya für die schöne Zeit und die Einblicke in ihr Leben.

All meinen anderen Verwandten, die sich eineinhalb Jahre lang zu jeder Tages- und Nachtzeit meinen Fragen gestellt haben.

Daniel Graf für seinen Einsatz für die Realisierung dieses Buchs.

Ludger Ikas für sein kluges Urteil, die akribische Durchsicht meiner Entwürfe und vor allem für seine Geduld.

Karsten Kredel für sein Vertrauen in das Projekt.

Janis Vougioukas für die Ermutigung, nach der Journalistenschule nach Shanghai zu kommen, für seine pausenlose Unterstützung und die Nachschlagewerke, die er mir ausgeliehen hat.

Meinen Magazin- und Zeitungsredakteuren in München, Hamburg, Berlin, Zürich und Wien für ihre Nachsicht, wenn ich Texte später abgeliefert habe als vereinbart.

Fu Beimeng für die Hunderte von Stunden, die sie darin investierte, die Akten meiner Großeltern zu transkribieren.

David Høgsholt dafür, dass er sich mit mir durch einen Koffer voller alter Familienfotos gewühlt hat.

Jonathan Browning für das Autorenfoto auf dem Buchumschlag.

Meinen Interviewpartnern in China für ihre Geschichten und die Gedanken, die sie mit mir geteilt haben.

Meinen Büro-Kollegen in Shanghai für die ständige Frage danach, wann ich endlich fertig sei.

Candy Chan, Adam Dean, Lauren Hilgers, Philipp Mattheis, Mads Nissen, Kai Strittmatter, Christian Y. Schmidt, Christoph Schwanitz, Sim Chi Yin, Lene Winther, Ellen Xu und Zhang Jieqian für spannende China-Diskussionen.

Mercedes Lauenstein für die aufmunternden SMS, die ich morgens auf meinem Handy fand.

Angela Köckritz für den Wein in Peking und unsere nächtlichen Telefongespräche.

Khuê Pham für den Ratschlag, für die Schreibphase meinen Terminkalender frei zu räumen (hat leider nicht ganz geklappt).

Catherine McMahon für den vollen Kühlschrank und das leckere Essen, das sie mir abends auf den Schreibtisch gestellt hat. Your cooking saved my life.

Margret Schött für den Bonsai-Zweig in meinem Badezimmer (er hielt erstaunlich lange durch).

Simon Hufeisen für die drei Biere am Paul-Linke-Ufer.

Yimeng Zhang, Guannan Li und Jeremy Tran für ihre Freundschaft.

Christopher Keil dafür, dass er jeden Tag für mich da ist.

LITERATURHINWEISE

Von dem Arbeiteraufstand in Anyuan und der Geschichte Pingxiangs habe ich vor allem durch *Anyuan: Mining China's Revolutionary Tradition* von Elizabeth Perry (2012) und *Out of Mao's Shadow* von Philip P. Pan (2009) erfahren.

Bei der Beschreibung der Zeit des Bürgerkriegs und der Invasion durch Japan habe ich *China's War with Japan* von Rana Mitter (2013) zu Hilfe genommen.

Das Leben in den fünfziger Jahren sowie die Zeit des Großen Sprungs und der darauffolgenden Hungersnot habe ich anhand der beiden Werke des Historikers Frank Dikötter *The Tragedy of Liberation: A History of the Chinese Revolution 1945–1957* (2013) und *Maos Großer Hunger* (2014) sowie *Tombstone: The Untold Story of Mao's Great Famine* von Yang Jisheng (2012) dargestellt.

Details aus dem Leben Maos, seinem Weg zur Revolution und seinen vielen politischen Kampagnen habe ich den Biografien *Mao: The Real Story* von Steven I. Levine und Alexander V. Pantsow (2012) und *Mao: Das Leben eines Mannes, das Schicksal eines Volkes* von Jung Chang und Jon Halliday (2005) entnommen.

Die Aufbruchsstimmung der jungen Generation in den achtziger Jahren habe ich mit Hilfe von *Searching for Life's Meaning: Changes and Tensions in the Worldviews of Chinese Youth in the 80s* von Luo Xu (2002) und dem Roman *Peking Koma* von Ma Jian (2009) nachgezeichnet.

Einzelheiten über die Studentenproteste von 1989 und das darauffolgende Tiananmen-Massaker habe ich mit Hilfe des Augenzeugenberichts *Abschied von China* von Jan Wong (1997) und Berichten aus der *New York Times*, dem *Guardian* und der *BBC* geschildert.

Viele historische Fakten und Details stammen aus dem Überblickswerk *China: Eine Weltmacht kehrt zurück* von Konrad Seitz (2006).

Der Auszug aus dem Gedicht »Die Antwort« auf S. 184 f. ist zitiert aus Bei Dao, *Notizen vom Sonnenstaat. Gedichte*, übers. von Wolfgang Kubin, München 1991, S. 10 f.